Die Europarechtliche Dimension der Konstitutiven Tariftreueerklärungen im deutschen Vergaberecht

AF815316

Europäische Hochschulschriften
Publications Universitaires Européennes
European University Studies

Reihe II
Rechtswissenschaft

Série II Series II
Droit
Law

Bd./Vol. 3838

PETER LANG
Frankfurt am Main · Berlin · Bern · Bruxelles · New York · Oxford · Wien

Hans Arnold

Die Europarechtliche Dimension der Konstitutiven Tariftreueerklärungen im deutschen Vergaberecht

PETER LANG
Europäischer Verlag der Wissenschaften

Bibliografische Information Der Deutschen Bibliothek
Die Deutsche Bibliothek verzeichnet diese Publikation in der Deutschen Nationalbibliografie; detaillierte bibliografische Daten sind im Internet über <http://dnb.ddb.de> abrufbar.

Zugl.: Bielefeld, Univ., Diss., 2003

D 361
ISSN 0531-7312
ISBN 3-631-51647-9

© Peter Lang GmbH
Europäischer Verlag der Wissenschaften
Frankfurt am Main 2004
Alle Rechte vorbehalten.

Das Werk einschließlich aller seiner Teile ist urheberrechtlich geschützt. Jede Verwertung außerhalb der engen Grenzen des Urheberrechtsgesetzes ist ohne Zustimmung des Verlages unzulässig und strafbar. Das gilt insbesondere für Vervielfältigungen, Übersetzungen, Mikroverfilmungen und die Einspeicherung und Verarbeitung in elektronischen Systemen.

www.peterlang.de

Vorwort

Diese Arbeit wurde im Sommersemester 2003 von der Fakultät für Rechtswissenschaft der Universität Bielefeld als Dissertation angenommen. Das Tariftreuegesetz des Landes Nordrhein-Westfalen konnte nur noch in § 2 dieser Arbeit Berücksichtigung finden.

Mein Dank gilt vor allem Herrn Prof. Dr. Christoph Gusy. Er hat mich seit meinem Studium in Bielefeld und während der Promotionszeit in vielerlei Hinsicht unterstützt, gefördert und gefordert. Seine Art juristisch zu denken, hat mich stets fasziniert und meinen juristischen Werdegang bislang maßgeblich geprägt.

Herrn Prof. Dr. Kingreen danke ich herzlich für die rasche Zweitbegutachtung.

Dank gilt auch vielen meiner Freunde und Kollegen, die mir stets zur Seite gestanden haben; nennen möchte ich hier insbesondere Christoph S. Schewe, Prof. Dr. Bernhard W. Wegener und Petra Frank. Besonderer Dank gilt auch Dr. Gerhard Nitz, der mir am Lehrstuhl ein großes Vorbild war. Meinen Eltern danke ich herzlich für die Übernahme des Druckkostenzuschusses und nicht zuletzt für ihre Unterstützung. Schließlich geht ein besonderer Dank an Iris Beul, die die nötigen Anstöße geliefert hat, welche maßgeblich zur Fertigstellung dieser Arbeit beigetragen haben.

Düsseldorf, September 2003 *Hans Arnold*

Inhaltsverzeichnis

§ 1 Einleitung

Die Diskussion um die Tariftreueerklärungen im Vergaberecht wird seit der europarechtskonformen Umsetzung der europäischen Vergaberechtsrichtlinien in das deutsche Recht 1998 geführt[1]. Seit diesem Zeitpunkt gelten nicht nur die vereinheitlichten Regelungen über die öffentliche Bekanntgabe geplanter Vergaben, die Anerkennung von vereinheitlichten Nachweisen für die Eignung der Unternehmen und die einheitlichen Bewertungskriterien für die Zuschlagsentscheidung, sondern auch ein effektiver Rechtsschutz. Es ist nicht nur so, dass das Interesse des Staates an einer effektiven Sachmittelbeschaffung unter Berücksichtigung eines sparsamen Umganges mit Haushaltsmitteln Berücksichtigung findet, sondern den Unternehmen werden auch subjektive Rechte auf eine gerechte Vergabeentscheidung und somit ein wirklich effektiver Rechtsschutz gegen rechtswidrige Vergabepraktiken gewährt. Insbesondere ist es dem benachteiligten Unternehmen möglich, rechtswidrige Zuschlagsentscheidungen zu verhindern.

Soweit nun eine transparente Vergabe gewährleistet ist und den europarechtlichen Vorgaben hinsichtlich Transparenz und gleichen Zugangs aller Unternehmen im Binnenmarkt zu den lukrativen Aufträgen der öffentlichen Hand Geltung verschafft worden ist, hat sich in der Bundesrepublik Unmut über die Konkurrenz und den Wettbewerb durch Unternehmen breit gemacht, die nicht aus Deutschland stammen oder solche, die preiswerte ausländische Arbeitnehmer beschäftigen. Das Volumen der öffentlichen Aufträge in der Bundesrepublik Deutschland wird auf jährlich 200 Milliarden Euro geschätzt[2]. Wenn diese staatlichen Mittel – also Gelder, die von den Steuerzahlern aufgebracht worden sind – ausgegeben werden, ist es verständlich, wenn sie an Unternehmen fließen sollen, die zu diesem Steueraufkommen beigetragen haben. Ebenso ist es verständlich, wenn die Beschäftigungsförderung, die von der Ausgabe dieser Mittel ausgeht, sich auf den deutschen Arbeitsmarkt auswirken soll und nicht anderen Arbeitsmärkten zu Gute kommt. Es geht hier um zwei maßgebliche Aspekte: einmal die Bevorzugung deutscher Unternehmen bei der Auftragsvergabe und zum anderen einen hohen Beschäftigungsstand deutscher Arbeitnehmer bei der Erfüllung öffentlicher Aufträge.

So verständlich diese nationale Sichtweise auch sein mag, so wenig entspricht sie den geltenden rechtlichen Vorgaben in Deutschland. Mit der Errich-

---

1 *Löwisch*, DB 2001, 1090ff.; *Kempen*, in: FS Däubler, S. 503ff; *Kling*, EuZW 2002, 229ff.; *Kniper*, WuW 1999, 677ff.; *Kreiling*, NZA 2001, 1118ff.; *Scholz*, RdA 2001, 193ff.; *Seifert*, ZFA 2001, 1ff.; *Ziekow*, NZBau 2001, 72ff.; Zu der heute geltenden Umsetzung *Jasper*, DB 1998, 2151ff.; *Elbel,* DÖV 1999, 235, 240.

2 *Byok*, NJW 1998, 2774.

tung des Binnenmarktes ist eine politische Entscheidung getroffen worden, die eine nationale Sichtweise der wirtschaftlichen Zusammenhänge partiell verbietet. Protektionismus der deutschen Märkte vor Konkurrenz aus dem EU-Ausland ist nicht mehr erlaubt. Die Grundfreiheiten und das allgemeine Diskriminierungsverbot des EGV sowie die europäischen Rechtssetzungsakte zur Förderung der grenzüberschreitenden Erbringung von Wirtschaftsleistungen haben einen Binnenmarkt geschaffen, der eine nationale Sichtweise verbietet und eine europäische fordert. Arbeitslosigkeit, Wirtschaftswachstum und Inflationsrate sowie andere Indikatoren für wirtschaftlichen Wohlstand müssen europäisch betrachtet werden. Die Bundesrepublik hat sich bewusst in diesen Binnenmarkt integriert und ihn bewusst mitgestaltet. Dabei ist sie nicht nur von seinen Folgen auf nationalen Märkten betroffen, sondern sie profitiert auch in ganz erheblichem Maße von den offenen Märkten in der EU. Trotzdem ist die Forderung nach einer europäischen Sichtweise des wirtschaftlichen Wohlstandes nicht uneingeschränkt angebracht. So sind im Binnenmarkt die Voraussetzungen für grenzüberschreitende Leistungserbringung geöffnet und ein europäischer Wettbewerb möglich, jedoch fehlt es auf staatlicher Ebene an einer korrespondierenden Vernetzung. Die Erhebung von Steuern erfolgt fast ausschließlich durch die Mitgliedstaaten selbst und zwar ausschließlich zur Deckung des eigenen Finanzbedarfs. Ebenso funktionieren die Sozialversicherungssysteme nur auf der nationalen Ebene. Ein Ausgleich zwischen den EU-Mitgliedstaaten ist bislang nicht vorgesehen. Insoweit profitieren die Staaten nicht vom wirtschaftlichen Erfolg anderer Staaten. Eine nationale Sichtweise der wirtschaftlichen Entwicklung bleibt daher erforderlich, staatliche Maßnahmen müssen jedoch die rechtlichen Grenzen des Europarechts wahren.

Die Bundesregierung hatte Verständnis für die Furcht vor arbeits- und sozialpolitisch unerwünschten Fehlentwicklungen im Baubereich aufgebracht[3] und ein Gesetz zur Einführung von Tariftreueerklärungen im Baubereich auf den Weg gebracht[4]. Dieses Vorhaben ist jedoch an der fehlenden Mehrheit im Bundesrat gescheitert, so dass es nicht zu einer bundeseinheitlichen Einführung von Tariftreueerklärungen gekommen ist. Einzelne Bundesländer hingegen haben aufgrund der Kompetenznorm in § 98 Abs. 4 GWB Tariftreueerklärungen als

---

3 BT-Drucks. 14/6752, Anlage 2.

4 Entwurf eines Gesetzes zur tariflichen Entlohnung bei öffentlichen Aufträgen und zur Errichtung eines Registers über unzuverlässige Unternehmen, eingebracht von Abgeordneten der Regierungsfraktionen des Deutschen Bundestages, BT-Drucks. 14/7796 v. 12.12.2001.

Voraussetzung für die Auftragsvergabe im Baubereich eingeführt[5]. Die europarechtliche Zulässigkeit dieser Gesetze ist Gegenstand dieser Arbeit. Es handelt sich dabei um sogenannte konstitutive Tariftreueerklärungen[6]. Diese schreiben vor, dass alle Unternehmer, die sich um den Auftrag bewerben, sich durch Erklärung verpflichten, bei der Auftragsausführung einen örtlich geltenden Lohntarifvertrag einzuhalten. Durch die Erklärung werden konstitutiv für das Unternehmen, welches den Zuschlag erhält, die Löhne eines bestimmten Tarifvertrages bindend für die Entlohnung der mit dem Auftrag befassten Arbeitnehmer. Die durchaus auch in der Praxis gängigen deklaratorischen Tariftreueerklärungen hingegen verpflichten den Unternehmer lediglich, einen Tarifvertrag, an den er bereits koalitionsrechtlich gebunden ist, auch einzuhalten. Solchen Unternehmen, die keiner Tarifbindung unterliegen, werden durch deklaratorische Tariftreueerklärungen keine zusätzlichen Pflichten auferlegt.

Die Politik in den Ländern verbindet mit der Einführung der konstitutiven Tariftreueerklärungen die Hoffnung, den deutschen Arbeitsmarkt zu stärken. Im Blickfeld stehen insbesondere unbefristete tariflich entlohnte Arbeitsverhältnisse. Man spricht mittlerweile von der Notwendigkeit, Funktionsdefizite der Tarifautonomie u.a. über die Auftragsvergabe zu bewältigen[7]. Gefürchtet ist vor allem Billiglohnkonkurrenz aus den osteuropäischen Staaten und aus Südeuropa. Dabei stehen jedoch nicht Auftragnehmer aus diesen Ländern im Vordergrund, sondern vielmehr Arbeitskräfte aus diesen Ländern oder Subunternehmer, die solche Arbeitskräfte mitbringen. Dieser Einschätzung entsprechen auch die unterschiedlichen Stellungnahmen der Arbeitgeber- und Arbeitnehmerkoalitionen. Der Arbeitgeberpräsident *Hundt* hat den Tarifzwang bei der öffentlichen Auftragsvergabe abgelehnt[8]. Es solle nicht zu einer Einschränkung des Wettbewerbs kommen und das Vergabeverfahren solle nicht weiter unnötig verkompliziert und verteuert werden. Ein solcher Protektionismus sei nicht gewollt und die öffentlichen Haushalte sollten nicht weiter belastet werden, weil diese Gelder für andere Investitionen dringend gebraucht würden. Zudem sei die Einführung einer Tariftreuepflicht mit dem Grundrecht der Koalitionsfreiheit und der europäischen Dienstleistungsfreiheit nicht vereinbar. Hier herrscht demnach Skepsis und Ablehnung vor, obwohl Unternehmen vertreten werden, die ohnehin Tarif-

---

5 Hierbei handelt es sich um die Ländervergabegesetze im Freistaat Bayern, dem Stadtstaat Berlin, dem Saarland und dem Land Sachsen-Anhalt; abgedruckt in Anhang I dieser Arbeit; in Nordrhein-Westfalen gilt nun das Gesetz zur tariflichen Entlohnung bei öffentlichen Aufträgen im Land Nordrhein-Westfalen, GVBl. NRW, Nr. 1 vom 15.01.2003, S. 8f.

6 Zur Abgrenzung *Seifert*, ZFA 2001, 1, 4; *Kling*, EuZW 2002, 229.

7 *Däubler*, Rechtsgutachten, S. 3/23.

8 Presse-Information der BDA Nr. 54/2001.

löhne zahlen. Eine Verteuerung der Löhne auf die am Ort der Auftragsausführung ist für diese Unternehmen nur minimal. Trotzdem weisen die Arbeitgeber die geplante Besserstellung ihrer Position im Vergabeverfahren zugunsten von mehr Wettbewerb zurück. Anders ist hingegen die Position der Gewerkschaft ver.di. Hier werden konstitutive Tariftreueerklärungen als notwendig erachtet[9]. Angeführt werden Gründe der Wirtschaftlichkeit für die öffentlichen Haushalte durch die Reduzierung oder Vermeidung von Arbeitslosigkeit und die Entlastung der Sozialversicherungssysteme. Zudem wird ein sozialer Mindestschutz für die betroffenen Arbeitnehmer ins Feld geführt und eine bessere Kontrolle und Unterbindung von illegaler Beschäftigung. Gefürchtet wird vor allem die Billiglohnkonkurrenz aus den EU-Beitrittsstaaten. Hier werden die Vorschläge der Politiker eher begrüßt. Denn, wenn alle bei der Bauausführung beschäftigten Arbeitnehmer nach Tariflohn bezahlt werden, so kommt diese Regelung insbesondere den deutschen, gewerkschaftlich organisierten Arbeitnehmern zugute. Die Arbeitgeber hingegen sehen sich hauptsächlich mit zusätzlichem Verwaltungsaufwand konfrontiert und werden der Kosteneinsparung über die Beauftragung billiger Subunternehmer beraubt. Interessant ist in diesem Zusammenhang auch die Einschätzung hinsichtlich der Koalitionsfreiheit. Sowohl die Arbeitgeber- als auch die Arbeitnehmerverbände machen bei ihren Tätigkeiten – insbesondere bei der Aushandlung und Durchführung von Tarifverträgen – von ihrem verfassungsrechtlichen Recht aus Art. 9 Abs. 3 GG auf Koalitionsfreiheit Gebrauch. Die Einschätzungen hinsichtlich des Einflusses auf dieses Recht durch die Tariftreueregelungen gehen jedoch auseinander. Die Gewerkschaften sehen ihre Tarifautonomie durch die Ländervergabegesetze gestärkt. Die Bedrohung durch nicht-tariflich gebundene Konkurrenz sehen sie durch die Tariftreuepflicht als begrenzt an. Es kommt zu einer Stärkung der Bereitschaft, Tarifverträge zu schließen, weil tarifliche Bindung nicht einem Wettbewerbsnachteil gleichkommt. Dagegen sehen die Arbeitgeber ihre Koalitionsfreiheit eher als beeinträchtigt an. Hier wird offenbar in den Vordergrund gestellt, dass die Tariftreuepflicht die ausgehandelten Tarifverträge unterhöhlt. Die ausgehandelten Tarifverträge, insbesondere auch Firmentarifverträge, haben keine Wirkung mehr, weil ohnehin nach Tariflöhnen bezahlt werden muss. Nur mit dem Unterschied, dass es sich größtenteils um Löhne handelt, die nicht mehr Gegenstand der eigenen Tarifautonomie sind, sondern der Tarifautonomie der Unternehmen, die am Ort der Leistungserfüllung ansässig sind.

Die Tariftreueregelungen in den Ländervergabegesetzen begegnen zudem anderen erheblichen Bedenken. Zum einen sind die Auswirkungen für die ostdeutsche Bauwirtschaft bislang ungeklärt. Dies war auch ein entscheidender Grund, warum das Tariftreuegesetz des Bundes gescheitert ist. Denn in den neu-

9 Positionspapier des ver.di Bundesvorstandes vom 09.07.01.

en Bundesländern werden immer noch Löhne unter dem Durchschnitt in den alten Bundesländern gezahlt. Durch die Ländervergabegesetze ist es diesen Unternehmen nicht mehr möglich, ihren einzigen wirklichen Wettbewerbsvorteil in den Markt einzubringen. Besonders deutlich wird dies in Berlin. Zum anderen bestehen gegen die Ländervergabegesetze ganz erhebliche rechtliche Bedenken. In der Diskussion geht es dabei insbesondere um verfassungsrechtliche und kartellrechtliche Probleme. Das Berliner Vergabegesetz ist vom BGH dem Bundesverfassungsgericht zur Überprüfung vorgelegt worden, weil er es für verfassungswidrig und daher nichtig erachtet[10]. Der BGH zweifelt bereits die Gesetzgebungskompetenz der Länder für die Tariftreueregelungen an. Wenn die Nachfragestellung der öffentlichen Hand so groß sei, dass sie eine beherrschende Stellung einnehme, so käme die Berliner Tariftreueregelung einer Allgemeinverbindlichkeitserklärung des Berliner Tarifvertrages gleich. Die Gesetzgebungskompetenz für das Arbeitsrecht läge jedoch als Gegenstand der konkurrierenden Gesetzgebung beim Bund, der durch § 5 TVG hiervon abschließend Gebrauch gemacht habe[11]. Weiterhin hat der BGH durchgreifende Bedenken im Hinblick auf Art. 31 GG. Das Berliner Vergabegesetz sei nach Art. 31 GG wegen entgegenstehendem Bundesrecht nichtig. Das entgegenstehende Bundesrecht seien zum einen die Regelungen in § 5 TVG und zum anderen die Bestimmungen des Kartellrechts[12]. Weiterhin nimmt der BGH eine Verletzung der negativen Koalitionsfreiheit an[13]. Das Bundesverfassungsgericht hat bisher nicht entschieden, jedoch hat der Vorlagebeschluss des BGH die Bedenken gegen ein Bundes-Tariftreuegesetz gefördert und zu seinem Scheitern beigetragen. Gegen die anderen Ländergesetze sind bisher noch keine Verfahren anhängig.

In der Resonanz auf das Urteil wird die erhebliche Bedeutung des Europarechts für die Entscheidung dieses Falles unterstrichen. So hätte der BGH den Fall selber entscheiden können, wenn er das Europarecht zutreffend und erschöpfend als Maßstab herangezogen hätte[14]. Der BGH hat zwar den Anwendungsbereich des Europarechts in seinem Beschluss gesehen, jedoch eine verfassungsrechtliche Argumentation gewählt. Auch wenn er wegen des Vorrangs des Europarechts selbst abschließend hätte entscheiden können, ist der hier gewählte Weg nicht falsch. Wenn das fragliche Berliner Vergabegesetz bereits aus bundesrechtlichen Gründen nichtig ist, liegt ein Verstoß gegen Europarecht nicht vor. Jedoch muss die Nichtigkeit erst durch das Bundesverfassungsgericht

---

10 BGH v. 18.01.2000, DVBl. 2000, 1056.

11 BGH v. 18.01.2000, DVBl. 2000, 1056f.

12 BGH v. 18.01.2000, DVBl. 2000, 1057.

13 BGH v. 18.01.2000, DVBl. 2000, 1057f.

14 *Dreher*, Anmerkung zu BGH v. 18.01.2000, DVBl. 2000, 1056.

festgestellt werden. Solange das Gesetz noch Wirkungen entfaltet, können – Europarechtswidrigkeit vorausgesetzt – einzelne Vergaben europarechtswidrig sein. Es besteht wegen der Wirkungen, welche auch von verfassungswidrigen Gesetzen ausgehen, kein Prüfungsvorrang für das Verfassungsrecht, sondern das Europarecht steht als Maßstab gleichberechtigt daneben.

Diesen zweiten Maßstab – den europarechtlichen Maßstab – legt die hier vorliegende Untersuchung an. Die europarechtliche Dimension der Tariftreueerklärungen ist Gegenstand dieser Arbeit. Die Ländervergabegesetze, die eine konstitutive Tariftreueerklärung vorsehen, werden hier auf ihre Konformität mit dem Europarecht untersucht. Dabei werden die Ländervergabegesetze zunächst umfassend vorgestellt. Da das Vergaberecht fast ausschließlich bundesrechtlich geregelt ist, werden insbesondere die Rechtswirkungen der Ländervergabegesetze im Rahmen des bundesrechtlichen Vergabeverfahrens dargestellt. Wann muss die Erklärung abgegeben werden, wie wird sie im Verfahren berücksichtigt und welche Folgen hat es, wenn eine solche Erklärung nicht abgegeben wird oder sie bei der Auftragsausführung keine Beachtung mehr findet. Danach werden die tarifrechtlichen Voraussetzungen erörtert, die wegen der Bezugnahme der Tariftreueerklärungen auf örtlich geltende Tariflöhne eine entscheidende Vorfrage darstellen. Wer ist nach deutschem Recht berechtigt, einen ländervergaberechtlich relevanten Tarifvertrag abzuschließen und für wen entfaltet er Wirkungen. Nach der Klärung dieser Vorfragen werden dann zunächst die primärrechtlichen Vorgaben des EGV herangezogen. Wesentliche Maßstäbe bilden hierbei die Freiheit des Dienstleistungsverkehrs und das Beihilfeverbot. Das Kartellverbot wird hier bewusst nicht herangezogen, auch wenn es grundsätzlich anwendbar ist[15]. Für die kartellrechtlichen Fragen kommt es zu sehr auf Marktvoraussetzungen an, die im Rahmen dieser Arbeit nicht hinreichend festgestellt werden können. Zudem werden die kartellrechtlichen Fragen lediglich im Rahmen der Vergabeentscheidungen im Bereich des Straßentiefbaus relevant. Für diesen Bereich weisen jedoch alle Ländervergabegesetze bestimmte Ausnahmeregelungen auf. Sei es, dass sie als Ermessensentscheidung formuliert sind oder dass nur ein Teil der Auftraggeber zwingend verpflichtet wird, eine Tariftreueerklärung zu verlangen. Abschließend werden die relevanten Teile der Koordinierungsrichtlinien dargestellt und dahingehend untersucht, ob die Ländervergabegesetze gegen diese verstoßen.

---

15 Zu diesem Fragenkomplex vergleiche *Meyer,* Die Einbeziehung politischer Zielsetzungen bei der öffentlichen Beschaffung, S. 126ff.

§ 2 Tariftreue im Vergaberecht

A. Die Zweiteilung des Vergaberechts in Deutschland

Vergaberecht in Deutschland ist traditionell Haushaltsrecht gewesen[16]. Es ging hauptsächlich um die Sicherung der ökonomischen Verwendung der Haushaltsmittel durch die öffentlich-rechtlichen Körperschaften, wenn diese auf dem Markt einkaufen[17]. Erfasst sind hiervon auch heute noch ausschließlich die öffentlich-rechtlichen Körperschaften. Als gesetzliche Verankerung dienen die für sie jeweils geltenden Haushaltsordnungen als zwingendes Recht[18]. § 55 Bundeshaushaltsordnung gilt für den Bund, für Nordrhein-Westfalen § 55 Landeshaushaltsordnung NW und für dessen Gemeinden § 31 Gemeindehaushaltsverordnung NW. Ebenso gelten in Bayern Art. 55 Bayerische Haushaltsordnung, § 31 Bayerische Kommunalhaushaltsordnung, im Saarland § 55 Saarländische Landeshaushaltsordnung, § 31 Saarländische Gemeindehaushaltsverordnung, in Sachsen-Anhalt § 55 Landeshaushaltsordnung, § 32 Gemeindehaushaltsverordnung und in Berlin § 55 Berliner Landeshaushaltsordnung. In diesen Vorschriften wird die Ausschreibung als vorrangiges Instrument der Vergabe vorgeschrieben. Zudem ist hier niedergelegt, dass Ausnahmen von der Ausschreibung nur unter besonderen Umständen zulässig sind, sowie dass die Ausschreibungsverfahren nach einheitlichen Richtlinien zu erfolgen haben. Hierbei handelte es sich um die einzigen gesetzlichen Grundlagen des Vergaberechts. Es waren reine Ordnungsregeln, die allenfalls Reflexwirkungen auf potentielle Vertragspartner entfalten können[19]. Nach Rechtscharakter und Zielrichtung dieser Vergabeverfahrensregelungen sind diese nicht dem Schutz der potentiellen Bieter zu dienen bestimmt[20]. Primärrechtsschutz gegen Vergabeentscheidungen wird praktisch nicht gewährt[21]. Die spärlichen haushaltsrechtlichen Vorgaben werden ausgefüllt durch die umfassenden Verdingungsordnungen, die in Verwaltungsvorschriften jeweils für anwendbar erklärt werden. Für Bauleistungen gilt Teil A

---

16 Zur früheren Gestalt des deutschen Vergaberechts vergleiche *Gündisch*, in: Schwarze, Das öffentliche Auftragswesen in der EG, EuR Beiheft 1/1996, S. 59ff., 62ff.; *Daub/Meierrose/Eberstein*, VOL/A, Einführung Rn. 23a ff., 46ff.; *Boesen*, Das neue Vergaberecht, S. 13f.; *Jank/Zdzieblo*, Einführung in das Öffentliche Auftragswesen, S. 23ff., 40ff.

17 *Jasper/Marx*, in: Vergaberecht, S. X.

18 *Faber*, DÖV 1995, 403, 404.

19 *Jasper/Marx*, in: Vergaberecht, S. X.

20 *Pietzcker*, ZHR 162 (1998), 427, 430.

21 Zu den Ausnahmen BGH NJW 1976, 2303; BGH NJW 1977, 628; OLG Düsseldorf, DöV 1981, 537.

VOB. Diese haushaltsrechtlichen Vergaberegeln gelten nur für Beschaffungen der öffentlich-rechtlichen Körperschaften. Die Kompetenz zur Regelung des Vergaberechts für diese folgt jeweils aus der Haushaltshoheit des Bundes und der Länder. Selbständige juristische Personen der öffentlich-rechtlichen Körperschaften sind nicht an das Haushaltsrecht gebunden und unterliegen daher auch keinen vergaberechtlichen Regelungen. Der öffentlichen Hand ist es daher möglich, durch formelle Privatisierung sich den vergaberechtlichen Bindungen des Haushaltsrechts zu entziehen.

Dieses haushaltsrechtliche Innenrecht[22] wird nunmehr durch das Europäische Recht überlagert. Vor der europarechtlichen Normierung des Vergaberechts lagen die öffentlichen Beschaffungen bei rund 10-15% des Bruttosozialproduktes, davon wurden aber weit über 90% an nationale Unternehmen vergeben[23]. Um die Diskriminierungen bei der öffentlichen Beschaffung zu beseitigen und insbesondere dem freien Warenverkehr und der Dienstleistungsfreiheit Geltung zu verschaffen, hat die EG die Koordinierungsrichtlinien für das öffentliche Beschaffungswesen erlassen[24]. Aufträge, die ein bestimmtes Volumen erreichen, werden von den Koordinierungsrichtlinien erfasst, weil der europäische Gesetzgeber davon ausgeht, dass dann eine grenzüberschreitende Leistungserbringung für einen nicht-nationalen europäischen Anbieter lukrativ wird. So gelten ab den in den Richtlinien festgelegten Schwellenwerten europarechtliche Vergabemaßstäbe, die eine diskriminierungsfreie Vergabe der Aufträge sicherstellen sollen. Erfolg haben die europarechtlichen Vorgaben erst seit der Einführung der o.g. Richtlinien im Jahre 1993, weil – damit verbunden – ein Primärrechtsschutz und ein verbesserter Sekundärrechtsschutz eingeführt worden sind[25]. Den Bietern

---

22 *Pietzcker*, ZHR 162 (1998), 427, 428.

23 Cecchini, Europa 92 – Der Vorteil des Binnenmarktes, 1988, S. 37.

24 RiLi 93/36/EWG über die Koordinierung der Verfahren zur Vergabe öffentlicher Lieferaufträge vom 14.06.93, Abl. Nr. L, 199, S. 1 geändert durch RiLi 97/52/EG v. 13.10.97, Abl. Nr. L 328, S. 1; RiLi 93/37/EWG zur *Koordinierung der Verfahren zur Vergabe öffentlicher Bauaufträge* v. 14.06.93, Abl. Nr. 1 199, S. 54, geändert durch Beschluss des Rates v. 01.01.95, Abl. Nr. L 1, S. 171, geändert durch RiLi 97/52/EG v. 13.10.97, Abl. Nr. L 328, S. 1; Richtlinie 92/50/EWG über die Koordinierung der Verfahren zur Vergabe öffentlicher Dienstleistungsaufträge v. 18.06.92, Abl. Nr. L 209, S. 1, geändert durch Beitrittsvertrag vom 24.06.94, Abl. Nr. C 241, S 233, geändert durch Beschluss des Rates vom 01.01.95, Abl. Nr. L 1, S. 175, geändert RiLi vom 13.10.97, Abl. Nr. L 328, S. 1; RiLi 93/38/EWG zur *Koordinierung der Auftragsvergabe durch Auftraggeber im Bereich der Wasser-, Energie und Verkehrsversorgung sowie im Telekommunikationssektor* vom 14.06.93, Abl. Nr. L 1199, S. 84, geändert durch RiLi 98/4/EG vom 16.02.98, Abl. Nr. L 101, S. 1; RiLi 89/665/EWG zur *Koordinierung der Rechts- und Verwaltungsvorschriften für die Anwendung der Nachprüfungsverfahren im Rahmen der Vergabe öffentlicher Liefer- und Bauaufträge*, vom 21.12.89, Abl. Nr. L 395, S. 33.

25 *Pietzcker*, ZHR 162 (1998), 427, 429.

und potentiellen Bietern werden nun neben einem diskriminierungsfreien Verfahren auch einklagbare Rechte auf Beachtung der die Gleichbehandlung sichernden Vergabevorschriften sowie auf wirksamen Schadensersatz gewährt[26]. Die Klagerechte machen die Vergabevorschriften effektiv, weil die Bieter ihr Interesse an einer ordnungsgemäßen Vergabe durchsetzen können. Neben das alte Ziel der günstigen und wirtschaftlichen Beschaffung von Leistungen ist nun das Ziel der Öffnung des Binnenmarktes im Beschaffungswesen durch eine Gleichbehandlung aller europäischen Bieter getreten[27].

---

26 *Pietzcker*, ZHR 162 (1998), 427, 430.

27 *Pietzcker*, ZHR 162 (1998), 427, 430.

B. Die Vergabegesetze der Länder

Nach § 97 Abs. 4 am Ende GWB sind die Länder ermächtigt, durch Landesgesetz neben dem Auswahlkriterium der Fachkundigkeit, Leistungsfähigkeit und der Zuverlässigkeit gemäß § 97 Abs. 4 am Anfang GWB weitergehende Anforderungen an die Auswahl der geeigneten Bewerber zu stellen. Untersuchungsgegenstand dieser Arbeit sind die Ländergesetze von Bayern[28], Berlin[29], dem Land Sachsen-Anhalt[30] und dem Saarland[31], die die Tariftreue der Bewerber als Auswahlkriterium vorschreiben. Seit dem 1. März 2003 gilt in Nordrhein-Westfalen ebenfalls ein Landesvergabegesetz[32], welches die Tariftreuepflicht der Auftragnehmer von öffentlichen Bauaufträgen anordnet. Bedeutung erlangen die Gesetze im Gesamtkontext des Vergaberechts, welches die Grundlagen für die Vergabe öffentlicher Bauaufträge vorgibt. Die Ländergesetze modifizieren das bundeseinheitlich geltende Vergaberecht und nehmen dadurch entscheidenden Einfluss auf die Vergabeentscheidung. Bevor nun die europarechtliche Zulässigkeit dieser Vorschriften untersucht wird, soll auf die Wirkungsweise der Ländergesetze im Rahmen des bundesrechtlichen Vergaberechts eingegangen werden.

I. Das Saarländische Bauvergabegesetz

1. Der öffentliche Bauauftrag

Der Anwendungsbereich des SaarBauVG wird in § 1 des Gesetzes geregelt[33]. Es gilt für öffentliche Bauaufträge im Sinne von § 99 GWB. Auch wenn nur § 1 S. 1 SaarBauVG ausdrücklich den Bezug zu der Definition im GWB

---

28 Gesetz über die Vergabe von Bauaufträgen im Freistaat Bayern v. 28.06.00, Bayerisches GVBl. Nr. 15/2000, S. 364; abgedruckt in Anhang I zu dieser Arbeit.

29 Berliner Vergabegesetz v. 9.07.99, GVBl. für Berlin Nr. 28 v. 16.07.99, S. 369; abgedruckt in Anhang I zu dieser Arbeit.

30 Gesetz über die Vergabe öffentlicher Bauaufträge im Land Sachsen-Anhalt vom 29.06.01, GVBl. für das Land Sachsen-Anhalt v. 4.07.01, S. 234; abgedruckt in Anhang I zu dieser Arbeit.

31 Gesetz Nr. 1450 über die Vergabe von Bauaufträgen im Saarland v. 23.08.00, Amtsblatt des Saarlandes v. 3.11.00, S. 1846; abgedruckt in Anhang I zu dieser Arbeit.

32 Gesetz zur tariflichen Entlohnung bei öffentlichen Aufträgen im Land Nordrhein-Westfalen (Tariftreuegesetz Nordrhein-Westfalen – TariftG NRW) vom 17. Dezember 2002, GVBl. Für das Land Nordrhein-Westfalen, Nr. 1 vom 15. Januar 2003, S. 8.

33 Für das BayBauVG gelten die gleichen Paragraphen, sie werden dort nur als Artikel bezeichnet.

herstellt, so wird hier dennoch ein einheitlicher Begriff des öffentlichen Bauauftrages als Anwendungsbereich des SaarBauVG definiert. Die Definition des öffentlichen Bauauftrages ergibt sich aus § 99 Abs. 1 i.V.m. Abs. 3 GWB. Öffentliche Aufträge sind danach entgeltliche Verträge zwischen öffentlichen Auftraggebern und Unternehmen, die Bauleistungen zum Gegenstand haben. Der Begriff des Bauauftrages wird dahingehend in § 99 Abs. 3 GWB konkretisiert, dass es sich um Verträge handelt, die entweder über die Ausführung oder die gleichzeitige Planung und Ausführung eines Bauvorhabens oder eines Bauwerkes geschlossen werden. Das Bauvorhaben oder Bauwerk muss das Ergebnis von Tief- oder Hochbauarbeiten sein und eine wirtschaftliche oder technische Funktion erfüllen. Ebenso sind Bauleistungen erfasst, die durch Dritte nach den vom Auftraggeber genannten Erfordernissen erbracht werden sollen.

Die Definition des öffentlichen Auftrags setzt immer einen entgeltlichen Vertrag voraus; es gelten die rechtliche Gleichordnung der Vertragsparteien und der Grundsatz der Vertragsfreiheit[34]. In der Literatur wird dies partiell anders gesehen. So wird eine zweistufige Konstruktion vertreten[35] oder der Vertrag selbst als öffentlich-rechtlich qualifiziert[36]. Die Argumente des besseren Rechtsschutzes gegen rechtswidrige Vergabeentscheidungen vermögen jedoch mit der neuen, wettbewerbsrechtlichen Lösung des Vergaberechts in Deutschland nicht mehr zu überzeugen. Die privatrechtliche Einordnung des Vertrages entspricht nicht nur der Tradition des Vergaberechts, sondern auch dem Umstand, dass der Staat hier wie ein privater Marktteilnehmer einkaufend tätig wird[37]. Gegenstand des Vertrages sind nicht die Begründung oder Modifikation öffentlich-rechtlicher Rechte oder Pflichten, so dass er nicht als öffentlich-rechtlich eingestuft werden kann[38]. Ein öffentlicher Bauauftrag ist immer ein zivilrechtlicher Werkvertrag nach § 631 BGB, weil ein konkreter Erfolg geschuldet wird[39]. Die Erfüllung der Werkleistung und des Anspruchs auf Werklohn richten sich nach

---

[34] BGHZ 97, 312, 316; *Gusy*, JA 1989, 26, 29; *Hailbronner*, in: Byok/Jaeger, Kommentar zum Vergaberecht, § 99 Rn. 331f.; *Rittner*, Rechtsgrundlagen und Rechtsgrundsätze des öffentlichen Auftragswesens, 1988, S. 46ff.; *ders.*, ZHR 152 (1988), 318, 319-322, 325f.; zum Streitstand *Pietzcker*, ZHR 162 (1998), 427, 457.

[35] *Kopp*, BayVBl. 1980, 609, 612; *Triantafyllou*, NVwZ 1994, 943, 946f.; *Hermes*, JZ 1997, 909, 915.

[36] *Zuleeg*, VerwArch 73(1982), 384, 401f.; *ders.* WuV 1984, 112, 115; *von Zezschwitz*, NJW 1983, 1873, 1881f.; *Burmeister*, VVDStRL 52, (1993), 190, 229f.; *Hermes*, JZ 1997, 909, 915.

[37] *Pietzcker*, ZHR 162(1998), 427, 457.

[38] *Pietzcker*, ZHR 162(1998), 427, 457.

[39] *Hailbronner*, in: Byok/Jaeger, Kommentar zum Vergaberecht, § 99 Rn. 353.

dem Zuschlag jeweils ausschließlich nach Privatrecht[40]. Die Vergabeentescheidung selbst hingegen richtet sich nach den Vorschriften des Vergaberechts, sofern ein erfasster Auftraggeber handelt.

Die Definition des öffentlichen Bauauftrages erfasst alle Formen des mittelbaren und unmittelbaren Erwerbs von Bauleistungen durch öffentliche Auftraggeber. Nicht erfasst sind nur Kaufverträge über bereits errichtete Bauwerke und solche, die nicht für einen von dem öffentlichen Auftraggeber vorher festgelegten Zweck errichtet worden sind[41]. Unter den Begriff der Ausführung fallen nicht nur die Errichtung eines Bauwerkes, sondern auch die Wiederinstandsetzung, Renovierung, Ausbesserung und Beseitigung von Bauwerken[42]. Entscheidend ist der im Vertrag vereinbarte Erfolg[43]. Der Bezug auf die gleichzeitige Planung stellt lediglich klar, dass bloße Planungsleistungen keine Bauleistungen sind, sondern diese Leistungen nur dann als Bauauftrag erfasst werden, wenn sie mit der Ausführung zusammen erfolgen[44]. Die Erfüllung einer wirtschaftlichen oder technischen Funktion weitet entgegen dem ersten Anschein der Norm den Anwendungsbereich aus. Eine wirtschaftliche Funktion wird bereits dann erfüllt, wenn nur mittelbar ein wirtschaftlicher Zweck erfüllt wird, so etwa, wenn bestimmte Infrastrukturen gestärkt oder kulturelle Zwecke gefördert werden[45]. Die technische Funktion erweitert den Umfang des Bauauftrages auf Installationen die durchgeführt werden, weil sie im Funktionszusammenhang des Gebäudes diesem zwingend zugehörig sind (so etwa bei Krankenhäusern, Bibliotheken und technischen Anlagen[46]). Daher gehören nicht nur bewegliche Sachen zu dem Bauauftrag, die durch Einfügung zu wesentlichen Bestandteilen des Grundstückes nach § 94 BGB werden, sondern auch solche, die nur Zubehör zum Grundstück nach § 97 BGB sind, wenn die zwingende Zugehörigkeit zu dem Grundstück eine andere Verwendungsmöglichkeit ausschließt[47]. Die Bauleistung durch Dritte erfasst solche Verträge, die zwischen einem öffentlichen Auftraggeber und einem privaten Dritten geschlossen werden, der auf eigene Rechnung

---

40 Vergleiche die Begründung zu § 99 i.d.F. des § 108 des Regierungsentwurfs, BT-Drucks. 13/9340, S. 15; *Bartl,* Handbuch öffentliche Aufträge, S. 50.

41 *Hailbronner*, in: Byok/Jaeger, Kommentar zum Vergaberecht, § 99 Rn. 352.

42 Vergleiche Insoweit auch die Definition in § 1 VOB/A.

43 *Hailbronner*, in: Byok/Jaeger, Kommentar zum Vergaberecht, § 99 Rn. 353.

44 *Bechtold*, GWB, § 99 Rn. 6.

45 *Korbion*, Vergaberechtsänderungsgesetz, § 99 Rn. 6.

46 *Prieß,* Das öffentliche Auftragswesen in der Europäischen Union, S. 49; *Lampe-Helbig,* Praxis der Bauvergabe, Rn. 155.

47 *Hailbronner*, in: Byok/Jaeger, Kommentar zum Vergaberecht, § 99 Rn. 357.

im eigenen Namen nach Angaben des Auftraggebers baut[48]. Nicht erfasst sind die Verträge zwischen einem privaten Dritten und einem von diesem beauftragten Subunternehmer[49].

Fraglich ist jedoch, ob der Verweis auf § 99 GWB in § 1 S. 1 SaarBauVG für alle von der Norm tatbestandlich erfassten Bauaufträge gilt oder nur für solche im Anwendungsbereich des GWB. Das GWB gilt nach § 100 GWB nur für diejenigen Aufträge, die die Schwellenwerte nach der Verordnung (VgV) [50] gemäß § 127 GWB überschreiten. Das sind nach § 2 VgV für Bauaufträge € 5 Mio. Das SaarBauVG differenziert in § 2 Abs. 2 selbst auch zwischen solchen Aufträgen über und unter den Schwellenwerten bei Auftraggebern nach § 1 Nr. 2 SaarBauVG, der wiederum auf § 98 GWB verweist. Eine solche Differenzierung wäre jedoch nicht erforderlich, wenn der Verweis ohnehin nur im Anwendungsbereich des GWB gelten würde. Daher gilt der Tatbestand des § 99 und § 98 GWB auch für solche Aufträge, die unterhalb der Schwellenwerte liegen. Es handelt sich demnach um eine partielle Rechtsgrundverweisung. Dem saarländischen Gesetzgeber kam es auch gerade darauf an, dass nicht nur die Aufträge über dem Schwellenwert, sondern alle Aufträge erfasst werden[51].

2. Der öffentliche Auftraggeber

Voraussetzung eines öffentlichen Bauauftrages ist stets, dass ein öffentlicher Auftraggeber die Leistung nachfragt. Mit dem Begriff des öffentlichen Auftraggebers wird der subjektive Anwendungsbereich definiert. Zum einen bezieht § 1 S. 1 SaarBauVG das Saarland ein. Gemeint sind hier Aufträge, die das Land, also die juristische Person des öffentlichen Rechts, die Gebietskörperschaft Saarland selbst aus Landesmitteln nachfragt. Zum anderen nennt § 1 S. 2 Nr. 1 SaarBauVG dann die Gemeinden, Gemeindeverbände und sonstigen juristischen Personen des öffentlichen Rechts, die der Aufsicht des Landes unterstehen. Schließlich eröffnet § 1 S. 2 Nr. 2 SaarBauVG den Anwendungsbereich für Vereinigungen, Einrichtungen und Unternehmen, deren Anteile sich unmittelbar oder mittelbar ganz oder überwiegend in öffentlicher Hand befinden, soweit sie öffentliche Auftraggeber im Sinne von § 98 GWB sind. Der Begriff der Vereinigung ist dahingehend zu definieren, dass hierunter Zusammenschlüsse von Gebietskörperschaften fallen und juristische Personen des Privatrechts, die

---

48 *Jaspers*, DB 1998, 2151, 2152.

49 *Bechtold*, GWB, § 99 Rn. 5.

50 Verordnung über die Vergabe öffentlicher Aufträge (VgV) v. 9. Januar 2001, BGBl. Teil I Nr. 3 vom 18.01.2001, S. 110.

51 Landtag des Saarlandes, Drucks. 12/150, S. 3.

selbst keine wirtschaftlichen Zwecke erfüllen müssen, wie etwa die privatrechtlichen Vereine. Die Einrichtungen indes sind organisatorisch abgespaltene Organisationseinheiten, die im Auftrag der öffentlichen Hand tätig werden. Sie sind nicht rechtlich selbständig, sondern nur organisatorisch ausgegliederter Teil der öffentlichen Hand. Ihre Anteile befinden sich stets in öffentlicher Hand. Dagegen erfassen die Unternehmen hauptsächlich die juristischen Personen des Privatrechts, soweit sie wirtschaftliche Zwecke im Sinne des Gesellschaftsrechts erfüllen. Es reicht entsprechend dem funktionalen Auftraggeberbegriff des europäischen Vergaberechts neben der unmittelbaren Beteiligung auch eine mittelbare Beteiligung an den Auftraggebern aus. Entweder ist die öffentliche Hand ganz oder überwiegend an den Auftraggebern beteiligt, wobei es entscheidend auf die Möglichkeit der Einflussnahme ankommt.

Der Anwendungsbereich erfasst jedoch nur die Schnittmenge der durch die Tatbestandsmerkmale des SaarBauVG und § 98 GWB bestimmten Personen. Weil das Vergaberecht aus der Umsetzung der EG-Richtlinien entstanden ist, sind bei der Auslegung des § 98 GWB die europarechtlichen Vorgaben durch die Richtlinien und ihre Auslegung durch den EuGH zu beachten[52]. Nach § 98 Nr. 1 GWB sind das zunächst die Gebietskörperschaften und ihre Sondervermögen. Die Anwendung des SaarBauVG auf das Land und die Gemeinden ist bereits durch § 1 S. 1 und S. 2 Nr. 1 SaarBauVG angeordnet, so dass hier nur noch die Sondervermögen von Interesse sind. Sondervermögen sind die rechtlich unselbständigen, aber als gesonderte Einheit im Rechtsverkehr auftretenden Eigenbetriebe oder sonstigen Einheiten der Gebietskörperschaften[53]. § 98 Nr. 2 GWB erfasst die anderen juristischen Personen des öffentlichen und des privaten Rechts. Diese Vorschrift dient der Umsetzung des in den drei Vergaberichtlinien verwendeten Auftraggeberbegriffs der „Einrichtung des öffentlichen Rechts"[54]. Dies ist Ausdruck des Wandels vom institutionellen zum funktionellen Auftraggeberbegriff[55], der erreichen soll, dass auch in privatrechtlicher Form durchgeführte staatliche Aufgaben dem Vergaberecht unterfallen und sich die öffentliche Hand nicht durch Privatisierungen dem Vergaberecht entzieht[56]. In Anhang I der Baukoordinierungsrichtlinie werden unter III für alle Richtlinien diejenigen Einrichtungen aufgezählt, die per se als „Einrichtungen des öffentlichen Rechts"

---

52 *Werner*, in: Byok/Jaeger, Kommentar zum Vergaberecht, § 98 Rn. 211.

53 *Bechtold*, GWB § 99 Rn. 5.

54 Vergleiche Art. 1 b Lieferkoordinierungsrichtlinie (Richtlinie 93/36/EWG); Art. 1 b Baukoordinierungs-Richtlinie (Richtlinie 93/37/EWG); Art. 1 b Dienstleistungs-Richtlinie (Richtlinie 92/50/EWG).

55 Zum funktionellen Auftraggeberbegriff *Brenner*, in: FS-Kriele, S. 1431, 1437ff.

56 *Werner*, in: Byok/Jaeger, Kommentar zum Vergaberecht, § 98 Rn. 224.

dem Vergaberecht unterliegen. Dieser Auflistung kommt jedoch nur eine Indizwirkung zu. Entscheidend ist im Einzelfall, ob die Tatbestandsmerkmale des § 98 Nr. 2 GWB vorliegen[57]. Dieser Vorschrift lassen sich drei Tatbestandsmerkmale entnehmen:

- Selbständige Rechtspersönlichkeit,
- Gründung zur Erfüllung einer im Allgemeininteresse liegenden Aufgabe nichtgewerblicher Art und
- die überwiegende Finanzierung oder Beherrschung durch staatliche Stellen.

Selbständige Rechtspersönlichkeit setzt voraus, dass es sich um eine juristische Person des Privatrechts oder des Öffentlichen Rechts handelt. Bei dem zweiten Tatbestandsmerkmal kommt es auf den besonderen Gründungszweck im Zeitpunkt der Gründung der juristischen Person an[58]. Dem stehen jedoch Zweckänderungen oder eine Zwecksetzung nach der Erstgründung gleich[59]. Wenn jedoch der Gründungszweck einmal auf die Erfüllung von Aufgaben im Allgemeininteresse ausgerichtet gewesen ist, dann kommt es auf die spätere tatsächliche Tätigkeit nicht mehr an[60]. Nach dem EuGH[61] ist die Frage, ob Aufgaben erfüllt werden, die im Allgemeininteresse liegen und nichtgewerblicher Art sind, objektiv zu beurteilen. Damit der Gründungszweck nichtgewerblicher Art ist, muss es sich um Einrichtungen handeln, die nicht den Charakter eines Handels- oder Industrieunternehmens haben. Sie dürfen also nicht vorrangig auf Absatz und gewinnbringenden Ertrag ausgerichtet sein[62]. Wenn der Auftraggeber rein erwerbswirtschaftlich tätig einem privaten Wirtschaftsteilnehmer vergleichbar dem Wettbewerb ausgesetzt ist und deshalb eine Diskriminierung aus politischen Gründen bei der Auftragsvergabe unwahrscheinlich ist, dann ist eine Anwendung der vergaberechtlichen Regelungen nicht geboten[63]. Entscheidend für das Allgemeininteresse ist, dass die Einrichtung auf das Gemeinwohl ausgerichtet und dazu gegründet worden ist[64]. Der Begriff der „im Allgemeininteresse lie-

---

57 *Werner*, in: Byok/Jaeger, Kommentar zum Vergaberecht, § 98 Rn. 228.

58 *Korbion*, Vergaberechtsänderungsgesetz, § 98 Rn. 3.

59 *Dreher*, DB 1998, 2579, 2580.

60 *Bechtold*, GWB, § 98 Rn. 10.

61 EuGH v. 10.11.98, Slg. 1998 I-6821 Rn. 59ff.

62 *Korbion*, Vergaberechtsänderungsgesetz, § 98 Rn. 3.

63 *Pietzcker*, ZHR 162 (1998), 427, 445.

64 *Korbion*, Vergaberechtsänderungsgesetz, § 98 Rn. 3.

genden Aufgaben" schließt es nicht aus, dass diese Aufgaben auch von Privatunternehmen erfüllt werden können[65].

Weiterhin muss der Auftraggeber überwiegend durch staatliche Stellen finanziert oder beherrscht werden. Staatliche Stellen sind solche, die unter § 98 Nr. 1 und 3 GWB fallen. Das sind die Gebietskörperschaften und ihre Sondervermögen sowie ihre öffentlich-rechtlichen oder privatrechtlichen Zusammenschlüsse (Verbände)[66]. Zwar verweist § 98 Abs. 3 auch auf die Nr. 2 GWB, dessen Anwendungsbereich es hier zu definieren gilt. Das ist jedoch deshalb geboten, damit auch die Verbände der öffentlichen Auftraggeber nach Nr. 2, die durch staatliche Stellen nach Nr. 1 beherrscht oder finanziert werden, erfasst sind. Die überwiegende staatliche Beherrschung oder Finanzierung wird in § 98 Nr. 2 GWB durch drei Fälle definiert, deren jeweiliges Vorliegen ausreicht, um die Eigenschaft als öffentlicher Auftraggeber zu begründen[67]. Zunächst erfüllt die überwiegende staatliche Finanzierung den Tatbestand. Hierbei kommt es auf den Finanzbedarf an. Wird er zu mehr als seiner Hälfte durch einen öffentlichen Auftraggeber erbracht, so liegt das Tatbestandsmerkmal vor, wenn er ohne spezifische Gegenleistung für die Tätigkeiten der fraglichen Einrichtung erbracht wird.[68] Die Merkmale der Aufsicht über die Leitung oder der Bestimmung über die Organbesetzung entsprechen dem Begriff der Beherrschung nach § 17 AktG[69]. Eine Beherrschung liegt indes auch dann vor, wenn das beherrschende Unternehmen eine so weitreichende Einflussmöglichkeit hat, dass es seinen Willen hinsichtlich der Unternehmens- und Geschäftspolitik durchsetzen kann[70].

Bei der Schnittmengenbildung ist demnach festzustellen, dass das SaarBauVG den Auftraggeberbegriff nach § 98 Nr. 2 GWB einschränkt. Das SaarBauVG findet nur auf diejenigen Auftraggeber Anwendung, deren Anteile sich mittelbar oder unmittelbar ganz oder überwiegend in öffentlicher Hand befinden. Hieraus kann sich zwar eine Finanzierung oder Beherrschung durch staatliche Stellen ergeben, eine solche ist jedoch nicht zwingend. Gleiches gilt für § 98 Nr. 3 GWB, der die Verbände erfasst, die unter Nr. 1 und 2 fallen.

Die öffentlichen Auftraggeber nach § 98 Nr. 4-6 GWB sind ausschließlich natürliche oder juristische Personen des privaten Rechts. Nr. 4 greift die soge-

---

65 EuGH v. 10.11.98, Slg. 1998 I-6821 Rn. 40.

66 *Korbion*, Vergaberechtsänderungsgesetz, § 98 Rn. 5 u. 11.

67 *Korbion*, Vergaberechtsänderungsgesetz, § 98 Rn. 5.

68 *Bechtold*, GWB, § 98 Rn. 15; *Prieß*, EuZW 2001, 365, 372.

69 Vergabeüberwachungsausschuss des Bundes, VÜA Bund, VergAB 27 Kraftwerkskomponenten; VÜA, VergAB 58 Abrissarbeiten; a.A. *Dreher*, DB 1998, 2579, 2583.

70 *Bechtold*, GWB, § 98 Rn. 15.

nannten Sektorenauftraggeber auf, die auf dem Gebiet der Trinkwasser- oder Energieversorgung oder des Verkehrs oder der Telekommunikation tätig sind. Diese sind jedoch nur dann öffentliche Auftraggeber im Sinne des GWB, wenn sie auf der Grundlage von besonderen oder ausschließlichen Rechten tätig werden. Dabei handelt es sich um Tätigkeiten, die behördliche Erlaubnisse oder Genehmigungen voraussetzen, die im Einzelfall erteilt werden[71]. Daneben erfasst § 98 Nr. 5 GWB die staatlich subventionierten Auftraggeber. Voraussetzung ist zum einen, dass es sich um eine Tiefbaumaßnahme für die Errichtung von Krankenhäusern, Sport-, Erholungs- und Freizeiteinrichtungen, Schul-, Hochschul-, und Verwaltungsgebäuden handelt, wobei dieser Katalog abschließend ist[72]. Zum anderen muss der Auftraggeber von einem öffentlichen Auftraggeber nach § 98 Nr. 1-3 GWB Mittel erhalten haben, mit denen das Projekt zu mehr als der Hälfte finanziert wird. Bei der Ermittlung des Prozentsatzes kommt es auf die Projektkosten an[73]. Die Vorschrift will verhindern, dass der Staat sich seinen vergaberechtlichen Verpflichtungen entzieht, indem er finanziell geförderte Auftraggeber zwischenschaltet[74]. Daher ist der Begriff des „Finanzierens" dahingehend zu konkretisieren, dass er im Sinne von subventionieren zu verstehen ist[75]. Die Überlassung von Finanzmitteln zu marktüblichen Konditionen reicht dafür nicht aus, sondern es muss sich um eine Zuwendung handeln, der keine marktgerechte Gegenleistung gegenübersteht[76]. § 98 Nr. 6 GWB regelt dann noch die Erfassung der Baukonzessionäre als öffentliche Auftraggeber. Es handelt sich um Private, die das Bauwerk auf eigene Kosten erstellen und im Gegenzug die Nutzungsmöglichkeit erhalten. Wenn diese die Bauvorhaben ausschreiben, dann sind sie ebenfalls öffentliche Auftraggeber.

Das SaarBauVG findet jedoch auf die öffentlichen Auftraggeber nach § 98 Nr. 4-6 GWB auch nur dann Anwendung, wenn sich ihre Anteile mittelbar oder unmittelbar ganz oder überwiegend in öffentlicher Hand befinden. Voraussetzung ist somit, dass eine Beteiligung besteht. Die Ausweitung des öffentlichen Auftraggeberbegriffs durch das GWB auf Private hat das SaarBauVG nicht nachvollzogen, sondern es ist stets eine finanzielle Verflechtung des öffentlichen Auftraggebers mit der öffentlichen Hand Voraussetzung. Der Anwendungsbe-

---

71 *Korbion*, Vergaberechtsänderungsgesetz, § 98 Rn. 14; *Bechtold*, GWB, § 98 Rn. 28; *Werner*, in: Byok/Jaeger, Kommentar zum Vergaberecht, § 98 Rn. 287.

72 *Bechtold*, GWB, § 98 Rn. 29.

73 *Bechtold*, GWB, § 98 Rn. 30.

74 *Werner*, in: Byok/Jaeger, Kommentar zum Vergaberecht, § 98 Rn. 288.

75 *Dreher*, DB 1998, 2579, 2585.

76 Vergleiche hierzu auch die Ausführungen zum Beihilferecht § 4 B.

reich des SaarBauVG ist somit enger als derjenige der bundesrechtlichen Vergabevorschriften.

Die Zuwendungsempfänger werden ebenfalls vom SaarBauVG nicht erfasst, weil sie im Regelfall keinen Beschränkungen bei der Auftragsvergabe unterliegen[77]. Zudem setzt eine Auflage im Zuwendungsbescheid, Tariftreue zu verlangen, keine gesetzliche Grundlage nach § 97 Abs. 4 GWB voraus[78].

3. Anforderungen an die Auftragsvergabe

Das SaarBauVG unterscheidet zwischen den Vergabegrundsätzen und den weitergehenden Anforderungen bei der Auftragsvergabe. Dabei handelt es sich jeweils um Eignungskriterien für die Auswahl der Bieter[79]. Nach § 2 Abs. 1 SaarBauVG lautet der Vergabegrundsatz, dass öffentliche Bauaufträge nur an fachkundige, leistungsfähige und zuverlässige Unternehmen vergeben werden dürfen. Das Gesetz wiederholt die Eignungskriterien des § 97 Abs. 4 GWB und § 8 Nr. 3 VOB/A. Soweit der Auftrag also der Auftragsvergabe nach dem GWB unterliegt oder die VOB/A Anwendung findet, hat das SaarBauVG nur deklaratorische Bedeutung. Hinsichtlich weitergehender Anforderungen im Rahmen der Eignungsprüfung des Bieters ordnet § 2 Abs. 1 S. 2 SaarBauVG an, dass sie nur dann gestellt werden können, soweit sie in einem Bundesgesetz oder in diesem Gesetz angeordnet sind. Das entsprechende Bundesgesetz ist nunmehr im Bundesrat gescheitert, so dass nur das SaarBauVG als einziges Gesetz in seinem Anwendungsbereich mit weitergehenden Anforderungen übrigbleibt. Als weitergehende Anforderung wird im SaarBauVG gefordert, dass nur solche Bewerber geeignet sind, die sich bei der Angebotsabgabe verpflichten, ihre Arbeitnehmerinnen und Arbeitnehmer bei der Ausführung dieser Leistungen nach den jeweils im Saarland geltenden Lohntarifen zu entlohnen und dies auch bei ihren Nachunternehmern sicherstellen.

a) Tariftreueerklärung

Voraussetzung ist nicht, dass der Bewerber generell nach einem im Saarland geltenden Tarifvertrag entlohnt, sondern dass er eine Tariftreueerklärung abgibt hinsichtlich des Auftrages. Die auf den Abschluss des Vertrages über die baulichen Leistungen bezogene Willenserklärung umfasst damit als vertragliche Ver-

---

[77] Landtag des Saarlandes, Drucks. 12/150, S. 6.

[78] Landtag des Saarlandes, Drucks. 12/150, S. 6.

[79] *Hailbronner*, in: Byok/Jaeger, Kommentar zum Vergaberecht, § 97 Rn. 168; *Noch*, Vergaberecht Kompakt, S. 181.

pflichtung des Auftragnehmers gegenüber dem öffentlichen Auftraggeber auch die Verpflichtung, nach einem im Saarland geltenden Tarifvertrag zu entlohnen. Eine solche Verpflichtung ist grundsätzlich von der Vertragsfreiheit erfasst. Weiterhin verpflichtet sich der Bewerber auch, für den Fall, dass er Subunternehmer einschaltet, diese ebenfalls auf Tariftreue zu verpflichten und die Einhaltung der Tariftreue sicherzustellen. Wichtig ist in diesem Zusammenhang, dass es sich bei der Tariftreue um eine privatrechtliche Pflicht handelt und diese nur zwischen den beiden Vertragsparteien besteht. Gebunden ist demnach der Auftragnehmer gegenüber dem öffentlichen Auftraggeber. Die Arbeitnehmer des Auftragnehmers, welche die Begünstigten dieser vertraglichen Abrede sind, können aus dieser Vereinbarung keine Ansprüche herleiten[80]. Es handelt sich weder um einen Vertrag zugunsten Dritter noch um einen Vertrag mit Schutzwirkung zugunsten Dritter.

b) Erfüllung der Tariftreuepflicht

Die Tariftreueverpflichtung muss durch die Bezahlung der Arbeitgeber nach einem im Saarland für Tarifvertragsparteien geltenden Lohntarifvertrag erfüllt werden. Diese gesetzliche Bezeichnung ist jedoch nicht vollkommen klar und muss durch Auslegung präzisiert werden. Zum einen stellt sich die Frage, ob zu diesen Tarifverträgen ausschließlich solche gehören, die nach dem TVG geschlossen worden sind. Zum anderen bleibt offen, ob hierunter nur solche Tarifverträge fallen, die von im Saarland ansässigen Tarifvertragsparteien geschlossen worden sind oder ob es auch solche Verträge sind, die von anderen Tarifvertragsparteien geschlossen worden sind, aber dennoch die Erbringung von Arbeitsleistungen im Saarland regeln. Letztere würden ebenso örtlich im Saarland gelten. Diese Frage hat bisher keine besondere Beachtung gefunden, sondern es ist vielmehr so, dass alle Autoren von einer engen Auslegung des im Saarland geltenden Tarifvertrages ausgehen[81]. Erfasst werden ausschließlich Tarifverträge, die von saarländischen Tarifvertragsparteien – also Koalitionen und Arbeitgebern – geschlossen wurden, die nach dem TVG gelten. Diese Auslegung ist nach dem Wortlaut auch die naheliegende, weil hier der Zusammenhang deutlich macht, dass es sich um saarländische Tarifvertragsparteien handelt, die für im Saarland tarifgebundene Arbeitgeber und Arbeitnehmer Tarifverträge schließen. Ausdrücklich klargestellt wird dies jedoch erst durch die Gesetzesbegrün-

---

80 So auch die Begründung zum Gesetzentwurf zur tariflichen Entlohnung bei öffentlichen Aufträgen, „Kein subjektives Recht des Arbeitnehmers auf Zahlung des Tariflohns", BT-Drucks. 14/7796 v. 12.12.2001, S. 7.

81 *Löwisch*, DB 2001, 1090, 1091; *Seifert*, ZFA 2001, 1, 18; *Kempen*, in: FS für Wolfgang Däubler, S. 503, 505; *Knipper*, WuW 1999, 677, 683.

dung. Zweck des Gesetzes ist die Vermeidung von Wettbewerbsverzerrungen durch Dumpinglöhne[82]. Es geht um den Schutz der im Saarland ansässigen Bauindustrie. Es soll das allgemein für diese geltende Lohnniveau auch bei den auswärtigen Bewerbern durchgesetzt werden, damit die saarländischen Auftragsbewerber keine Nachteile aufgrund ihrer höheren Lohnverpflichtungen haben. Ein solcher Schutz kann jedoch erst dann entstehen, wenn auch ausschließlich die im Saarland ansässigen Tarifvertragsparteien die für die Tariftreuepflicht maßgeblichen Tarifverträge abschließen können. Damit gilt die enge Auslegung: Maßgeblich sind Tarifverträge nach dem TVG, die von im Saarland ansässigen Tarifvertragsparteien geschlossen worden sind.

Daran schließt sich die Frage an, welcher der von im Saarland ansässigen Tarifvertragsparteien geschlossene Lohntarifvertrag maßgeblich ist, wenn dort mehrere Tarifverträge die Lohnhöhe unterschiedlich regeln. Die Abweichungen der Lohnhöhe in den unterschiedlichen Tarifverträgen sind nicht besonders groß. Dennoch ist diese Frage für die im Saarland gebundenen Auftraggeber wichtig, weil sie trotz Tarifbindung und Ortsansässigkeit ihre Lohnhöhe dann anpassen müssen, wenn ihre tariflichen Löhne unter denen liegen, die für die Tariftreue maßgeblich sind. Für die auswärtigen Auftragnehmer ist sie wichtig, um zu wissen, auf welche Lohnhöhe sie sich einstellen müssen. Relevant wird diese Frage auch gerade im Bereich der Firmentarifverträge. Weil Firmentarifverträge in ganz besonderem Maße den Besonderheiten der konkreten Firma Rechnung tragen, können hier partiell die Löhne unter dem allgemeinen Lohnniveau liegen. Das ist insbesondere dann der Fall, wenn der Arbeitgeber im Gegenzug andere Vergünstigungen gewährt. Auch wenn die tarifvertragsschließenden Gewerkschaften solche Abmachungen nur in begrenztem Umfang eingehen, so stellt sich dennoch die Frage, ob diese niedrigen Firmentarife für die Erfüllung der Tariftreue auch maßgeblich sein können. § 3 des SaarBauVG spricht von den „jeweils im Saarland für Tarifvertragsparteien geltenden Lohntarifen". Das lässt darauf schließen, dass im Saarland ansässige Unternehmen bei Einhaltung des für sie geltenden Tarifvertrages auch die Tariftreuepflicht erfüllen. Eine solche Auslegung wird auch den Intentionen des Gesetzgebers gerecht, der einheimische Arbeitnehmer von mittelständischen Unternehmen im Saarland vor Arbeitsplatzverlust schützen wollte[83]. Alle geltenden Tarifverträge sind maßgeblich. Das wird auch gestärkt durch die Begründung des VgG Berlin, wonach alle Entgelttarife erfasst werden und zwar ausdrücklich auch die Firmentarifverträge[84]. Weil der Saarländische Gesetzgeber die Berliner Regelung und ihre Be-

---

82 Landtag des Saarlandes, 12. Wahlperiode, Drucks. 12/150, S. 5; so auch die Begründung des Tariftreuegesetzes des Bundes, BT-Drucks. 14/7796, S. 6.

83 Landtag des Saarlandes, Drucks. 12/150, S. 5.

84 Abgeordnetenhaus von Berlin, Drucks. 13/3726, S. 2.

gründung berücksichtigt hat, und er sich in diesem Punkt nicht ausdrücklich anders geäußert hat[85], ist im Saarland von einer umfassenden Maßgeblichkeit aller Tarifverträge einschließlich der Firmentarifverträge für die Erfüllung der Tariftreuepflicht auszugehen.

Soweit die im Saarland ansässigen, tariflich gebundenen Unternehmen die Tariftreuepflicht durch Einhaltung des für sie geltenden Tarifvertrages erfüllen, stellt sich bei den anderen Auftragnehmern die Frage, welchen Lohntarifvertrag sie erfüllen sollen. Bei diesen Unternehmen besteht noch keine Zuordnung zu einem bestimmten Tarifvertrag. Aus diesem Grund ist ihnen eine freie Wahl zuzugestehen, welchen Lohntarifvertrag, der im Saarland gilt, sie anwenden wollen, um ihre Tariftreuepflicht zu erfüllen. Diese Auslegung wird dadurch gestützt, dass der Gesetzentwurf für ein Tariftreuegesetz des Bundes[86] in § 3 Abs. 2 vorsah, dass in dem Fall, dass am Ort der Auftragsausführung mehrere Tarifverträge für dieselbe Leistung einschlägig wären, der öffentliche Auftraggeber nach billigem Ermessen unter Abwägung aller Umstände den maßgeblichen Tarifvertrag bestimmt. Das SaarBauVG sieht einen solchen Mechanismus nicht vor, nach dem der maßgebliche Tarifvertrag festgelegt werden könnte. Zudem käme es zu einer Schlechterbehandlung der auswärtigen Bewerber, wenn sie auf einen bestimmten Tarifvertrag festgelegt wären, der unter Umständen höhere Tarife vorsähe als derjenige eines ortsansässigen, tarifgebundenen Mitbewerbers. Im Ergebnis kann die Tariftreuepflicht durch Bezahlung nach einem Lohntarifvertrag erfüllt werden, der nach dem TVG von im Saarland ansässigen Tarifvertragsparteien geschlossen worden ist.

4. Differenzierter Anwendungsbereich

Das SaarBauVG differenziert in seinem Anwendungsbereich, für welche Auftraggeber weitergehende Anforderungen bei der Vergabe zu stellen sind und bei welchen der dort angeführte Vergabegrundsatz anzuwenden ist. Für bestimmte Aufträge sind Tariftreueerklärungen zwingend vorgeschrieben, bei anderen dürfen sie vom Auftraggeber gefordert werden. Für die europarechtliche Zulässigkeit gilt es alle Fälle zu erfassen, in denen der Bewerber bei der konkreten Ausschreibung mit dem Tariftreueerfordernis konfrontiert wird.

---

[85] Landtag des Saarlandes, Drucks. 12/150, S. 5.

[86] BT-Drucks. 14/7796, S. 4f.

a) Aufträge des Landes

Das Land selber ist umfassend bei der Auftragsvergabe an das SaarBauVG gebunden. Wenn das Saarland einen Bauauftrag im Sinne von § 99 GWB ausschreibt, dann ist es nach § 2 Abs. 1 SaarBauVG sowohl an den Vergabegrundsatz als auch an das Erfordernis einer Tariftreueerklärung gebunden. Das Land ist bei jeder Ausschreibung von Bauaufträgen verpflichtet, eine Tariftreueerklärung zu verlangen, damit es dem Unternehmen den Auftrag zuschlagen kann.

b) Aufträge der Gemeinden und juristischen Personen des Öffentlichen Rechts

Die Gemeinden, Gemeindeverbände und die juristischen Personen des Öffentlichen Rechts, die der Aufsicht des Landes unterstehen, müssen zwar den Vergabegrundsatz nach § 2 Abs. 1 SaarBauVG beachten, jedoch gilt für sie nicht § 3 Abs. 1 SaarBauVG, so dass sie nicht verpflichtet sind, eine Tariftreueerklärung zu verlangen. Für sie gelten somit die allgemeinen Regeln bei der Auftragsvergabe mit der Zweiteilung zwischen GWB oberhalb des Schwellenwertes und der Vergabe nach Haushaltsgrundsätzen unterhalb, jedoch mit der Bindung an den Vergabegrundsatz. Dennoch ist es den Körperschaften möglich, bei der Bauauftragsvergabe eine Tariftreueerklärung zu verlangen. Sie werden in § 3 Abs. 2 SaarBauVG ermächtigt, Aufträge über Bauleistungen für Hochbauten nur an Unternehmen zu vergeben, die eine Tariftreueerklärung abgeben. An dieser Stelle findet sich eine entscheidende Einschränkung des Anwendungsbereiches des Gesetzes. Für Tiefbauten gilt die Ermächtigung nicht. Der Landesgesetzgeber hat hier das Problem gesehen, dass in diesem Bereich eine marktbeherrschende Stellung der öffentlichen Hand vorliegt. Nach dem Beschluss des BGH vom 18.01.2000[87] zum Berliner Vergabegesetz hat die öffentliche Hand als Nachfrager von Tiefbauleistungen eine marktbeherrschende Stellung, so dass Anbieter in diesem Bereich gezwungen sind, öffentliche Aufträge anzunehmen. Bei Hochbauten hingegen liegt wegen der vielen privaten Nachfrager auf diesem Markt keine marktbeherrschende Stellung vor[88]. Daher hat der Landesgesetzgeber sich entschieden, den kartellrechtlichen Bedenken dadurch zu begegnen, dass nur die Aufträge des Landes selber der Tariftreuepflicht unterliegen, die Aufträge der anderen öffentlichen Auftraggeber nicht. Damit bleibt immer noch ein Bereich des Marktes von dem Erfordernis einer Tariftreueerklärung frei. Ob eine solche Aufteilung ausreicht, ist fraglich. Die Ermächtigung für Hochbauten gilt sowohl über als auch unterhalb des Schwellenwertes. Auch wenn es sich

---

87 BGH Beschluss v. 18.01.2000, DVBl. 2000, 1056

88 Landtag des Saarlandes, Drucks. 12/150, S. 7.

nicht um eine Verpflichtung handelt, so sind die Körperschaften an Weisungen des Landes aufgrund des Aufsichtsrechts gebunden. Weiterhin untersteht die vergebende Körperschaft bei der Entscheidung über die Frage, ob eine Tariftreueerklärung bei dem konkreten Auftrag gefordert wird, der Selbstbindung der Verwaltung.

c) Aufträge der Vereinigungen und Einrichtungen nach § 1 S. 2 Nr. 2 SaarBauVG

Bei den Aufträgen der Vereinigungen und Einrichtungen nach § 1 S. 2 Nr. 2 SaarBauVG differenziert das Gesetz danach, ob die GWB-Vergabevorschriften Anwendung finden. Bei Aufträgen oberhalb des Schwellenwertes nach § 127 GWB i.V.m. § 2 Nr. 4 VgVO findet nach § 2 Abs. 2 SaarBauVG der Vergabegrundsatz Anwendung, der ohnehin nach dem Vergaberecht gilt. Unterhalb des Schwellenwertes gilt der Vergabegrundsatz nicht. Der Grund dieser Differenzierung liegt darin, dass die privaten Rechtsträger unterhalb der Schwellenwerte keinen vergaberechtlichen Regelungen unterliegen und der Landesgesetzgeber für solche Regelungen keine Kompetenz hat[89].

Dennoch wird diese Gruppe der öffentlichen Auftraggeber ermächtigt, bei Ausschreibungen Tariftreueerklärungen nach § 3 Abs. 2 SaarBauVG für Hochbauten zur Voraussetzung der Auftragsvergabe zu machen. Soweit sie den GWB-Vergaberegeln unterliegen (Aufträge oberhalb des Schwellenwertes), können weitergehende Anforderungen nur durch Bundes- oder Landesgesetz gestellt werden. An dieser Stelle kommt die formale Einschränkung für vergabefremde Kriterien nach § 98 Abs. 4 GWB voll zum Tragen[90]. Aus dieser Vorschrift folgt auch die landesrechtliche Kompetenz zu der Ermächtigung. Unterhalb der Schwellenwerte handelt es sich lediglich um eine nicht schädliche deklaratorische Regelung[91], weil die öffentlichen Auftraggeber in diesem Bereich frei sind, selbst zu bestimmen, ob sie Tariftreue als weitergehende Anforderung verlangen.

5. Kontrollrechte

Die Erklärung der Tariftreue an sich bei der Angebotsabgabe hat jedoch nicht zur Folge, dass auch Tariflöhne gezahlt werden. Die Arbeitnehmer haben

---

89 Landtag des Saarlandes, Drucks. 12/150, S. 7.

90 Vergleiche *Hailbronner*, in: Byok/Jaeger, Kommentar zum Vergaberecht, § 97 Rn. 176; *Noch*, Vergaberecht Kompakt, S. 199; *Bechtold*, GWB, § 97 Rn. 19

91 Landtag des Saarlandes, Drucks. 12/150, S. 7.

keinen eigenen Anspruch auf Tariflohn, den sie selbst durchsetzen könnten, sofern sie überhaupt zu diesem Mittel greifen würden. Zudem wissen sie in der Regel gar nicht, ob es sich bei einem Auftrag um einen öffentlichen Auftrag handelt, der unter dem Erfordernis der Tariftreue zugeschlagen worden ist. Das Interesse des Gesetzgebers geht jedoch dahin, dass die Tariftreuevereinbarung auch eingehalten wird. Daher ist der Auftragnehmer nach § 4 Abs. 2 SaarBauVG verpflichtet, auf Verlangen die Einhaltung der Pflicht zur Tariftreue nachzuweisen. Zu diesem Zweck muss er bei einer Überprüfung dem Auftraggeber im erforderlichen Maße Einsicht in seine Unterlagen gewähren. Hierbei handelt es sich nicht um eine Ermächtigungsgrundlage für einen Grundrechtseingriff. Die Pflicht zur Einsichtgewährung und Rechenschaftslegung ist keine öffentlich-rechtliche Pflicht, sondern diese Ansprüche sind eine gesetzlich normierte Nebenpflicht zu der Tariftreuevereinbarung, die mit dem Zuschlag entsteht. Insoweit ist auch hier der Zivilrechtsweg einschlägig; der öffentliche Auftraggeber kann diesen Anspruch nicht mit Verwaltungsakt oder mit Vollstreckungsmaßnahmen durchsetzen. Diese Einordnung ist schon deshalb zwingend, weil auch privatrechtliche Rechtsträger Tariftreuevereinbarungen treffen und für einen Beleihungsakt keine gesetzliche Grundlage vorhanden ist. Zudem unterliegt die Auftragsausführung immer als Gleichordnungsverhältnis dem Privatrecht. Fraglich ist jedoch, ob von den eingeräumten Kontrollmöglichkeiten auch immer Gebrauch gemacht wird, gerade dann, wenn der öffentliche Auftraggeber nicht das Land selber ist oder dessen Aufsicht untersteht. Das Land als Initiator der Tariftreueregelung wird hingegen eher seine Kontrollrechte geltend machen. Fraglich ist zudem, ob Konkurrenten, die den Auftrag nicht erhalten haben, gerichtlich verlangen können, dass die Einhaltung der Tariftreue durch den öffentlichen Auftraggeber kontrolliert wird.

6. Sanktionen

Bei einem Verstoß gegen die Tariftreuepflicht oder wenn der Auftragnehmer die geforderten Nachweise nicht erbringt oder seinen Einsichtsgewährungspflichten nicht nachkommt, kann der öffentliche Auftraggeber nach § 4 Abs. 3 SaarBauVG den Auftragnehmer bis zu drei Jahren von weiteren Aufträgen ausschließen. Dieser Ausschluss gilt jedoch nur für die Vergabeverfahren, die der ausschließende Auftraggeber durchführt. Eine Koordinierung der Ausschlüsse ist im SaarBauVG nicht vorgesehen. Dadurch wird der zivilrechtlichen Pflicht aus der Tariftreuevereinbarung eine stärkere Durchsetzungskraft verliehen. Bei dem Ausschluss von weiteren Aufträgen handelt es sich um eine sehr strenge Sanktion, die bei einer Dauer von bis zu drei Jahren dem Auftragnehmer seine Existenzgrundlage entziehen kann. Ein privatrechtlicher Rechtsverstoß – nämlich die Nichterfüllung einer privatrechtlichen Verpflichtung – führt zu einer öffentlich-rechtlichen Sanktion – nämlich die Nichtberücksichtigung bei einer öffentlichen Auftragsvergabe.

II. Das Bayerische Bauaufträge-Vergabegesetz

Das Bayerische Bauaufträge-Vergabegesetz (BayBauVG) ist bezüglich der materiellen Vorschriften mit dem SaarBauVG wortgleich[92]. Rechtlich ergeben sich bei der Auslegung wegen der starken Einbindung in das bundesrechtliche Vergaberecht keine Unterschiede, so dass auf eine Darstellung der Bayerischen Regelung verzichtet wird und entsprechend auf die Ausführungen zur saarländischen Regelung verwiesen werden kann.

III. Das Vergabegesetz Sachsen-Anhalt

Das Vergabegesetz des Landes Sachsen-Anhalt ist im Wortlaut mit den saarländischen und bayerischen Regelungen zur Einführung der Tariftreue nicht identisch, sondern weicht stellenweise ab. Der Anwendungsbereich nach § 1 Abs. 1 BauVGLSA ist dabei nach seinem Wortlaut weiter gefasst als die saarländische Regelungen. Es findet auch Anwendung auf Dienstleistungsaufträge, die von Betrieben im Sinne der Baubetriebe Verordnung[93] erbracht werden und Werklieferungsverträge, die im Zusammenhang mit diesen Bau- und Dienstleistungsaufträgen erbracht werden. Der Landesgesetzgeber hat hier jedoch lediglich den Begriff des Bauauftrages des GWB konkretisiert. Auch die baunahen Handwerke sollten hier erfasst werden, die in der Definition des Bauauftrages als Verträge entweder über die Ausführung oder die Planung und Ausführung eines Bauvorhaben oder Bauwerkes, welches das Ergebnis von Tief- oder Hochbauarbeiten ist und eine wirtschaftliche und technische Funktion erfüllen soll, konkretisiert werden[94]. Unter den Begriff der baunahen Dienstleistungen fallen daneben jedoch nach der Absicht des Gesetzgebers auch Dienstleistungen wie etwa Gebäudereinigungsleistungen[95]. Auch das BauVGLSA findet für Auf-

---

[92] Abweichend ist lediglich der Name des Gesetzes und die Bezeichnung der Paragraphen als Artikel; die Gesetzesbegründung ist bis auf kleinere redaktionelle Änderungen ebenfalls fast wortgleich mit der saarländischen, Bayerischer Landtag, Drucks. 14/3498 v. 02.05.00, S. 1ff.

[93] Art. 1 Baubetriebe-Verordnung vom 28.10.1980, BGBl. I, S. 2033 zuletzt geändert durch Art. 3 des Gesetzes vom 23.11.1999, BGBl. I, S. 2230, 2231.

[94] Landtag Sachsen-Anhalt, Drucks. 3/3971, S. 7.

[95] Abgeordneter *Metke* (SPD), Landtag von Sachsen-Anhalt, Plenarprotokoll 3/49, v. 15.12.00, S. 3495.

träge oberhalb und unterhalb der Schwellenwerte Anwendung[96]. Im Ergebnis ist somit der Begriff des öffentlichen Bauauftrages identisch mit der saarländischen Regelung.

Ebenso kann auf die Ausführungen zum öffentlichen Auftraggeber im Rahmen des SaarBauVG verwiesen werden. Es werden das Land, die seiner Aufsicht unterstehenden öffentlich-rechtlichen Gebietskörperschaften und die Vereinigungen, Einrichtungen und Unternehmen, die sich unmittelbar oder mittelbar ganz oder überwiegend in öffentlicher Hand befinden, erfasst, soweit sie öffentliche Auftraggeber im Sinne von § 98 GWB sind.

Im Hinblick auf die im Rahmen dieser Arbeit interessierenden Tariftreueverpflichtung, ist nach § 3 Abs. 1 und 2 BauVGLSA die Abgabe einer Tariftreueverpflichtung bei allen Bauaufträgen im Anwendungsbereich des Gesetzes vorgeschrieben, wobei für den Bereich des Tiefbaus eine Einschränkung gilt. In diesem Bereich sind Aufträge, die von Auftraggebern nach § 1 Abs. 2 BauVGLSA – also allen Auftraggebern mit Ausnahme des Landes selbst – vergeben werden, ausgeschlossen. Diese sind lediglich nach § 3 Abs. 3 BauVGLSA ermächtigt, eine Tariftreueverpflichtung zu verlangen. Die Tariftreueverpflichtung des Landes Sachsen-Anhalt ist inhaltlich ebenso ausgestaltet wie im Saarland und erstreckt sich ebenfalls auf eingeschaltete Subunternehmer. Jedoch schreibt § 3 Abs. 4 BauVGLSA den Grundsatz fest, dass der Auftrag vom Auftragnehmer im eigenen Betrieb auszuführen ist. Der Übertragung an einen Subunternehmer muss der Auftraggeber vorher zustimmen.

Dem Auftraggeber werden in § 5 BauVGLSA umfangreiche Kontrollrechte zur Überprüfung der Tariftreue eingeräumt. So darf er Einsicht in die Entgeltabrechnungen des Auftragnehmers und seiner Subunternehmer nehmen (Abs. 1), der Auftragnehmer muss spätestens zu Beginn der Auftragsausführung dem Auftraggeber eine Aufstellung über die eingesetzten Beschäftigten mit Name und Geburtsdatum, die zu aktualisieren ist, übergeben (Abs. 2) und der Auftragnehmer muss stets vollständige und prüffähige Unterlagen bereithalten (Abs. 3). Auch das Sanktionensystem weicht ab. Bei Verstoß gegen die Tariftreuepflicht oder Verpflichtungen im Rahmen der Kontrollen, ist nach § 6 Abs. 1 BauVGLSA eine Vertragsstrafe in Höhe von 1% des Auftragswertes verwirkt, die bis zu 10 Mal verhängt werden kann. Bei mehrfachem Verstoß kann der Bauauftrag fristlos aus wichtigem Grund gekündigt werden, wenn grob fahrlässig oder mehrfach gegen Pflichten verstoßen wird. Bei nachweislich mindestens grob fahrlässigem oder mehrfachem Verstoß gegen seine Verpflichtungen, kann der Auftragnehmer nach § 6 Abs. 3 BauVGLSA für die Dauer von bis zu drei Jahren von öffentlichen Aufträgen ausgeschlossen werden. Auch hier ist eine

96 Landtag Sachsen-Anhalt, Drucks. 3/3971, S. 7.

Koordinierung der Ausschlüsse von verschiedenen Auftraggebern nicht vorgesehen.

IV. Das Berliner Vergabegesetz

Das VgG Berlin weicht ebenfalls von der Saarländischen und der Bayerischen Regelung ab. Es erscheint wesentlich kürzer und weniger differenziert als die bereits dargestellten Varianten. Der Anwendungsbereich ist nach § 1 Abs. 1 S. 1 VgG Berlin für Aufträge von Berliner Vergabestellen im Sinne des § 98 GWB über Bauleistungen sowie über Dienstleistungen bei Gebäuden und Immobilien eröffnet. Der Begriff des öffentlichen Auftraggebers nach § 98 GWB ist oben bereits näher dargestellt und eingegrenzt worden. Es handelt sich auch hierbei um eine partielle Rechtsgrundverweisung, die unabhängig vom Erreichen der Schwellenwerte alle dort zugehörigen Auftraggeber erfasst[97]. Um eine Berliner Vergabestelle handelt es sich dann, wenn der Anknüpfungstatbestand in § 98 GWB eine Zurechnung zum Land Berlin ist. Sei es, das Land schreibt selber den Auftrag aus, oder es hat einen besonderen Einfluss auf das ausschreibende Unternehmen, oder das Land Berlin finanziert die Maßnahme. Die sogenannten Sektorenauftraggeber sind dadurch ebenfalls ausgeschlossen. Auch das VgG Berlin wiederholt den Vergabegrundsatz des GWB, dass der Auftrag an fachkundige, leistungsfähige und zuverlässige Unternehmen vergeben wird. Als weitergehende Anforderung wird dann etwas unpräzise formuliert:

> „Die Vergabe von Bauleistungen sowie von Dienstleistungen bei Gebäuden und Immobilien soll mit der Auflage erfolgen, dass die Unternehmen ihre Arbeitnehmer bei der Ausführung dieser Leistungen nach den jeweils in Berlin geltenden Entgelttarifen entlohnen und dies auch von ihren Nachunternehmern verlangen.“[98]

Zum einen handelt es sich um eine Sollvorschrift, die keine genauen Angaben darüber enthält, wann Tariftreue verlangt werden soll und wann von ihr abgewichen werden kann. In der Drucksache des Abgeordnetenhauses heißt es, dass nur in Ausnahmefällen von der Tariftreue abgesehen werden soll, so dann, wenn auf Seiten Berlins ein Fall der Marktbeherrschung vorliegt[99]. Jedoch sind

---

97 Abgeordnetenhaus von Berlin, Drucks. 13/3726, S. 2.

98 § 1 S. 2 VgG Berlin.

99 Abgeordnetenhaus von Berlin, Drucks. 13/3726, S. 2.

die Vergaben im Straßenbau nicht ausdrücklich ausgenommen[100] so wie im Saarland und in Bayern. Dennoch lassen die Ausgestaltung der Norm als Ermessensvorschrift und die Gesetzesbegründung darauf schließen, dass das Gesetz dann keine Wirkung entfalten soll, wenn seine Anwendung gegen kartellrechtliche Vorschriften verstößt. Man kann diese Aussage dahingehend interpretieren, dass Tariftreue nur dann gefordert werden soll, wenn sie nicht gegen höherrangiges Recht verstößt. Gerade die Frage des Verstoßes gegen das höherrangige Europarecht ist Untersuchungsgegenstand dieser Arbeit. Danach ist das VgG Berlin als solches nicht europarechtswidrig, sondern lediglich die konkrete Vergabeentscheidung, die europarechtswidrig Tariftreue voraussetzt. Festzuhalten ist, dass die Ausgestaltung des Gesetzes für den Gesetzesanwender keine Klarheit schafft.

Zum anderen wird nach dem Wortlaut des Gesetzes der Auftrag mit der Auflage der Einhaltung der Tariftreue vergeben. Auf den ersten Blick könnte man meinen, dass es sich hierbei um eine verwaltungsverfahrensrechtliche Nebenbestimmung zu einem Verwaltungsakt nach § 36 VwVfG handelt. Jedoch ist die Auftragsausführung ein privatrechtliches Verhältnis, welches durch die Gleichordnung der Vertragspartner gekennzeichnet ist[101]. Zudem sieht das VgG Berlin nicht ebenso wie § 49 Abs. 2 S. 1 Nr. 2 VwVfG den Widerruf der Vergabeentscheidung vor, wenn gegen die Auflage verstoßen worden ist, sondern den Ausschluss von weiteren Aufträgen für einen Zeitraum von bis zu zwei Jahren (§ 1 Abs. 2 VgG Berlin). Demnach handelt es sich nicht um eine Auflage im verwaltungsverfahrensrechtlichen Sinne. Vielmehr ist davon auszugehen, dass es sich bei der Tariftreuepflicht auch um einen Vertragsbestandteil des Beschaffungsvertrages handelt[102]. Da jedoch der Auftragnehmer keine ausdrückliche Tariftreueerklärung abzugeben hat, muss die Tariftreue anderweitig in Bezug genommen werden. Eine Information des Auftragnehmers nach dem Zuschlag über die Tariftreuepflicht wäre nicht zweckdienlich und entspräche nicht den Grundsätzen des bürgerlichrechtlichen Vertragsschlusses. Der nichttarifgebundene Auftragsbewerber, der bei dem Auftrag dann nach Tariflöhnen entlohnen müsste, hätte keine feste Kalkulationsgrundlage. So ist vielmehr davon auszugehen, dass bei der Ausschreibung schon darauf hinzuweisen ist, dass der Vergabevertrag eine Tariftreuevereinbarung umfasst. Es handelt sich hierbei um eine Art Allgemeine Geschäftsbedingung, die durch die Ausschreibung in Verbindung mit dem VgG Berlin Vertragsbestandteil wird.

---

100 So aber *Noch*, in: Vergaberecht Kompakt, S. 202.

101 Vergleiche oben § 2 A.I.1.

102 *Von Voigt*, ZVgR 1999, 291.

Bei der Berliner Regelung ist indessen unklarer, welche Tarifverträge hier für die Lohnhöhe in Bezug genommen werden, weil hier nur von den in Berlin geltenden Entgelttarifen gesprochen wird. Jedoch ist hier – weniger vom Wortlaut her aber ganz klar nach dem Zweck des Gesetzes – davon auszugehen, dass auch hier eine enge Auslegung vorzunehmen ist. Entsprechend den Regelungen im Freistaat Bayern und im Saarland sind hier nur Tarifverträge in Bezug genommen, die nach dem TVG von in Berlin ansässigen Tarifvertragsparteien für dort ansässige Bauunternehmen geschlossen worden sind. Denn auch dem Berliner Gesetzgeber ging es um den Erhalt der Leistungsfähigkeit des Berliner Baugewerbes – also der dort ansässigen Unternehmen[103].

Kontrollrechte des Auftraggebers werden durch das Gesetz nicht eingeräumt, jedoch kann eine gewisse Nachweispflicht als Nebenpflicht zu dem Beschaffungsvertrag hergeleitet werden[104]. Als Sanktion gilt in Berlin ein möglicher Ausschluss von künftigen Aufträgen für bis zu zwei Jahren. Berlin hat sich dabei an § 5 des Gesetzes zur Bekämpfung der Schwarzarbeit[105] orientiert, das bei illegaler Beschäftigung auch einen Ausschluss von öffentlichen Aufträgen von bis zu zwei Jahren vorsieht[106]. Die Länge des Ausschlusses richtet sich nach der Schwere des Verstoßes und muss nach pflichtgemäßem Ermessen festgelegt werden, unterliegt jedoch keiner Koordinierung unter verschiedenen Auftraggebern.

V. Das Tariftreuegesetz Nordrhein-Westfalen

Die Regelungen des Tariftreuegesetzes Nordrhein-Westfalen[107] sind weitgehend an diejenigen in den anderen Ländervergabegesetzen angeglichen. So sind nach § 1 Abs. 1 TariftG NRW das Land selbst, die seiner Aufsicht unterstehenden juristischen Personen des öffentlichen Rechts und die vom Land abhängendenVereinigungen und Einrichtungen an das TariftG NRW gebunden. Es werden Bauaufträge nach § 99 Abs. GWB und bestimmte Verkehrsdienstleistungen erfasst. Besonderheit ist jedoch, dass das TariftG NRW in § 1 Abs. 2 einen eige-

---

103 Abgeordnetenhaus von Berlin, Drucks. 13/3726, S. 2.

104 Eine solche Nebenpflicht ließe sich aus den Grundsatz von Treu und Glauben im Schuldverhältnis nach § 242 BGB herleiten, vergleiche *Heinrichs,* in: Palandt, BGB, § 242 Rn. 23ff.

105 BGBl. I v. 16.02.1995, S. 165

106 Abgeordnetenhaus von Berlin, Drucks. 13/3726, S. 2.

107 Gesetz zur tariflichen Entlohnung bei öffentlichen Aufträgen im Land Nordrhein-Westfalen, GVBl. NRW, Nr. 1 vom 15.01.2003, S. 8f.

nen Schwellenwert von € 10.000 vorsieht. Liegt der Auftragswert unter diesem Betrag, findet das TariftG NRW keine Anwendung.

Das TariftG NRW ordnet ebenfalls die Abgabe einer Tariftreueerklärung im Rahmen des Angebotes an, jedoch erfasst sie nicht nur die Lohntarife, sondern auch die tarifvertraglich festgelegten Arbeitszeiten. Hinsichtlich der Nachunternehmer sieht das TariftG NRW vor, dass diese eine eigene Tariftreueerklärung abgeben. Falls ein Verstoß gegen die Tariftreuepflicht vorliegt, so schreibt § 7 TariftG NRW die Verwirkung einer Vertragsstrafe von 1% des Auftragswertes vor, die auch die Nachunternehmer trifft. Verstöße der Nachunternehmer muss sich der Auftragnehmer zurechnen lassen, so dass er, wenn er den Verstoß kannte oder kennen musste, auch zur Zahlung einer Vertragsstrafe verpflichtet ist. Weiterhin ist der Auftraggeber bei einem Verstoß berechtigt, den Vertrag aus wichtigem Grund zu kündigen. Ebenso kann der Auftraggeber den Auftragnehmer oder seinen Nachunternehmer für die Dauer von bis zu drei Jahren bei mindestens grob fahrlässigem Verstoß gegen die Tariftreuepflicht von der öffentlichen Auftragsvergabe ausschließen. § 6 TariftG NRW sieht Kontrollrechte für den Auftraggeber und Nachweispflichten für den Auftragnehmer vor.

Sofern am Ort der Auftragsvergabe mehrere Tarifverträge für dieselbe Leistung einschlägig sind, so bestimmt der Öffentliche Auftraggeber nach § 2 Abs. 2 den anzuwendenden Tarifvertrag oder die anzuwendenden Tarifverträge unter Abwägung aller Umstände in Ausübung seines Ermessens. Bei der Abwägung sind maßgeblich solche Tarifverträge zu berücksichtigen, die mindestens 25% der Arbeitnehmerinnen und Arbeitnehmer erfassen. Nach § 4 TariftG NRW muss der Auftraggeber die jeweils anzuwendenden Lohn- und Gehaltstarife in der Bekanntmachung und den Vergabeunterlagen benennen.

§ 3 Tarifrechtliche Voraussetzungen

A. Tarifbindung der Unternehmer

Die Vergabe der Bauaufträge wird an die Entlohnung der mit dem Auftrag befassten Arbeitnehmer und Arbeitnehmerinnen nach den jeweils örtlich geltenden Tarifverträgen geknüpft. Das Unternehmen, welches den Auftrag der Vergabestelle ausführt, muss danach mindestens nach den tarifvertraglich vereinbarten Tarifen entlohnen. An dieser Stelle gilt es nun festzustellen, welche Bewerber ohnehin verpflichtet sind, diese Löhne und Gehälter zu zahlen und für welche es sich hierbei um eine Modifizierung arbeitsrechtlicher Verpflichtungen handelt, weil sie keinen oder anderen tarifvertraglichen Bindungen unterliegen. Zudem gilt es festzustellen, welche Auftragsbewerber sich einem für die Tariftreue maßgeblichen Tarifvertrag unterwerfen können. Der Anspruch auf Lohn in einer bestimmten Höhe ist grundsätzlich eine privatrechtliche Pflicht, die den Arbeitgeber gegenüber seinem Arbeitnehmer trifft und sich aus dem zwischen diesen geschlossenen Arbeitsvertrag ergibt. Maßgeblich ist daher die einzelne vertragliche Beziehung zwischen Arbeitgeber und Arbeitnehmer und nicht allein die Rechtsstellung des Arbeitgebers. Tarifverträge wirken auf dieses Rechtsverhältnis ein und haben unter bestimmten Voraussetzungen zur Folge, dass der Arbeitgeber die im Tarifvertrag vereinbarten Löhne zu zahlen hat. Es gilt nun festzustellen, unter welchen Voraussetzungen der Arbeitgeber der Tarifbindung hinsichtlich der tarifvertraglich vereinbarten Löhne unterliegt.

I. Tarifvertrag

Tarifverträge sind nach § 2 Abs. 1 TVG Verträge zwischen einer Gewerkschaft und einer Arbeitgebervereinigung oder einem einzelnen Arbeitgeber. Sie regeln nach § 1 Abs. 1 TVG zum einen die Rechte und Pflichten der Tarifvertragsparteien – also der jeweiligen Gewerkschaft gegenüber ihrem Vertragspartner (schuldrechtlicher Teil) et vice versa – und zum anderen enthält er normative Bestimmungen, die den Inhalt, den Abschluss und die Beendigung von Arbeitsverhältnissen sowie betriebliche und betriebsverfassungsrechtliche Fragen ordnen können. Die Rechtsnormen des Tarifvertrages haben unterschiedliche Geltungsbereiche. Nach §§ 3 Abs. 2, 4 Abs. 1 S. 2 TVG gelten Rechtsnormen über betriebliche und betriebsverfassungsrechtliche Fragen für alle Betriebe, bei denen schon allein der Arbeitgeber tarifgebunden ist. Indes gelten nach §§ 3 Abs. 1, 4 Abs. 1 S. 1 TVG sonstige normative Regelungen nur zwischen den Mitgliedern der Tarifvertragsparteien. Das heißt, dass diese Rechtsnormen nur auf Gewerkschaftsmitglieder Anwendung finden, die bei einem Arbeitgeber angestellt sind, der seinerseits Tarifvertragspartei ist oder der Mitglied eines Verbandes ist, der Tarifvertragspartei ist. Weil die Lohnhöhe keine betriebliche oder betriebsverfassungsrechtliche Frage ist, sondern den einzelnen Arbeitsvertrag betrifft, setzt ihre Geltung eine beiderseitige Tarifbindung der Arbeitsvertragsparteien voraus. Die Rechtsnormen des Tarifvertrages gelten gesetzesgleich unmittelbar zwischen Arbeitgeber und Arbeitnehmer, und zwar ohne dass es einer arbeitsvertraglichen Einbeziehung bedarf und ohne dass der Tarifvertrag Bestandteil des Arbeitsvertrages wird[108]. Diese besondere Stellung des Tarifvertrages in der Rechtsordnung, welche durch die Befugnis begründet ist, unabhängig von staatlicher Einflussnahme durch Tarifverträge gesetzesgleich unmittelbar und zwingend Recht zu schaffen, wird durch die Tarifautonomie grundgesetzlich in Art. 9 Abs. 3 GG garantiert[109].

Der Tarifvertrag ist zwar auf eine umfassende Gestaltung der Arbeitsbedingungen zum Schutz der Arbeitnehmer gerichtet[110], dennoch ist die Lohn- und Gehaltspolitik derjenige Bereich gewerkschaftlicher Tarifvertragspolitik, der das Kernstück darstellt und der wichtigste Mobilisierungsfaktor ist[111]. Durch Tarifverträge kommt es zu einer gerechten Bewertung der Arbeitsleistung[112]. Die vergleichsweise starke Stellung des Arbeitgebers gegenüber dem einzelnen Arbeitnehmer wird durch die Kollektivierung der Arbeitnehmerinteressen in den Gewerkschaften zu einer gleichgewichtigen relativiert. Ergebnis sind die in einem fairen Verfahren gefundenen Arbeitsbedingungen[113]. Zudem geht vom Tarifvertragssystem eine Kartellwirkung aus, die dem Schutz der Arbeitnehmer in besonderer Weise dient. Trotz eines Überangebotes von Arbeitskräften auf dem Arbeitsmarkt[114] sind die Bedingungen, zu denen die Arbeitnehmer diese Leistungen nachfragen können, einheitlich. Es ist einem tarifvertraglich gebundenen Unternehmen nicht möglich, das Überangebot an Arbeitskräften auszunutzen, um schlechtere Arbeitsbedingungen mit dem einzelnen Arbeitnehmer zu vereinbaren und um so Kosten zu sparen. Der Tarifvertrag bildet insoweit ein Kartell der Arbeitanbieter, als bestimmte Arbeitsleistungen auf dem Arbeitsmarkt im Grundsatz nur zu den tarifvertraglich ausgehandelten Bedingungen nachgefragt

---

[108] *Kempen,* in: Kempen/Zachert, TVG, § 4 Rn. 1; *Gamillscheg*, Kollektives Arbeitsrecht, Band 1, S. 541, zur dogmatischen Begründung vergleiche S. 554.

[109] *Bauer*, in: Dreier, GG, Art. 9 Abs. 3 Rn. 78; *Löwer,* in: von Münch/ Kunig, GG, Band 1, Art. 9 Rn. 80.

[110] *Sinzheimer,* Ein Arbeitstarifgesetz, S. 29f.; *Sinzheimer*, Der korporative Arbeitsnormenvertrag, 2. Teil, S. 22.

[111] *Kempen,* in: Kempen/Zachert, TVG, § 1 Rn. 41.

[112] *Gamillscheg*, Kollektives Arbeitsrecht, Band 1, S. 496.

[113] *Gamillscheg*, Kollektives Arbeitsrecht, Band 1, S. 496.

[114] Derzeit und in naher Zukunft ist aufgrund der tatsächlich bestehenden Arbeitslosigkeit diese Annahme zutreffend und damit die Schutzbedürftigkeit auch gegeben.

werden können[115]. Diese Kartellwirkung ist gewollt und wird durch das Gemeinwohl geradezu gefordert[116]. Zudem profitieren auch die Arbeitgeber vom Tarifvertragssystem, indem sie durch den Kostenfaktor Arbeit einheitlich belastet werden. Die Gewährung von fairen Arbeitsbedingungen führt nicht zu einer übermäßigen Belastung gegenüber den Konkurrenten, so dass diese Unternehmen nicht aus dem Wettbewerb verdrängt werden[117]. Diese Wirkungen treten erst dann ein, wenn die Tarifnormen einen entsprechend großen Anwendungsbereich haben. Großflächige Tarifverträge oder zumindest die inhaltliche Übernahme der „Pilotabschlüsse" in den einzelnen Tarifgebieten stellen derzeit in Deutschland die Kartellwirkung der Tarifverträge noch sicher[118]. Neben dieser Kartellwirkung bleibt es jedoch besonders leistungsstarken Arbeitgebern unbenommen, außertariflich ihren Arbeitnehmern mehr zu bezahlen.

II. Arbeitsvertrag

Die primäre Voraussetzung für einen Anspruch auf Zahlung des Tariflohnes ist grundsätzlich ein wirksamer Arbeitsvertrag. Anspruchsgrundlage für den Anspruch des Arbeitnehmers gegen seinen Arbeitgeber auf Tariflohn ist § 611 BGB in Verbindung mit dem Arbeitsvertrag und dem für diesen anwendbaren Tarifvertrag.

III. Wirksamer Tarifvertrag

Es muss ein wirksamer Tarifvertrag geschlossen worden sein, der auf das konkrete Arbeitsverhältnis Anwendung findet. Der Tarifvertrag kommt nach §§ 145ff. BGB zustande; er bedarf der Schriftform nach § 1 Abs. 2 TVG, damit er nicht nach § 125 S. 1 BGB nichtig ist. Zudem müssen die Vertragsparteien tariffähig im Sinne von § 2 TVG sein. Die Tariffähigkeit beschreibt die arbeitsrechtliche Regelungsbefugnis[119]. Wer tariffähig ist, der ist berechtigt, durch Tarifverträge arbeitsrechtliche Regelungen zu schaffen[120]. Es bedarf somit für ei-

---

115 *Gamillscheg*, Kollektives Arbeitsrecht, Band 1, S. 496.

116 Vergleiche zur Übereinstimmung mit dem GWB *Gamillscheg*, Kollektives Arbeitsrecht, Band 1, S. 692.

117 *Gamillscheg*, Kollektives Arbeitsrecht, Band 1, S. 499.

118 *Gamillscheg*, Kollektives Arbeitsrecht, Band 1, S. 499.

119 *Oetker*, in: Wiedemann, TVG, § 2 Rn. 8.

120 Vergleiche *Bruhn*, Tariffähigkeit von Gewerkschaften und Autonomie, S. 155.

nen wirksamen Tarifvertrag auf Arbeitgeber- und auf Arbeitnehmerseite einer tariffähigen Vertragspartei[121].

1. Tariffähigkeit der Arbeitnehmerseite

Nach § 2 Abs. 1 TVG steht auf der Arbeitnehmerseite ausschließlich den Gewerkschaften die Tariffähigkeit zu. In Rechtsprechung und Lehre ist unbestritten, dass eine Gewerkschaft sämtliche Voraussetzungen einer Koalition nach Art. 9 Abs. 3 GG erfüllen muss. Das setzt eine frei gebildete, demokratisch strukturierte Vereinigung von Arbeitnehmern voraus, die von ihren Gegenspielern, vom Staat und von gesellschaftlichen Organisationen unabhängig ist[122]. Wichtig ist, dass die Vereinigung sich satzungsmäßig zum Zwecke der Wahrung und Förderung der Arbeits- und Wirtschaftsbedingungen ihrer Mitglieder zusammengeschlossen hat[123]. Dabei muss als Arbeits- und Wirtschaftsbedingungen die gesamte Interessensphäre der abhängig Beschäftigten in ihrer Eigenschaft als solche betrachtet werden[124]. Solange die Vereinigung den Willen zur Wahrnehmung dieser Interessen hat, kann sie selbst darüber entscheiden, wie sie diese wahrzunehmen gedenkt[125]. Weil die Verbindlichkeit der Tarifverträge auf dem eigenen Willen der Mitglieder beruht, ist die Freiwilligkeit des Zusammenschlusses Voraussetzung der Gewerkschaftseigenschaft. Sie umfasst die Freiheit der Bildung und des Beitritts sowie des Austritts und des Fernbleibens[126]. Zudem muss die Vereinigung auf Dauer angelegt sein und eine vereinsrechtliche Struktur aufweisen. Die vereinsrechtliche Struktur ist erforderlich, um wirksam die Aufgabe der sinnvollen Ordnung und Befriedung des Arbeitslebens erfüllen zu können. Die vereinsrechtliche Struktur – also die körperschaftliche Organisation, die sich in einem Vereinsnamen, der Vertretung durch einen Vorstand und in der Unabhängigkeit vom Wechsel der Mitglieder äußert[127] – bietet dafür Ge-

---

[121] *Däubler*, Tarifvertragsrecht, Rn. 47; *Gamillscheg*, Kollektives Arbeitsrecht, Band 1, S. 526; *Löwisch/Rieble*, TVG, § 2 Rn. 103.

[122] *Däubler*, Tarifvertragsrecht, Rn. 48.

[123] *Bruhn*, Tariffähigkeit von Gewerkschaften und Autonomie, S. 164, es reicht jedoch auch, dass sich die Förderung der Wirtschafts- und Arbeitsbedingungen nicht aus der Satzung, sondern sich den Mitgliedern oder potentiellen Mitgliedern aus der regelmäßigen Übung ergibt oder erschließt; *Oetker*, in: Wiedemann, TVG § 2 Rn. 18.

[124] *Bruhn*, Tariffähigkeit von Gewerkschaften und Autonomie, S. 164.

[125] *Bruhn*, Tariffähigkeit von Gewerkschaften und Autonomie, S. 164.

[126] *Schaub*, Arbeitsrechts-Handbuch, § 188 III, S. 1865.

[127] *Heinrichs*, in: Palandt, BGB, Einf v. § 21 Rn. 13.

währ[128]. Historisch bedingt sind die Gewerkschaften nicht-rechtsfähige Vereine, werden jedoch von Rechtsprechung und Lehre wie rechtsfähige behandelt[129]. Umstritten ist die Frage, ob die Arbeitnehmervereinigungen zur Förderung der Arbeits- und Wirtschaftsbedingungen bereit sein müssen, notfalls auch zum Mittel des Arbeitskampfes zu greifen[130] oder es ausreicht, wenn eine bestimmte Durchsetzungsfähigkeit der Arbeitnehmerorganisation gegeben ist[131].

Tariffähig sind jedoch nicht nur die einzelnen Gewerkschaften, deren Mitglieder Arbeitnehmer sind, sondern auch die sogenannten Spitzenorganisationen. Nach § 2 Abs. 2 TVG können auch die Spitzenorganisationen, welche Zusammenschlüsse von Gewerkschaften sind, Tarifverträge abschließen, wenn sie eine entsprechende Vollmacht haben oder wenn nach § 2 Abs. 3 TVG der Abschluss von Tarifverträgen zu ihren satzungsmäßigen Aufgaben zählt. Dabei haften nach § 2 Abs. 4 TVG sowohl die Spitzenorganisationen als auch die Mitgliederverbände für die Erfüllung der so geschlossenen Tarifverträge. Zudem gelten die Tarifverträge für und gegen die Mitglieder der erfassten Organisationen[132]. Für den Arbeitnehmer macht es somit keinen Unterschied, ob der Tarifvertrag von seiner Gewerkschaft oder einer Spitzenorganisation, welcher seine Gewerkschaft angehört, geschlossen worden ist.

2. Tariffähigkeit der Arbeitgeberseite

Neben den Arbeitgeberverbänden und ihren Spitzenorganisationen sind nach § 2 Abs. 1 TVG auch die einzelnen Arbeitgeber tariffähig, so dass es möglich ist, einen Firmentarifvertrag abzuschließen. Das TVG geht davon aus, dass der Arbeitgeber gegenüber den Gewerkschaften ein ausreichendes Maß an Überlegenheit hat, so dass ein relatives Gleichgewicht hergestellt wird[133]. Die Tariffähigkeit des Arbeitgebers bleibt selbst dann in vollem Umfang bestehen, wenn er einer Arbeitgebervereinigung beitritt, die satzungsmäßig die Tariffähigkeit ihrer Mitglieder beschränkt oder ausschließt[134]. Auch mitbestimmte Unternehmen

---

128 *Bruhn*, Tariffähigkeit von Gewerkschaften und Autonomie, S. 166.

129 *Heinrichs*, in: Palandt, BGB, § 54 Rn. 1.

130 *Reuß*, Arbeitskampfbereitschaft als Voraussetzung der Tarifhoheit, RdA 1964, 362; vergleiche zum Streitstand *Däubler*, Tarifvertragsrecht Rn. 49ff.; *Gamillscheg*, Kollektives Arbeitsrecht, Band 1, S. 426ff.; *Schaub*, Arbeitsrechts-Handbuch, § 187, IV 4, S. 1864.

131 BAG, DB 1986, 755; BAG, DB 1990, 839.

132 *Däubler*, Tarifvertragsrecht, Rn. 56.

133 *Zachert*, Tarifvertrag, S. 86.

134 *Däubler*, Tarifvertragsrecht, Rn. 64.

sind tariffähig, weil die vom Gesetzgeber im TVG vorausgesetzte Unabhängigkeit von der Gegenseite durch die Mehrheit der Anteilseigner in den Aufsichts- und Vertretungsorganen durch das Mitbestimmungsgesetz[135] gewahrt bleibt[136]. Entsprechend bleiben auch Arbeitgebervereinigungen von Unternehmen, die den Mitbestimmungsgesetzen unterliegen, tariffähig. Hingegen sind Unternehmen, in denen in den Entscheidungsgremien mehrheitlich Arbeitnehmer beteiligt sind, und selbstverwaltete Unternehmen nicht tariffähig. In diesen Unternehmen können die Arbeitnehmerinteressen bereits in vollem Umfang in den Gesellschaftsorganen durchgesetzt werden[137].

Für die Arbeitgeberverbände gelten die gleichen Voraussetzungen wie für die Arbeitnehmervereinigungen. Sie müssen ebenfalls Koalitionen nach Art. 9 Abs. 3 GG sein. Jedoch gilt hinsichtlich ihrer Durchsetzungsfähigkeit etwas anderes. Weil beim einzelnen Arbeitgeber zur Begründung seiner Tariffähigkeit nicht auf die „soziale Mächtigkeit" abgestellt wird, sondern die Arbeitgebereigenschaft nach § 2 Abs. 1 TVG als solche bereits ausreicht, kann man bei den Arbeitgeberzusammenschlüssen auf dieses Merkmal ebenso verzichten[138]. Parallel zu den Arbeitnehmerorganisationen sind auch die Spitzenorganisationen der Arbeitgebervereinigungen tariffähig, § 2 Abs. 2 TVG. Bei den Arbeitgeberverbänden besteht die Möglichkeit, durch Satzung die Tariffähigkeit auszuschließen[139]. Es ist ihnen jedoch verwehrt, für bestimmte Bereiche auf ihre Tariffähigkeit zu verzichten[140]. Entweder sie wollen die Wirtschafts- und Arbeitsbedingungen durch Tarifverträge fördern oder nicht.

Nach §§ 54 Abs. 3 Nr. 1, 82 Nr. 3 und 85 Abs. 2 HandWO sind kraft einfachgesetzlicher Zuweisung auch die Handwerksinnungen und ihre Verbände tariffähig[141]. Die Mitgliedschaft ist für den selbständigen Handwerker nicht verpflichtend, um den jeweiligen Beruf auszuüben. Die Handwerkskammern und die Kreishandwerkerschaften sind hingegen nicht tariffähig, weil es sich bei ih-

---

135 Das gilt auch für Unternehmen, die der Montanmitbestimmung unterliegen.

136 *Oetker*, in Wiedemann, TVG, § 2 Rn. 118f.; *Hanau*, BB 1969, 760, 761; *Löwisch*, ZFA 1970, 295, 309; *Schwerdtfeger*, Unternehmerische Mitbestimmung der Arbeitnehmer und Grundgesetz, S. 251; a.A. *Zöllner/Seiter*, Paritätische Mitbestimmung und Art. 9 Abs. 3 Grundgesetz, 1970, S. 3, 41.

137 *Kraft-Konzen*, Die Arbeiterselbstverwaltung im Spannungsverhältnis von Gesellschafts- und Arbeitsrecht, S. 61f.

138 BAG, NZA 1991, 428; *Däubler*, Tarifvertragsrecht, Rn. 69.

139 *Löwisch/Rieble*, TVG, § 2 Rn. 47.

140 *Däubler*, Tarifvertragsrecht, Rn. 73; *Löwisch/Rieble*, TVG, § 2 Rn. 47

141 Zur verfassungsrechtlichen Zulässigkeit BVerfGE 20, 312ff.

nen um Zwangsverbände handelt[142]. Die Tariffähigkeit der Handwerksinnungen ist in diesem Zusammenhang von Bedeutung, weil auf dem Bau ein großer Teil der Arbeiten auch an kleine Handwerksbetriebe durch den Hauptunternehmer vergeben werden, so dass die von den Handwerksinnungen geschlossenen Tarifverträge bei der Tariftreueerklärung große Bedeutung erlangen können, obwohl die einzelnen Handwerksunternehmen kapazitätsmäßig nicht in der Lage sind, selbständig Aufträge im Anwendungsbereich der Vergabeverordnung und dem GWB anzunehmen. Die Tariftreue wird dennoch für sie durch die Subunternehmerklausel relevant.

3. Tarifzuständigkeit

Von der Frage der Tariffähigkeit zu unterscheiden ist die Frage der Tarifzuständigkeit. Während die Beantwortung der ersteren klärt, wer prinzipiell rechtlich in der Lage ist, Tarifverträge abzuschließen, ist die Antwort auf letztere dafür maßgeblich, welche Beschäftigungsverhältnisse von dem abgeschlossenen Tarifvertrag erfasst sind. Die Vereinigungen legen in ihren Satzungen den maximalen Geltungsbereich der durch sie geschlossenen Tarifverträge fest[143]. Sie schränken ihre Tarifzuständigkeit in der Regel nach räumlichen, branchenmäßigen oder personenkreisbezogenen Kriterien ein[144]. Daraus ergibt sich, dass die Tarifzuständigkeiten der beiden tarifvertragsschließenden Parteien sich – zumindest zum Teil – für den Geltungsbereich des Tarifvertrages decken müssen[145]. Dabei reicht es aus, wenn die Gewerkschaft nur für einen Arbeitnehmer tarifzuständig ist, der bei einem Arbeitgeber beschäftigt ist, welcher Mitglied des tarifvertragsschließenden Arbeitgeberverbandes ist[146]. Die räumliche Einschränkung bezieht sich auf einen bestimmten geographischen Zuständigkeitsbereich und die branchenmäßige auf die fachliche Ausrichtung. Dabei können so auch nur bestimmte Teile von Betrieben oder Unternehmen erfasst sein[147]. Es ist auch zulässig, wenn eine Gewerkschaft sich für konkrete Betriebe als zuständig erklärt. Hingegen kann die persönliche Zuständigkeit einer Koalition nur im Hinblick auf die eigenen Mitglieder festgelegt werden, wenn sich eine Gewerkschaft nur für bestimmte Berufsgruppen für zuständig erklärt[148]. Bei Firmenta-

---

142 *Oetker*, in: Wiedemann, TVG § 2 Rn. 230.

143 BAG v. 20.04.88, AP Nr. 95 zu § 1 TVG, TVe: Bau.

144 BAG v. 19.11.85 u. 24.07.90, AP Nr. 4 und 7 zu § 2 TVG Tarifzuständigkeit.

145 *Löwisch/Rieble*, TVG, § 2 Rn. 88.

146 *Däubler*, Tarifvertragsrecht Rn. 86.

147 *Löwisch/Rieble*, TVG, § 2 Rn. 90.

148 *Löwisch/Rieble*, TVG, § 2 Rn. 91.

rifverträgen beschränkt sich die Tarifzuständigkeit des Arbeitgebers offenkundig auf die bei ihm beschäftigten Arbeitnehmer.

IV. Tarifbindung der Einzelarbeitsvertragsparteien

Wenn ein wirksamer Tarifvertrag geschlossen worden ist, stellt sich die Frage, für wen die in dem Vertrag vorgesehenen Rechtsfolgen Wirkung entfalten. Der schuldrechtliche Teil des Tarifvertrages erfasst nur die vertragsschließenden Parteien – also die Koalitionen und die tarifvertragsschließenden Arbeitgeber. Die Tarifbindung indes regelt nur die Geltung des normativen Teils des Tarifvertrages[149]. Nach § 3 Abs. 1 TVG sind die Mitglieder der Tarifvertragsparteien und der Arbeitgeber, der selbst Partei des Tarifvertrages ist, tarifgebunden. Die Mitgliedschaft legitimiert den Verband, für das Mitglied Normen zu setzen[150]. Wichtig ist die beiderseitige Mitgliedschaft, es sei denn, es handelt sich um einen Haustarifvertrag. Bei einem solchen ist der Arbeitgeber nicht nur Normunterworfener, sondern auch Normgeber in einer Person. Er selbst muss nicht einer Koalition angehören, weil ein Legitimationszusammenhang in diesem Fall überflüssig ist[151]. Als Außenseiter hingegen werden solche Arbeitgeber und Arbeitnehmer bezeichnet, die keinem Verband angehören und daher nicht tarifgebunden sind[152]. Zeitlich ist die Tarifbindung nicht an die Mitgliedschaft in der entsprechenden Koalition gebunden, sondern nach § 3 Abs. 3 TVG an die Geltungsdauer des Tarifvertrages selbst. Wenn die Tarifbindung einmal bestanden hat, so endet sie nicht mit dem Austritt aus der Koalition. Auch dann nicht, wenn der Arbeitnehmer der tarifvertragsschließenden Koalition erst dann beitritt, wenn der Arbeitnehmer aus seiner Koalition bereits ausgetreten ist und der Tarifvertrag noch fortgilt[153].

1. Der Arbeitnehmer

Für den Arbeitnehmer gelten die Tarifnormen immer dann, wenn er Mitglied in der tarifvertragsschließenden Vereinigung ist.

---

149 *Kempen*, in: Kempen/Zachert, TVG, § 3 Rn. 5.

150 *Löwisch/Rieble*, TVG, § 3 Rn. 1.

151 *Löwisch/Rieble*, TVG, § 3 Rn. 6.

152 *Dütz*, Arbeitsrecht, Rn. 517.

153 BAG, DB 1994, 104.

2. Der Arbeitgeber

Für den Arbeitgeber entfaltet der Tarifvertrag Bindungen, wenn er in seiner Person tarifgebunden ist, sei es durch Mitgliedschaft in einer tarifvertragsschließenden Vereinigung oder durch einen selbst geschlossenen Tarifvertrag. Die Mitgliedschaft in einem tarifvertragsschließenden Arbeitgeberverband löst jedoch nicht immer die Tarifgebundenheit seiner Mitglieder aus[154]. So kann ein Unternehmen auch Mitglied in einem Arbeitgeberverband sein, ohne der Tarifbindung zu unterliegen[155]. So bietet die Satzung der Wirtschaftsvereinigung Bauindustrie e.V. Nordrhein-Westfalen nach § 4 Nr. 3 die Möglichkeit einer Probemitgliedschaft. Probemitglieder sind nicht Mitglied in der Arbeitskampfgefahrengemeinschaft, so dass sie nicht den Bindungen der geschlossenen Tarifverträge unterliegen. Es kommt jedoch nicht entscheidend auf den formellen Status des Mitgliedes an, damit es der Tarifbindung nicht unterliegt, sondern auf die konkrete Ausgestaltung des Mitgliedschaftsverhältnisses. Denn der Wortlaut von § 3 Abs. 1 TVG ist insofern eindeutig, als dass alle Mitglieder der Tarifbindung unterliegen. Um der Tarifbindung zu entgehen, sind zwei verschiedene Modelle möglich. Einmal die Aufspaltung des Arbeitgeberverbandes in einen tarifwilligen Verband und einen solchen, der die sonstigen Verbandsfunktionen wahrnimmt[156]. Diese Konstellation ist rechtlich unproblematisch, weil die Tarifvereinigung ein selbständiger Verband ist, dessen Tariffähigkeit isoliert betrachtet werden kann. Zum anderen gibt es die Lösung ohne Doppelmitgliedschaft, die auch die Wirtschaftsvereinigung Bauindustrie e.V. Nordrhein-Westfalen gewählt hat, nach der es unterschiedliche Mitgliedstypen gibt. Eine solche Mitgliedschaft ohne Tarifbindung muss jedoch materiell so ausgestaltet sein, dass die Mitglieder ohne Tarifbindung völlig passiv zu reinen Informationszwecken am Vereinsleben teilnehmen[157]. Wenn das Mitglied das aktive und passive Wahlrecht zum Vorstand hat sowie über Höhe, Verwaltung, Art und Auszahlung von Arbeitskampfunterstützungen mitzuentscheiden befugt ist, so kann die Arbeitgebervereinigung bei überwiegender Anzahl von Mitgliedern ohne Tarifbindung nicht mehr die Normsetzung durch Tarifvertrag hinreichend legitimieren[158]. Nur wenn die Mitgliedschaftsrechte derart eingeschränkt sind, dass sie

---

154 Zu den Ohne-Tarifbindung-Mitgliedern *Röckl*, DB 1993, 2382; *Buchner*, NZA 1994, 2; *Däubler*, ZTA 1994, 448.

155 *Gamillscheg*, Kollektives Arbeitsrecht, Band 1, S. 712; BAG v. 16.02.62, BAGE 12, 285, 289; *Löwisch/Rieble*, TVG, § 3 Rn. 17.

156 *Kempen*, in: Kempen/Zachert, TVG, § 2 Rn. 90; *Oetker*, in: Wiedemann, TVG, § 3 Rn. 101.

157 *Kempen*, in: Kempen/Zachert, TVG, § 4 Rn. 4.

158 *Kempen*, in: Kempen/Zachert, TVG, § 2 Rn. 91; *Oetker*, in: Wiedemann, TVG, § 3 Rn. 102.

keine vollwertigen Mitglieder in dem Verband sind, besteht eine Tarifbindung nicht[159].

a) Rechtliche Bindung

Die rechtliche Bindung an die Tarifnormen eines geschlossenen Tarifvertrages, von dem der Arbeitgeber erfasst ist, gelten grundsätzlich nur gegenüber denjenigen Arbeitnehmern, die ihrerseits über ihre Gewerkschaft an den Tarifvertrag gebunden sind. Nach § 3 Abs. 2 TVG gelten die Rechtsnormen des Tarifvertrages über betriebliche und betriebsverfassungsrechtliche Fragen für alle Betriebe, deren Arbeitgeber tarifgebunden sind. Betriebliche oder betriebsverfassungsrechtliche Regelungen eines Tarifvertrages, an den der Arbeitgeber gebunden ist, gelten auch für Arbeitnehmer, die keiner oder einer anderen als der tarifvertragsschließenden Gewerkschaft angehören[160]. Weil hier Fragen geregelt werden können, die sich typischerweise der individualarbeitsvertraglichen Gestaltung entziehen, ist es sinnvoll, die Geltung der Regelungen ausschließlich an die Tarifgebundenheit des Arbeitgebers zu knüpfen[161]. Der Lohn selbst gehört jedoch gerade nicht zu den betrieblichen oder betriebsverfassungsrechtlichen Regelungen, so dass die Tarifbindung des Arbeitgebers allein nicht zu der Pflicht führt, auch Tariflöhne zu zahlen. Hierzu bedarf es stets der beiderseitigen Tarifbindung.

b) Faktische Bindung

Jedoch ist es in Unternehmen, die zumindest gegenüber einigen Arbeitnehmern aufgrund ihrer Tarifbindung verpflichtet sind, diesen Tariflöhne zu zahlen, so, dass der Arbeitgeber freiwillig den anderen Arbeitnehmern, die nicht oder anders tariflich gebunden sind, auch Tariflöhne zahlt. Die gleiche Behandlung der tarifgebundenen und der nicht-tarifgebundenen Arbeitnehmer ermöglicht dem Arbeitgeber eine gleichmäßige Handhabung und vereinfachte Verwaltung[162]. Zudem wird ihm erspart, alle jetzigen und künftigen Regelungsnotwen-

---

[159] BAG v. 16.02.62, AP Nr. 12 zu § 3 TVG Verbandszugehörigkeit; v. 20.02.86, AP Nr. 8 zu § 11 ArbGG 1979 Prozeßvertreter.

[160] *Oetker*, in: Wiedemann, TVG, § 3 Rn. 128.

[161] *Oetker*, in: Wiedemann, TVG, § 3 Rn. 130, 2; *Herschel*, ZFA 1973, 183, 191, *Dieterich*, Betriebliche Normen, S. 28ff.; Zur Forderung, dass mindestens ein Arbeitnehmer tarifgebunden sein muss *Löwisch/Rieble*, TVG § 3 Rn. 60; kritische auch *Gamillscheg*, Kollektives Arbeitsrecht, Band 1, S. 717f.; *Kempen*, in: Kempen/Zachert, TVG, § 3 Rn. 18.

[162] BAG, AP Nr. 23 zu § 18 BetrAVG.

digkeiten vorauszusehen, weil der Tarifvertrag ein umfassendes und angemessenes Regelungswerk für die Arbeitsverträge darstellt. Die Beschäftigung nach Tarifvertragsbedingungen vermeidet auch Verschlechterungen des Betriebsklimas durch Ungleichbehandlung[163]. Dem Arbeitgeber ist es meistens auch unbekannt, welche Arbeitnehmer tarifgebunden sind und welche nicht, weil bei Einstellung die Frage nach der Gewerkschaftszugehörigkeit verboten ist[164]. Nicht zu unterschätzen ist der Umstand, dass der Arbeitgeber durch tarifliche Entlohnung auch der nicht-tarifgebundenen Arbeitnehmer den Anreiz, der Gewerkschaft beizutreten, gering hält, weil nicht erst der Gewerkschaftsbeitritt zur tariflichen Entlohnung führt. Somit ist die tarifliche Entlohnung ein geeignetes Mittel, die Zahl der gewerkschaftlich organisierten Arbeitnehmer gering zu halten und den Einfluss der Gewerkschaft zu begrenzen[165]. So zahlen tarifgebundene Arbeitgeber regelmäßig an alle Arbeitnehmer Tariflöhne, obwohl sie dazu rechtlich nicht verpflichtet sind.

3. Schuldrechtliche Wirkung durch einzelvertragliche Bezugnahme

Die Zahlung der Tariflöhne ohne rechtliche Verpflichtung ist jedoch die Ausnahme. In der Regel wird die tarifliche Lohnzahlungsverpflichtung rechtlich begründet. Wenn in dem Einzelarbeitsvertrag auf einen Tarifvertrag Bezug genommen wird, so gelten die in Bezug genommenen Vorschriften zwischen den Arbeitsvertragsparteien[166]. In der Mehrzahl der Fälle – bei Angestellten sogar bei 80% – beruht die Anwendung der Tarifnorm auf der Bezugnahme auf die Tarifnormen im Arbeitsvertrag[167]. Entweder werden die Bestimmungen, die gelten sollen, im Arbeitsvertrag wiederholt, oder es wird auf einen bestimmten Tarifvertrag oder einzelne Bestimmungen eines Tarifvertrages Bezug genommen. Arbeitsrechtlichen Bezugnahmeklauseln kommen jedoch lediglich individual-

---

163 *Gamillscheg*, Kollektives Arbeitsrecht, Band 1, S. 731.

164 *Gamillscheg*, Kollektives Arbeitsrecht, Band 1, S. 731.

165 Vergleiche *Konzen*, in: FS-Müller, S. 245, 258; *Zachert*, in: Kempen/Zachert, TVG, § 3 Rn. 62; zur Frage, ob bei fehlendem rechtlichen Anspruch auf Tariflohn bei faktischer Zahlung von Tariflöhnen ein Anspruch aus dem Institut der betrieblichen Übung erwächst *Zachert*, in: Kempen/Zachert, TVG, § 3 Rn. 104.

166 Vergleiche zur schuldrechtlichen Wirkung durch einzelvertragliche Bezugnahme *Reichel,* Die arbeitsvertragliche Bezugnahme auf den Tarifvertrag, 2001.

167 *Gamillscheg*, Kollektives Arbeitsrecht, Band 1, S. 563.

vertragliche Wirkung zu[168]. Normative Wirkungen können nur dann entfaltet werden, wenn auch die Voraussetzungen des Tarifvertragsgesetzes erfüllt sind[169]. Die inbezugnehmenden Willenserklärungen hinsichtlich der Geltung des Tarifvertrages müssen nicht ausdrücklich, sondern können auch konkludent abgegeben werden[170]. Entweder durch betriebliche Übung oder wenn der Arbeitgeber seine Arbeitnehmer insgesamt nach Tarifvertrag behandelt und der Einzelne die Leistungen unwidersprochen entgegennimmt[171]. Die Bezugnahme kann zum einen eine statische Verweisung sein. Dann gilt, dass Gegenstand des Arbeitsvertrages die Regelungen des in Bezug genommenen Tarifvertrages sind und diese Regelungen im Arbeitsvertrag auch dann Bestand haben, wenn der Tarifvertrag ausläuft oder durch eine andere tarifvertragliche Regelung ersetzt wird. Änderungen sind nur durch einen Änderungsvertrag oder einseitig durch Änderungskündigung möglich[172]. Es ist jedoch auch möglich, dynamisch auf einen Tarifvertrag Bezug zu nehmen. Es gilt dann der in Bezug genommene Tarifvertrag in seiner jeweiligen Fassung. Dann gilt das, was auch bei einer normalen Tarifbindung gelten würde[173], so dass der Arbeitnehmer auch von tarifvertraglich vereinbarten Lohnerhöhungen profitiert[174]. Es löst indes keine rechtlichen Bindungen aus, wenn schuldrechtlich im Tarifvertrag der Arbeitgeberverband sich gegenüber der Gewerkschaft verpflichtet, seinen Mitgliedern zu verbieten, auf den Tarifvertrag Bezug zu nehmen[175]. Ebenso verhält es sich, wenn der Arbeitgeberverband seine Mitglieder verpflichtet, bei jedem Arbeitsverhältnis auf den Tarifvertrag Bezug zu nehmen[176]. In beiden Fällen geht die Vertrags-

---

168 BAG v. 22.09.93, EzA zu § 4 TVG, Tarifkonkurrenz Nr. 8, S. 2; BAG v. 29.01.75, AP Nr. 8 zu § 4 TVG, Nachwirkung; *Annuß*, BB 1999, 2558; *Bauschke*, ZTR 1993, 416, 418; *Gaul*, ZTR 1991, 188, 191; *Hromadka/Maschmann/Wallner*, Tarifwechsel, Rn. 74; *Kempen/Zachert*, TVG, § 3 Rn. 68; *Oetker*, in: Wiedemann, TVG, § 3 Rn. 226.

169 *Gaul*, ZTR 1991, 188, 191.

170 BAG, EzA Nr. 1 zu § 3 TVG Bezugnahme auf Tarifvertrag; *Däubler*, Tarifvertragsrecht Rn. 335; *Gaul*, ZTR 1991, 188, 193; ablehnende Auffassung *Zachert*, in: Kempen/Zachert, TVG, § 3 Rn. 73.

171 *Schaub*, Arbeitsrechtshandbuch, § 208 III 3, S. 2040.

172 *Schaub*, Arbeitsrechtshandbuch, § 208 II, S. 2039.

173 BAG, v. 14.02.73, AP Nr. 6 zu § 4 TVG Nachwirkung; v. 29.01.75, AP Nr. 8 zu § 4 TVG Nachwirkung.

174 *Schaub*, Arbeitsrechtshandbuch, § 208 I 3 b, S. 2038.

175 *Oetker*, in: Wiedemann, TVG, § 3 Rn. 228.

176 *Oetker*, in: Wiedemann, TVG, § 3 Rn. 228.

freiheit der Parteien des Arbeitsvertrages vor und eine arbeitsvertragliche Vereinbarung ist wirksam[177].

4. Anspruch auf Tariflohn aus dem arbeitsrechtlichen Gleichbehandlungsgrundsatz

Der Arbeitgeber ist nach dem arbeitsrechtlichen Gleichbehandlungsgrundsatz verpflichtet, alle vergleichbaren Arbeitnehmer gleich zu behandeln, so dass Differenzierungen nicht willkürlich, sondern nur aus sachlichen Gründen erfolgen dürfen[178]. Die Zahlung der Tariflöhne erfolgt nach tarifvertraglich festgelegten Lohngruppen. Wenn nun nicht-tarifgebundene Arbeitnehmer die Merkmale einer Lohngruppe erfüllen, so könnte darin eine willkürliche Differenzierung gesehen werden, weil für die gleiche Leistung zum einen Tariflohn gezahlt wird und zum anderen nur der arbeitsrechtlich vereinbarte. Jedoch haben nichtorganisierte Arbeitnehmer keinen Anspruch auf die Bezahlung nach Tariflohn aus dem arbeitsrechtlichen Gleichbehandlungsgrundsatz[179]. Dessen Anwendbarkeit sei verboten, weil § 3 Abs. 1 TVG eine Sperrwirkung entfalte[180]. Zudem handle es sich nicht um eine willkürliche Ungleichbehandlung, weil das TVG diese Differenzierung gerade vorsehe[181]. Ein Anspruch auf Gleichbehandlung hätte außerdem zur Folge, dass es zu einer Art Allgemeinverbindlichkeitserklärung des Tarifvertrages auf betrieblicher Ebene käme, so dass die Voraussetzungen der Allgemeinverbindlichkeitserklärung eines Tarifvertrages nach § 5 TVG unterlaufen würden[182]. Damit ergibt sich aus dem arbeitsrechtlichen Gleichbehandlungsgrundsatz kein Anspruch des nicht-tarifgebundenen Arbeitnehmers auf die Zahlung von Tariflohn gegen seinen Arbeitgeber, der tarifgebundenen Arbeitnehmern Tariflohn schuldet[183]. Eine Gleichbehandlung durch den Arbeit-

---

177 *Oetker*, in: Wiedemann, TVG, § 3 Rn. 228.

178 BAG v. 6.10.93, NZA 1994, 257; v. 19.04.95, NZA 1996, 133, 134; v. 20.11.96, NZA 1997, 724, 725.

179 BAG v. 4.05.56, AP Nr. 10 zu Art. 3 GG, Bl. 3; v. 20.07.60, AP Nr. 7 zu § 4 TVG, Bl. 1; *Däubler*, Tarifvertragsrecht, Rn. 329; *Gumpert*, BB 1960, 100f.; *Hromadka/Maschmann*, Arbeitsrecht I, § 7 Rn. 118; *Reuter*, JuS 1992, 105, 107.

180 BAG v. 4.05.56, AP Nr. 10 zu Art. 3 GG, Bl. 3; v. 20.07.60, AP Nr. 7 zu § 4 TVG, Bl. 1; *Däubler*, Tarifvertragsrecht, Rn. 329; *Reuter*, JuS 1992, 105, 107; *Rieble*, EzA § 4 TVG Geltungsbereich Nr. 10, S. 12, 17f.

181 *Reuter*, JuS 1992, 105, 107; a.A. Anwendbarkeit in bestimmten Fällen *Thüsing*, ZTR 1997, 433ff.

182 *Fitting/Kaiser/Heither/Engels*, § 75 BetrVG, Rn. 43; GK-*Kreutz*, § 75 BetrVG, Rn. 56.

183 *Reichel*, Die arbeitsvertragliche Bezugnahme auf den Tarifvertrag, S. 22.

geber erfolgt regelmäßig freiwillig, sei es durch einfache Zahlung der Tariflöhne oder durch eine arbeitsvertragliche Bezugnahme.

5. Allgemeinverbindlichkeitserklärung

Tarifbindung kann jedoch auch durch staatlichen Akt erfolgen, ohne dass es einer legitimierenden Erklärung durch Beitritt zu einer Vereinigung, Abschluss eines Tarifvertrages durch den Arbeitgeber, individualvertraglicher Vereinbarung oder faktischen Verhaltens bedürfte. Nach § 5 Abs. 1 TVG kann der Bundesminister für Arbeit und Sozialordnung einen Tarifvertrag für allgemeinverbindlich erklären. Eine Allgemeinverbindlichkeitserklärung steht unter bestimmten Voraussetzungen und ist im Wege eines Antragsverfahrens anzustreben, welches unter Beteiligung der verschiedenen Interessengruppen abläuft. Unabhängig von der Organisationszugehörigkeit erfasst der normative Teil des Tarifvertrages dann auch die bisher nicht tarifgebundenen Arbeitgeber und Arbeitnehmer[184].

Die Allgemeinverbindlichkeit ist tatsächlich von untergeordneter Bedeutung. Die Zahl der Arbeitnehmer, die durch die Allgemeinverbindlichkeit zusätzlichen tariflichen Schutz erfahren, wird auf 700.000 bis 1 Mio. geschätzt[185]. Dabei werden jedoch nur Teilbereiche der betroffenen Arbeitsverhältnisse erfasst und nur weniger als ein Fünftel der für allgemeinverbindlich erklärten Tarifverträge regelt die Löhne[186] und das auch nur in Branchen mit vergleichsweise niedrigem Lohnniveau[187]. Weil der Tarifvertrag jedoch nach seiner Allgemeinverbindlichkeitserklärung alle Arbeitsverhältnisse in seinem Anwendungsbereich erfasst, würde das Erfordernis der Tariftreueerklärung keine zusätzliche Belastung der Bewerber darstellen. Das gilt jedoch nur dann, wenn der am Ort der Auftragsausführung geltende Tarifvertrag allgemeinverbindlich ist und zusätzlich der Bewerber in den Anwendungsbereich dieses Tarifvertrages fällt. Das wären dann nur die nicht tariflich gebundenen Arbeitgeber, die in den örtlichen Anwendungsbereich des Tarifvertrages fallen. Entscheidend für die örtliche Anwendbarkeit ist der Sitz des Arbeitgebers, im Zweifel der Erfüllungsort des Arbeitsverhältnisses[188].

---

[184] *Däubler*, Tarifvertragsrecht, Rn. 1243.

[185] *Zachert*, DB 1991, 1221, 1222; *Wonneberger*, Funktionen der Allgemeinverbindlicherklärung, S. 48.

[186] *Zachert*, DB 1991, 1221, 1222.

[187] *Wonneberger*, Funktionen der Allgemeinverbindlicherklärung, S. 42.

[188] *Hromadka/Maschmann*, Arbeitsrecht Band 2, § 13 Rn. 215f.

6. Mindestlöhne nach dem Arbeitnehmerentsendegesetz

Seit 1996 gibt es eine weitere Möglichkeit, die tarifvertraglichen Regelungen im Arbeitsverhältnis Geltung verschafft. Weil die Allgemeinverbindlichkeit an den Anwendungsbereich des Tarifvertrages geknüpft ist, werden durch sie die Fälle der Arbeitnehmerentsendung nicht erfasst. Nach § 1 Abs. 1 des Arbeitnehmerentsendegesetzes (AEntG) finden die Mindestentgeltsätze einschließlich der Überstundensätze und die Vorschriften über die Dauer des Erholungsurlaubes, das Urlaubsentgelt und ein zusätzliches Urlaubsgeld eines allgemeinverbindlichen Tarifvertrages für den Bereich des Baugewerbes[189] zwingend Anwendung. Voraussetzung ist, dass Arbeitnehmer im räumlichen Geltungsbereich überwiegend Bauleistungen im Sinne des § 211 Abs. 1 SGB III erbringen. Für die Mindestlöhne kommt es somit auf den Ort der Auftragsausführung und nicht auf die örtliche Erfassung des Arbeitsverhältnisses durch den Tarifvertrag an. Erfasst sind sowohl ausländische Arbeitgeber als auch inländische. Das Arbeitnehmerentsendegesetz hat den Schritt zur vertrags- und arbeitgeberunabhängigen Tarifgeltung vollzogen[190]. Allgemeinverbindliche Tarifvertragsnormen über Mindestentgelte und Erholungsurlaub finden nun auf Arbeitsverhältnisse entsandter Arbeitnehmer Anwendung. Begründet wird in diesen Fällen ein Anspruch des entsandten Arbeitnehmers gegen seinen Arbeitgeber, den dieser grundsätzlich vor den heimischen Gerichten geltend machen kann[191]. Ziel des Gesetzes ist die Stärkung der Wettbewerbsfähigkeit der deutschen Bauindustrie, der Abbau von Arbeitslosigkeit in der Bauwirtschaft und der Schutz der Tarifautonomie[192]. Die Durchsetzung der Ansprüche der Arbeitnehmer wird wegen des über den Schutz der entsendeten Arbeitnehmer hinausgehenden Schutzes über Anmeldepflichten nach § 3 AEntG und die Androhung erheblicher Bußgelder in § 5 AEntG gewährleistet. Die Überwachungstätigkeit nehmen die Hauptzollämter wahr. Zudem können nach § 6 AEntG Arbeitgeber, die gegen die Mindestlohnpflichten verstoßen, von der Vergabe von Aufträgen ausgeschlossen werden.

Es handelt sich jedoch bei der allgemeinverbindlichen Lohnhöhe nur um Mindestlöhne. Die Tariftreuepflicht nach den Vergabegesetzen verlangt jedoch die Zahlung der höheren Tariflöhne. Somit legt die Tariftreuepflicht den entsen-

---

[189] Bauhauptgewerbe und Baunebengewerbe im Sinne der §§ 1 und 2 der Baubetriebe-Verordnung vom 28.10.80, BGBl. I S. 2033 zuletzt geändert durch Artikel 1 der Verordnung v. 13.12.96, BGBl. I S. 1954.

[190] *Wiedemann,* in: Wiedemann, Tarifvertragsgesetz, § 1 Rn. 74.

[191] Zu den Durchsetzungsmöglichkeiten vor deutschen Gerichten *Franzen,* DZWiR 1996, 89; *Hanau,* NJW 1996, 1369, 1371.

[192] Begründung des Regierungsentwurfs, BR-Drucks. 523/95 v. 01.09.95, S. 5f.

denden Arbeitgebern eine zusätzliche Pflicht auf, die nicht mit der Zahlung der Mindestlöhne bereits erfüllt ist.

B. Tarifvertrag mit Auslandsbezug

Die Voraussetzungen für den Abschluss eines wirksamen Tarifvertrages nach dem TVG bei ausschließlich innerstaatlichen Sachverhalten sind somit geklärt. Fraglich ist indes, ob auch Bauunternehmen aus dem EU-Ausland einen wirksamen Tarifvertrag nach dem deutschen Tarifvertragsstatut abschließen können, der für Arbeitnehmer gilt, die sie nach Deutschland entsenden. Zudem stellt sich die Frage, welche Wirkungen ein Tarifvertrag entfaltet, den das betreffende Unternehmen in seinem Heimatstaat abgeschlossen hat und der Regelungen für die entsandten Arbeitnehmer trifft.

I. Tarifvertrag nach deutschem Tarifvertragsstatut

Die Tarifvertragsparteien müssen nicht zwingend deutsch sein, um Tarifverträge nach dem TVG zu schließen. Es können auch Tarifvertragsparteien aus unterschiedlichen Ländern Tarifverträge abschließen[193]. Ein Tarifvertrag nach dem deutschen TVG setzt zunächst voraus, dass bei einem Sachverhalt mit Auslandsberührung das Tarifvertragsstatut nach deutschem Recht, zu dem das TVG gehört, Anwendung findet. Arbeitnehmerentsendung löst die Auslandsberührung des Sachverhaltes bereits aus. Eine spezielle kollisionsrechtliche Regelung für dieses Problem des Internationalen Privatrechts existiert nicht: Art. 30 EGBGB regelt ausschließlich das Recht von Arbeitsverträgen und Arbeitsverhältnissen von Einzelpersonen, für Tarifverträge gilt diese Vorschrift nicht[194]. Vorwiegend wird den Parteien des Tarifvertrages eine Rechtswahl zugestanden, so dass sie selbständig entscheiden können, nach welchem Statut sich der Tarifvertrag richtet[195]. Die Bejahung einer solchen Rechtswahl, obwohl sie nicht positivrechtlich für alle Tarifverträge normiert ist, unterliegt keinen Bedenken, weil die Rechtswahlfreiheit der Tarifparteien durch § 21 Abs. 4 S. 2 Flaggenrechtsgesetz bestätigt worden ist[196]. Für eine wirksame Rechtswahl reicht jedoch nicht irgendein Auslandsbezug aus, sondern die Tarifvertragsparteien müssen unterschiedlicher Nationalität sein oder der Gegenstand des Tarifvertrages muss internationale

---

193 *Däubler*, Tarifvertragsrecht Rn. 1704.

194 *Martiny*, in: MK Band 10, Art. 30 EGBGB Rn. 83; *Gamillscheg*, ZFA 14 (1983), 332f.

195 *Martiny*, in: MK Band 10, Art. 30 EGBGB Rn. 83; *Basedow*, in: Berichte der Deutschen Gesellschaft für Völkerrecht Band 31 (1990), 75, 93ff.; *Wimmer*, Gestaltung internationaler Arbeitsverhältnisse, S. 51ff., 59; *ders.*, in: IPrax 1995, 207, 212; *Junker*, der sogar Art. 27ff. EGBGB anwenden will, IPrax 1994, 21, 22f., *Heldrich*, in: Palandt, Art. 30 EGBGB Rn. 3; a.A. *Birk*, in: Münchener Handbuch zum Arbeitsrecht, Band 1, § 20 Rn. 28.

196 *Däubler*, Tarifvertragsrecht Rn. 1706.

Bezüge aufweisen[197]. Ein internationaler Bezug liegt dann vor, wenn Konditionen grenzüberschreitend zu erbringender oder im Ausland zu leistender Arbeit geregelt werden sollen oder wenn in multinationalen Unternehmen parallele Regelungen für in- und ausländische Arbeitnehmer getroffen werden sollen[198]. Wenn eine solche Rechtswahl nicht stattgefunden hat, so kann man eine objektive Anknüpfung an das Recht vornehmen, mit dem der Tarifvertrag die engsten Verbindungen aufweist[199]. Für die Ermittlung der engsten Verbindung muss eine Schwerpunktbetrachtung stattfinden[200]. Hier ist der Verwaltungssitz der Tarifparteien und der Ort der vom Tarifvertrag erfassten Arbeitsverhältnisse zu berücksichtigen[201]. Festzuhalten ist, dass es auch ausländischen Arbeitgebern und Koalitionen möglich ist, sich durch Rechtswahl dem deutschen Tarifvertragsstatut zu unterwerfen. Wenn eine Rechtswahl nicht stattgefunden hat, so muss der Schwerpunkt des Tarifvertrages in der deutschen Rechtsordnung liegen, wobei es ausreicht, dass der Tarifvertrag vorwiegend die Erbringung von Arbeitsleistungen in Deutschland regelt.

Wenn das Tarifvertragsstatut nach deutschem Recht Anwendung findet – also die kollisionsrechtliche Frage zugunsten der deutschen Rechtsordnung entschieden ist, stellt sich die Frage, ob das TVG für Sachverhalte mit Auslandsbezug Regelungen trifft, die eine tarifvertragliche Wirkung auslösen oder ob bei Anwendbarkeit des TVG ein Tarifvertragsschluss nicht möglich ist. Soweit das Tarifvertragsstatut nach deutschem Recht Anwendung findet, gilt im Grundsatz, dass eine ausländische Tarifvertragspartei die oben genannten Voraussetzungen der Tariffähigkeit und der Tarifzuständigkeit nach dem TVG erfüllen muss. Die Tariffähigkeit richtet sich nach derjenigen Rechtsordnung, für die der Tarifvertrag geschlossen werden soll[202], auch wenn sich der rechtliche Status der Partei nach dem Recht des Verwaltungssitzes richtet[203]. Die Tariffähigkeit der Koalitionen im deutschen Recht wird durch Art. 9 Abs. 3 GG verliehen[204].

---

197 *Wimmer*, Gestaltung internationaler Arbeitsverhältnisse, S. 59; *Schlachter*, NZA 2000, 57, 64.

198 *Wimmer*, Gestaltung internationaler Arbeitsverhältnisse, S. 59.

199 *Martiny*, in: MK Band 10, Art. 30 EGBGB Rn. 83a.

200 *Franzen*, IntArbR, AR Blattei 920 Rn. 201.

201 *Junker*, IPrax 1994, 21, 23.

202 *Martiny*, in: MK Band 10, Art. 30 EGBGB Rn. 83b; *Birk*, Internationales Tarifvertragsrecht, S. 839ff.; *Hauschka/Hennssler*, NZA 1988, 597, 600; auf den Sitz der Gewerkschaft und den Betriebssitz stellen ab: *Gamillscheg*, Internationales Arbeitsrecht, S. 360; *ders.* ZVerglRW 79 (1980), 83, 87; *Müller*, RdA 1973, 137, 143.

203 *Birk*, Internationales Tarifvertragsrecht, S. 840.

204 *Birk*, Internationales Tarifvertragsrecht, S. 839.

Die Anwendbarkeit des TVG ist jedoch nicht bereits durch den bloßen Bezug eines Arbeitsverhältnisses zur deutschen Rechtsordnung eröffnet. Ausgangspunkt für die Frage, ob ein wirksamer Tarifvertrag geschlossen werden kann, ist die Koalitionsfreiheit nach Art. 9 Abs. 3 GG. Für den Anwendungsbereich von Art. 9 Abs. 3 GG gilt, dass man sich dann auf ihn berufen kann, wenn eine generelle Tätigkeit in der Bundesrepublik Deutschland in Frage steht, und zwar unabhängig von der Staatsangehörigkeit des Einzelnen oder der Staatszugehörigkeit einer Koalition als Vereinigung[205]. Für die Koalitionen ist diese Frage jedoch nicht unumstritten. So gelte Art. 9 Abs. 3 GG für juristische Personen nur nach der Maßgabe des Art. 19 Abs. 3 GG, der eine inländische juristische Person voraussetze[206]. Dies ergebe sich aus dem klaren Wortlaut des Art. 19 Abs. 3 GG. Jedoch berücksichtigen diese Auffassungen nicht hinreichend, dass Art. 9 Abs. 3 GG von seiner Natur her ein Doppelgrundrecht ist und deshalb hier eine spezialgesetzliche Regelung durch Art. 9 Abs. 3 GG selbst vorliegt, die die allgemeine Regelung des Art. 19 Abs. 3 GG ausweitet[207]. Trotz einer solchen Ausweitung wird der Schutzbereich der kollektiven Koalitionsfreiheit nach Art. 9 Abs. 3 GG erst dann angesprochen, wenn der betreffende Sachverhalt einen „genuine link" zur Arbeitsverfassung der Bundesrepublik Deutschland aufweist, wozu marginale Berührungspunkte nicht ausreichen.[208] Auf die Koalitionsfreiheit kann sich eine Koalition erst dann berufen, wenn sie auf Arbeitsbedingungen Einfluss nehmen will, die in Deutschland ihren Schwerpunkt haben[209]. Das TVG selbst macht keine Einschränkungen hinsichtlich der Zugehörigkeit der Tarifvertragsparteien zu einer bestimmten Rechtsordnung. Jedoch kommt es parallel zum Schutzbereich der Koalitionsfreiheit aus Art. 9 Abs. 3 GG für die Anwendbarkeit des TVG darauf an, dass der in Aussicht genommene Tarifvertrag hauptsächlich in der Bundesrepublik Deutschland verwirklichte Arbeitsverhältnisse erfasst[210]. Das TVG gilt somit nur für Arbeitsverhältnisse, die

---

205 *Birk*, in: Münchener Handbuch zum Arbeitsrecht, Band 1, § 21 Rn. 4; *ders.*, Internationales Tarifvertragsrecht, S. 836.

206 *Kemper*, in: von Mangoldt/Klein, GG, Art. 9 Abs. 3 Rn. 272; *Löwer*, in: v. Münch/Kunig, GG, 4. Auflage, I, Art. 9 Rn. 74; *Höfling*, in: Sachs GG, Art. 9 Rn. 113.

207 *Löwer*, in: v. Münch/Kunig, GG, 5. Auflage, Band 1, Art. 9 Rn. 83; *Bauer*, in: Dreier, GG, Band 1, Art. 9 Rn. 65; *Dietz*, Die Koalitionsfreiheit, in: Bettermann/Nipperdey/Scheuner, Die Grundrechte III/1 S. 445; vergleiche hierzu auch *W.W. Schmidt*, Grundrechte und Nationalität juristischer Personen, S. 160ff.

208 *Birk*, Internationales Tarifvertragsrecht, S. 836.

209 *Birk*, Internationales Tarifvertragsrecht, S. 836.

210 *Birk*, Internationales Tarifvertragsrecht, S. 840.

ihren Schwerpunkt in der Bundesrepublik Deutschland haben[211]. Unstreitig fallen hierunter die Tarifverträge, die die Gewerkschaft ÖTV mit den Fluggesellschaften PanAm und British Airways für die in Deutschland arbeitenden Beschäftigten geschlossen hatte[212]. Die beiden Fluggesellschaften unterhielten in Deutschland nur rechtlich unselbständige Niederlassungen und konnten dennoch einen wirksamen Tarifvertrag abschließen. Insofern eröffnete nicht Art. 9 Abs. 3 GG sondern § 2 Abs. 1 TVG die Tariffähigkeit des ausländischen Arbeitgebers[213]. Wichtig ist jedoch, dass es sich bei den Beschäftigten um Personal handelte, welches seine Arbeit ständig in Deutschland verrichtete.

Bei der Entsendung von Arbeitskräften aus dem Ausland ist indes fraglich, ob der Schwerpunkt des Arbeitsverhältnisses in Deutschland liegt. Charakteristisch für die Entsendung von Arbeitnehmern auf Baustellen ist, dass diese für den einzelnen Auftrag in Deutschland arbeiten und danach in ihre Heimat zurückkehren oder in einem anderen Staat den nächsten Auftrag ausführen. Der Schwerpunkt des Arbeitsverhältnisses wird daher regelmäßig am Niederlassungsort des Arbeitgebers liegen. Der Abschluss eines Tarifvertrages, der das gesamte Arbeitsverhältnis eines zeitweise entsandten Arbeitnehmers regelt, ist nach dem TVG nicht möglich. Wenn jedoch der Anwendungsbereich des in Aussicht genommenen Tarifvertrages auf die Regelung der Arbeitsbedingungen während der Entsendung der Arbeitnehmer beschränkt ist, so ist es in diesem Teilbereich möglich, einen wirksamen Tarifvertrag zu schließen. Insoweit ist der Schutzbereich der Koalitionsfreiheit eröffnet, und daher muss es auch möglich sein, einen auf die Tätigkeit in Deutschland begrenzten Tarifvertrag zu schließen. In der Praxis kommt eine solche Konstellation bisher selten oder gar nicht vor. Zum einen hat der Arbeitgeber in der Regel kein Interesse daran, einen solchen Tarifvertrag abzuschließen. Ebenso ist es lebensfremd davon auszugehen, dass ein entsandter Arbeitnehmer Mitglied in einer deutschen Gewerkschaft wird. Zudem stellt sich die Frage, ob das betreffende Arbeitsverhältnis nicht bereits einem anderen Tarifvertrag nach dem Heimatrecht untersteht und inwieweit Arbeitgeber und Arbeitnehmer verpflichtet sind, sich nicht anderweitig tariflich zu binden. Dennoch ist festzuhalten, dass nach dem hier vertretenen Standpunkt die Möglichkeit eines Tarifvertragsschlusses gegeben ist. Er muss jedoch auf die Regelung der Arbeitsverhältnisse während der Entsendezeit begrenzt sein. Es steht den Tarifvertragsparteien frei, die Auslandstätigkeit als ausschließlichen Geltungsbereich eines Tarifvertrages zu regeln[214]. Tarifpartner kann der auslän-

---

211 *Martiny*, in: MK Band 10, Art. 30 EGBGB Rn. 83b; *ders.* in: Martiny/Reithmann, Internationales Vertragsrecht, Rn. 1393; *Birk*, RabelsZ 46 (1982), 404.

212 Vergleiche *Däubler*, Tarifvertragsrecht, Rn. 1704.

213 *Birk*, Internationales Tarifvertragsrecht, S. 861.

214 *Walz*, Internationaler Tarifvertrag, S. 147ff.; *Däubler*, AuR 1990, 1, 8.

dische Arbeitgeber, eine ausländische Arbeitgeber- oder Arbeitnehmervereinigung sein oder eine deutsche Arbeitgeber- oder Arbeitnehmervereinigung, wenn sie ausschließlich die Arbeitsbedingungen für die Entsendezeit regeln. Für den Abschluss eines wirksamen Tarifvertrages müssen diese natürlich für den Tarifabschluss auch tarifzuständig sein. Es ist jedoch fraglich, ob deutsche Koalitionen Mitglieder aus dem Ausland aufnehmen und ob ausländische Arbeitnehmer- oder Arbeitgeber beitreten. Am wahrscheinlichsten ist die Konstellation, dass die ausländischen Tarifvertragspartner einen Tarifvertrag für die Entsendungsarbeitsverhältnisse nach Deutschland schließen und darin das Tarifvertragsstatut nach deutschem Recht vereinbaren. Als Ergebnis ist in diesem Zusammenhang festzuhalten, dass es rechtlich ausländischen Arbeitgebern möglich ist, für ihre entsandten Arbeitnehmer einen Tarifvertrag nach dem TVG abzuschließen. Damit können sie aktiv einen örtlich geltenden Tarifvertrag abschließen. Jedoch handelt es sich für einen Auftrag um ein durchaus aufwendiges Prozedere. Zudem wird der Auftraggeber Schwierigkeiten haben, einen tariffähigen und tarifzuständigen Tarifvertragspartner zu finden, der bereit ist, mit ihm einen Tarifvertrag abzuschließen.

II. Wirkungen des Internationalen Tarifvertrages

Die Tarifwirkung der Rechtsnormen des Tarifvertrages – also hier auch der vereinbarten Löhne – auf den Individualarbeitsvertrag richtet sich nach dem Tarifvertragsstatut und nicht nach dem Arbeitsvertragsstatut[215]. Danach richtet sich die Tarifbindung nach deutschem Recht. Es finden bei einem Tarifvertrag unter deutschen Tarifvertragsstatut die §§ 3, 4 TVG Anwendung. Jedoch wird hierzu vertreten, dass der Individualarbeitsvertrag auch deutschem Recht unterliegen müsse, damit sich die Tarifwirkung nach deutschem Recht bestimme[216]. Der Dualismus zwischen Tarifvertrag nach deutschem Tarifvertragsstatut und Arbeitsverhältnis nach ausländischem Arbeitsvertragsstatut führe in der Regel zu praktischen Spannungen[217]. Die Tarifnormen von Tarifverträgen gestalten die privatrechtlichen Arbeitsverhältnisse mit den gleichen Wirkungen wie sonstige privatrechtliche Gesetze[218], so dass dann auf einen Arbeitsvertrag zwei Statuten aus unterschiedlichen Rechtsordnungen anwendbar sind. Das Arbeitsvertragsstatut richtet sich nach Art. 30 EGBGB. Nach Abs. 1 gilt hier im Grundsatz auch

---

215 *Martiny*, in: MK Band 10, Art. 30 EGBGB Rn. 83d; *Birk*, Internationales Tarifvertragrecht, S. 860f.; *ders.*, RabelsZ 46 (1982), 385, 405.

216 *Friedrich*, RdA 1980, 109, 115; *Müller*, RdA 1973, 137, 143.

217 *Friedrich*, RdA 1980, 109, 115.

218 *Müller*, RdA 1973, 137, 143.

der Vorrang der Rechtswahl durch die Arbeitsvertragsparteien, solange der Arbeitnehmer nicht dem Schutz entzogen wird, der durch zwingende Vorschriften desjenigen Rechts gewährt wird, welches nach Abs. 2 anzuwenden wäre. Nach Art. 30 Abs. 2 Nr. 1 EGBGB unterliegen Arbeitsverträge und Arbeitsverhältnisse mangels Rechtswahl dem Recht desjenigen Staates, in dem der Arbeitnehmer in der Erfüllung seines Vertrages seine Arbeit gewöhnlich verrichtet. Das gilt auch dann, wenn er vorübergehend in einen anderen Staat entsendet wird. Nach Nr. 2 richtet sich das Arbeitsvertragsstatut nach dem Recht desjenigen Staats, in dem sich die Niederlassung befindet, die den Arbeitnehmer eingestellt hat, sofern der Arbeitnehmer seine Arbeit nicht in ein und demselben Staat verrichtet. Subsidiär kommt es sonst auf die engere Verbindung zu einem Staat an. Bei der Entsendung von Arbeitskräften wird der ausländische Arbeitgeber in der Regel Heimatrecht wählen. Zudem ist wegen des vorübergehenden Charakters der Entsendung nach Nr. 1 das Heimatrecht anwendbar. Dennoch stellt der Dualismus von Tarifvertragsstatut nach deutschem Recht und ausländischem Arbeitsrechtsstatut kein Hindernis für die Tarifwirkung eines deutschen Tarifvertrages dar. Denn die Unterwerfung eines Arbeitsvertrages nach ausländischem Arbeitsvertragsstatut unter einen deutschen Tarifvertrag ist mittlerweile auch gesetzlich durch das Arbeitnehmerentsendegesetz vorgesehen[219], so das auch ein Tarifvertrag nach deutschem Tarifvertragsstatut Regelungen für einen Arbeitsvertrag nach ausländischem Arbeitsvertragsstatut treffen kann. Zudem sind bei Regelungen über die Lohnhöhe, die hier in Frage stehen, auch keine besonderen praktischen Probleme eines Dualismus evident. Damit entfaltet auch ein deutscher Tarifvertrag für ausländische Arbeitsverhältnisse die gleiche Tarifwirkung wie ein Tarifvertrag, der einen ausschließlich inländischen Sachverhalt regelt.

---

[219] Vergleiche zur Wirkung des Arbeitnehmerentsendegesetz oben § 3 A.IV.6.

C. Zusammenfassung

Die unmittelbare Geltung der Löhne gilt ausschließlich für die tarifgebundenen Arbeitsvertragsparteien[220], wenn ein wirksamer Tarifvertrag abgeschlossen worden ist, der auf das Arbeitsverhältnis Anwendung findet und Regelungen über Löhne trifft. Bei dem Großteil der Arbeitsverhältnisse fehlt es an der Tarifbindung. Es ist jedoch heute üblich, alle Arbeitnehmer eines tarifgebundenen Betriebes über einzelvertragliche Bezugnahmen auf bestehende Tarifverträge ohne Rücksicht auf die Gewerkschaftszugehörigkeit unter den Schutz des Tarifvertrages zu stellen[221]. Auch wenn zu einer solchen Gleichbehandlung keine rechtliche Pflicht, sei es durch den arbeitsrechtlichen Gleichbehandlungsgrundsatz oder durch koalitionsrechtliche Pflichten, die sich aus der Satzung oder dem schuldrechtlichen Teil eines Tarifvertrages ergeben könnten, besteht, so werden in tarifgebundenen Unternehmen regelmäßig die Arbeitnehmer nach dem einschlägigen Tariflohn bezahlt. Ebenso ist es ausländischen Arbeitgebern rechtlich möglich, einen Tarifvertrag nach deutschem Recht abzuschließen und durch diesen ihre Tariftreuepflicht zu erfüllen. Jedoch handelt es sich hierbei um ein besonderes Prozedere, das sich für die Auftragnehmer nicht lohnt. Meistens wird es ihnen regelmäßig an einem geeigneten Tarifvertragspartner fehlen, weil ein Tarifvertragspartner in dem betreffenden Land ansässig sein muss. Zudem werden dadurch die Tarifbindungen, denen ein ausländischer Arbeitgeber unterliegt, unterlaufen. Es handelt sich hierbei lediglich um eine rechtliche Möglichkeit, der bislang nur eine theoretische Relevanz beigemessen werden kann.

Welcher Tarifvertrag im Sinne des Bauvergabegesetzes ein örtlich geltender ist, regelt der Tarifvertrag grundsätzlich selbst. Zur Erfüllung der Tariftreueverpflichtung muss sich der Auftragnehmer an einen der Lohntarifverträge halten, der für den Ort der Auftragserfüllung gilt. In diesem Punkt wich der Entwurf eines Bundesgesetzes zur Regelung der tariflichen Entlohnung bei öffentlichen Aufträgen ab. Nach § 3 Abs. 2 sollte der öffentliche Auftraggeber nach billigem Ermessen unter Abwägung aller Umstände bei mehreren einschlägigen Tarifverträgen entscheiden, welcher für die Tariftreue maßgeblich ist. Das sind jedoch nicht diejenigen, die die Arbeitserbringung an dem bestimmten Ort regeln, sondern diejenigen, die für Arbeitgeber gelten, die am Ort der Leistungserbringung ansässig sind[222]. Das hat zur Folge, dass alle Bewerber, die nicht innerhalb des Bereiches ansässig sind, der auch unter einen Tarifvertrag fällt, der am Leistungsort gilt, ihre Löhne entsprechend anpassen müssen. Somit ist es den ausländischen Bewerbern zwar möglich, einen Tarifvertrag nach dem TVG zu

---

220 *Kempen,* in: Kempen/Zachert, TVG, § 4 Rn. 4.

221 *Kempen,* in: Kempen/Zachert, TVG, § 4 Rn. 4.

222 Vergleiche dazu oben die Auslegung der Vergabegesetze der Länder § 2 B.

schließen. Dennoch können sie nicht durch Entlohnung nach diesem Tarifvertrag ihre Tariftreuepflicht erfüllen.

§ 4 Primärrecht

A. Grundfreiheiten

I. Dienstleistungsfreiheit

Die Dienstleistungsfreiheit ist eine der klassischen im EGV geschützten Grundfreiheiten und ist nach der Rechtsprechung des EuGH ein „fundamentaler Grundsatz des Vertrages“[223]. Die Grundfreiheiten sollen dazu führen, dass sich in Europa ein einheitlicher Wirtschaftsraum entwickelt[224]. Wirtschaftliche Betätigung, wie sie innerhalb eines Mitgliedstaates ausgeführt oder erbracht wird, soll im EU-Ausland unter ähnlichen rechtlichen Rahmenbedingungen und ohne zusätzliche Beschränkungen vorgenommen werden können. Die unterschiedlichen gesetzlichen Regelungen im Wirtschaftsrecht und die Sprachbarrieren, aber auch unterschiedliche Traditionen und tatsächliche Gegebenheiten[225] stehen diesem Ziel jedoch im Wege. Bei der Erreichung jenes Zieles nehmen die Grundfreiheiten zwei entscheidende Funktionen wahr. Sie bauen Diskriminierungen ab, die an die Staatsangehörigkeit anknüpfen. Neben dieser im Vordergrund stehenden Funktion dienen sie auch dem Abbau anderweitiger Beschränkungen[226]. Jedoch soll nicht ein Markt mit einheitlichen Regeln geschaffen werden[227], sondern vielmehr sollen die mitgliedstaatlichen Regelungen weiterhin zum Tragen kommen. Der Wettbewerb der Mitgliedstaaten untereinander soll nicht durch europaweit einheitliche rechtliche Voraussetzungen zum Erliegen kommen[228].

Die Mitgliedstaaten sind stets bemüht, dass Wirtschaftsleistungen im eigenen Staat erbracht werden. Zum einen, um die Betätigung für die eigenen Kassen zu besteuern und zum anderen, um Arbeitsplätze und andere Wirtschaftsfaktoren zur Wohlstandsmehrung im eigenen Staat zu behalten. Dieser Logik folgend, ist jeder Staat bestrebt, die eigene Wirtschaft vor ausländischen Wirtschaftssubjekten zu schützen[229] und die Erbringung von Leistungen durch eigene Wirtschaftssubjekte im Ausland zu fördern. Mittel sind Beschränkungen gegenüber ausländischen Anbietern und Subventionierung der heimischen Unternehmen. Den-

---

[223] EuGH v. 09.07.97 Slg. 1997, I-3899 Rn. 21.

[224] *Holoubek,* in: Schwarze, EUV/EGV, Art. 49 EGV Rn. 2.

[225] *Kingreen,* Die Struktur der Grundfreiheiten des Europäischen Gemeinschaftsrechts, S. 87.

[226] *Kluth,* in: Calliess/Ruffert, EUV/EGV, Art. 49, 50 EGV Rn. 50.

[227] *Kluth,* in: Calliess/Ruffert, EUV/EGV, Art. 49, 50 EGV Rn. 50.

[228] Vgl. *Feld/Kirchgässner/Savioz,*, Institutioneller Wettbewerb in der Europäischen Union: Das Ende des Sozialstaates?; mit einem sehr marktliberalen Ansatz *Gerken*, Der Wettbewerb der Staaten, S. 74ff.

[229] *Müller-Graff*, in: G/T/E, Art. 30 Rn. 12.

noch haben die Staaten auch ein Interesse an der Geltung der Grundfreiheiten, denn sie wollen, dass die ausländischen Märkte für ihre Produkte und Leistungen geöffnet sind[230]. Die Grundfreiheiten wirken den Beschränkungen gegenüber den ausländischen Anbietern entgegen, so dass nicht nationale Leistungserbringer bevorzugt werden, sondern solche, die im Rahmen des Wettbewerbes ceteris paribus die beste und preiswerteste Leistung anbieten. Wirtschaftssubjekte sollen den Gebrauch ihrer Freiheiten nicht an nationalen Grenzen, sondern an der wirtschaftlichen Effizienz orientieren[231]. Die Verteilung von wirtschaftlicher Betätigung und Wohlstandsmehrung sollen europäisch und nicht national gedacht werden. Wenn in Irland die Wirtschaft boomt und die Arbeitslosigkeit sinkt, dann handelt es sich um einen positiven Effekt nicht nur für Irland, sondern auch für Europa. Dennoch mag man sich in den anderen Mitgliedstaaten nicht sonderlich freuen, weil Sozialsysteme und Steuereinnahmen nicht verbunden sind. Wohlstandsmehrung dort findet höchstens wiederum über einen erhöhten Export statt. Es geht bei den Grundfreiheiten um den Schutz der wirtschaftlichen Betätigungsfreiheit im Binnenmarkt[232]. Die Grundfreiheiten schützen somit vereinfacht gesagt denjenigen, der eine Leistung mit grenzüberschreitendem Bezug erbringt bei der Erbringung seiner Leistung vor dem ausländischen Staat. Der entscheidende Unterschied zwischen den Grundfreiheiten und den Grundrechten liegt also zum einen im grenzüberschreitenden Bezug der Tätigkeit und zum anderen in der primären Schutzrichtung: Grundrechte schützen vor dem eigenen und Grundfreiheiten schützen vor dem ausländischen Staat. Dennoch schützen die nationalen Grundrechte ebenso auch ausländische Anbieter und die Grundfreiheiten[233] schützen auch nationale Wirtschaftssubjekte vor dem eigenen Staat bei der grenzüberschreitenden Leistungserbringung. Wegen der oben dargestellten Beschränkungsmotivation ist lediglich die Eingriffs- beziehungsweise Beschränkungsgefahr geringer. Da im Rahmen der Leistungserbringung in den einzelnen Mitgliedstaaten jeweils unterschiedliche Regelungen vorhanden sind, die für die Regelung der Rechtsverhältnisse, den Verbraucherschutz und die Sicherung der Öffentlichen Sicherheit und Ordnung unerlässlich sind, sehen die Regelungen der Grundfreiheiten eine bereichsspezifische Anwendung der Grundfreiheiten vor. Geschützt wird grundsätzlich nur vor solchen Regelungen im EU-Ausland, die den Leistungserbringer aus dem EU-Ausland im Gegensatz zu den Inländern des Mitgliedstaates benachteiligen (Diskriminierungsverbot).

---

230 *Jarass*, EuR 2000, 705, 710.

231 *Kingreen,* Die Struktur der Grundfreiheiten des Europäischen Gemeinschaftsrechts, S. 87.

232 *Kluth,* in: Calliess/Ruffert, EUV/EGV, Art. 49, 50 EGV Rn. 1.

233 EuGH v. 10.05.95, Slg. 1995, I-1141 Rn. 30, zum Schutz vor dem eigenen Staat bei Beschränkungen des grenzüberschreitenden Dienstleistungsverkehrs.

Die deutschen Tariftreueerklärungen, wie sie im deutschen Vergaberecht für bestimmte Branchen und Länder vorgeschrieben sind, sind potentiell geeignet, ausländische Wirtschaftssubjekte zu benachteiligen. Sie stellen eine Regel für die Leistungserbringung bei öffentlichen Aufträgen auf, die an deutsche Tarifverträge anknüpft. Anbieter aus dem EU-Ausland sind in Deutschland nicht tarifgebunden, weil sie in Deutschland nicht Koalitionsmitglied werden können[234]. Sie müssen sich somit bei Auftragserfüllung der deutschen Tarifstruktur anpassen. Es ist für sie schwerer herauszufinden, wie die Mindesttariflöhne aussehen, an die sie gebunden sind und welche sie ihrer Kostenrechnung zu Grunde legen müssen. Deutsche Unternehmer hingegen sind in der Regel tarifgebunden und nur gezwungen, eine Voraussetzung zu erfüllen, die sie ohnehin erfüllen. Die nicht-tarifgebundenen Unternehmer in Deutschland sind zwar auch bei der Auftragserfüllung gezwungen, die höheren Tariflöhne zu bezahlen, sie können sich jedoch mangels grenzüberschreitenden Bezugs nicht auf die Grundfreiheiten berufen. Es gilt somit zu untersuchen, ob die Erbringung von Bauleistungen in Deutschland durch ein eu-ausländisches Unternehmen der Dienstleistungsfreiheit unterfällt, ob das Erfordernis der Tariftreueerklärung eine Einschränkung der Freiheit darstellt und ob diese Einschränkung gegebenenfalls zulässig ist.

1. Sachlicher Anwendungsbereich der Dienstleistungsfreiheit

Das Recht der Erbringung von Dienstleistungen ist in den Art. 49-55 EGV geregelt. Art. 49 Abs. 1 EGV verbietet Beschränkungen des Dienstleistungsverkehrs innerhalb der Gemeinschaft, wenn Erbringer und Empfänger in unterschiedlichen Staaten ansässig sind. Auf dieses Beschränkungsverbot können sich alle Angehörigen von EU-Mitgliedstaaten berufen. Art. 50 Abs. 1 EGV umschreibt den Begriff der Dienstleistung als in der Regel entgeltliche Leistungen, die jedoch nur insoweit Dienstleistungen sein sollen, als sie nicht den Vorschriften über den freien Waren- und Kapitalverkehr und der Freizügigkeit der Personen unterliegen. Beispielhaft werden dort a) gewerbliche b) kaufmännische, c) handwerkliche und d) freiberufliche Tätigkeiten aufgezählt. Art. 50 Abs. 2 EGV bestimmt, dass der Dienstleistende bei der grenzüberschreitenden Erbringung im Empfängerstaat außerhalb der Regelungen über die Niederlassungsfreiheit seine Tätigkeit im Empfängerstaat ausüben darf und zwar unter den Voraussetzungen, die der Staat für seine eigenen Angehörigen vorschreibt. Art. 51 EGV verweist für den Verkehr und den Kapitalverkehr auf die speziellen Vorschriften für diese Bereiche und nimmt sie aus dem Anwendungsbereich der Dienstleistungsvorschriften heraus. Schließlich ordnet Art. 55 EGV die Geltung der Art. 45-48 EGV über die Niederlassungsfreiheit an. Hier werden Tätigkeiten, die mit der

---

[234] Vgl. oben § 3 zur Tarifbindung.

Ausübung öffentlicher Gewalt verbunden sind, ausgenommen (Art. 45 EGV), die Anwendbarkeit für Personenzusammenschlüsse (Art. 48 EGV) und die Rechtfertigung von aus besonderen Gründen erforderlichen Beschränkungen der Dienstleistungsfreiheit (Art. 46 EGV) geregelt.

a) Einheitlicher Dienstleistungsbegriff

Der Art. 50 Abs. 2 EGV deutet im Gegensatz zu Art. 49 EGV einen weiteren Regelungsgehalt unter dem Begriff der Dienstleistungsfreiheit an. Rechtsprechung und Literatur gehen jedoch davon aus, dass es sich um einen einheitlichen Begriff des freien Dienstleistungsverkehrs handelt, der so wie die anderen Grundfreiheiten Schutz in verschiedenen Dimensionen bietet, je nach dem wie von der Dienstleistungsfreiheit Gebrauch gemacht wird[235]. Die Art. 49 und 50 EGV müssen zusammen zu einem Begriff der Dienstleistungsfreiheit gelesen werden[236]. Die Wortlautauslegung tritt bei der Bestimmung des geltenden Rechts im Europarecht wegen der Verbindlichkeit der Verträge in allen Sprachen eher in den Hintergrund. Im Vordergrund stehen historische, systematische und vor allem teleologische Erwägungen, weil das gesamte Gemeinschaftsrecht seine Mittel völlig zweckrational so festlegt, dass die wirtschaftlichen Ziele der Verträge voll erreicht werden[237]. Der EuGH hat die Entgeltlichkeit und die Grenzüberschreitung als unverzichtbare Merkmale der Dienstleistungsfreiheit festgeschrieben[238], sich aber der Entwicklung eines positiven Konzeptes der Dienstleistungsfreiheit bisher enthalten. Da Art. 50 Abs. 1 EGV die Subsidiarität der Dienstleistungsfreiheit hinter den Vorschriften über die Warenverkehrs-, die Kapitalverkehrsfreiheit und der Freizügigkeit der Person anordnet, hat der EuGH lediglich negative Abgrenzungsmerkmale zu den anderen Freiheiten entwickelt[239] und nicht die Beispiele für Dienstleistungen in Abs. 2 zu einem Konzept des Dienstleistungsbegriffes ausgebaut.

---

235 EuGH v. 03.12.74, Slg. 1974, 1299 Rn. 24ff.; EuGH v. 18.03.80, Slg. 1980, 833 Rn. 16; EuGH v. 25.07.91, Slg. 1991, I-4221 Rn. 12; EuGH v. 03.02.82, Slg. 1982, 223 Rn. 8; EuGH v. 26.04.88, Slg. 1988, 2085 Rn. 14ff.; EuGH v. 10.05.95, Slg. 1995, I-1141 Rn. 18; *Schöne*, Dienstleistungsfreiheit in der EU und deutsche Wirtschaftsaufsicht, S. 30f.; *Randelzhofer/Forsthoff*, in: Grabitz/Hilf, Das Recht der Europäischen Union, Art. 59 EGV Rn. 3; *Bleckmann*, Europarecht, Rn. 1672.

236 *Troberg*, in: G/T/E, EUV/EGV, Vor. Art. 59-66 EGV Rn. 34.

237 *Bleckmann*, WiVerw 1987, S. 119.

238 *Kluth*, in: Calliess/Ruffert, EUV/EGV, Art. 49, 50 EGV Rn. 7.

239 *Kluth*, in: Calliess/Ruffert, EUV/EGV, Art. 49, 50 EGV Rn. 7.

Die Dienstleistungsfreiheit stellt einen genuin gemeinschaftsrechtlichen Begriff dar, der sich aufgrund der dargestellten Regelungsstruktur im EGV und dem negativ-definitorischen Ansatz nicht anhand von nationalen juristischen oder volkswirtschaftlichen Vorgaben her definieren lässt[240]. Ebenso wird der Begriff der Dienstleistung im EG-Recht auch nicht einheitlich verwendet. So erfasst der Dienstleistungsbegriff der RL 92/50 EWG[241] über die Vergabe öffentlicher Dienstleistungsaufträge keine Bauaufträge, die jedoch unter den Dienstleistungsverkehr fallen können[242], weil es für Bauaufträge eine eigene Richtlinie gibt. So liegt auch der Mehrwertsteuerrichtlinie (RL 77/388)[243] ein engerer Dienstleistungsbegriff als der Dienstleistungsfreiheit zugrunde.

Im System der Grundfreiheiten ist der freie Dienstleistungsverkehr im Titel III des EGV beim freien Personenverkehr zu erwerbswirtschaftlichen Zwecken eingeordnet[244]. So werden Maßnahmen der Mitgliedstaaten, die die Freizügigkeit im weiten Sinne beschränken an der Gesamtheit der Freizügigkeitsvorschriften des Vertrages gemessen[245]. Einreise von Personen, die unter das Gemeinschaftsrecht fallen, ihr Aufenthalt und das Verbot von diskriminierenden Maßnahmen aufgrund der Staatsangehörigkeit beruhen auf denselben Grundsätzen[246]. Diese personenbezogene Sichtweise des Dienstleistungsverkehrs folgte einem heute nicht mehr zutreffenden Leitbild des Dienstleistungserbringers. Es stand die personenbezogene Erbringung der Dienstleistung durch eine Person oder ein Unternehmen so wie bei Freiberuflern oder Handwerkern im Vordergrund[247]. Heute und auch schon in der Entscheidung *van Binsbergen* des EuGH[248] deutete sich die auf die Mobilität des Produktes bezogene Sichtweise an, und es wurde eine Parallele zur Warenverkehrsfreiheit gezogen[249].

---

240 *Kluth,* in: Calliess/Ruffert, EUV/EGV, Art. 49, 50 EGV Rn. 5; *Schöne*, Dienstleistungsfreiheit in der EG und deutsche Wirtschaftsaufsicht, S. 33.

241 EG Abl. v. 24.07.92, Nr. L 209, S. 1.

242 EuGH v. 14.04.94, Slg. 1994, I-1289 Rn. 5.

243 RL 77/388/EWG, EG Abl. v. 13.06.77 Nr. L 145, S. 1.

244 *Holoubek,* in: Schwarze EUV/EGV, Art. 49 EGV Rn. 4.

245 EuGH v. 20.05.92, Slg. 1992, I-3351 Rn. 24.

246 EuGH v. 20.05.92, Slg. 1992, I-3351 Rn. 17.

247 *Holoubek,* in: Schwarze EUV/EGV, Art. 49 EGV Rn. 8.

248 EuGH v. 03.12.74, Slg. 1974, 1299 Rn. 10/12.

249 *Kingreen*, Struktur der Grundfreiheiten, S. 59.

b) Leistung

Die Definition der Dienstleistungsfreiheit unterliegt somit bestimmten Schwierigkeiten. Im Zusammenhang dieser Arbeit geht es darum festzustellen, welche Unternehmen sich auf die Dienstleistungsfreiheit berufen dürfen, wenn sie sich um die Vergabe öffentlicher Bauaufträge bewerben und welche sich eventuell auf andere Grundfreiheiten stützen müssen. Ausgangspunkt sind dabei die im Vertrag festgelegten positiven Anhaltspunkte für die Qualifikation als Dienstleistung. Konstitutives Element ist unstreitig die Leistung[250]. In Art. 50 S. 2 EGV werden jene Leistungen umschrieben, die Dienstleistungen im Sinne des EGV sein sollen. Aus der Aufzählung gewerblicher, kaufmännischer, handwerklicher und freiberuflicher Tätigkeiten wird zum einen der verallgemeinernde Schluss gezogen, dass es sich um selbständig erbrachte Leistungen handeln muss[251]. Das Kriterium der Selbständigkeit ergibt sich auch schon aus der Abgrenzung zur Arbeitnehmerfreizügigkeit. Abhängige Dienst- oder Arbeitsverhältnisse werden von der Dienstleistungsfreiheit nicht erfasst, auch wenn sie sich auf inhaltsgleiche Verrichtungen beziehen können[252]. Zum anderen ist eine unkörperliche Komponente[253] oder die Einbringung eines bestimmten „Know-how“ konstitutives Element der Dienstleistungsfreiheit[254]. Die konkrete Leistung muss also auf die Bedürfnisse des Auftraggebers zugeschnitten sein[255]. Wesentlich dient dieses Bestimmungsmerkmal der Abgrenzung von der Warenverkehrsfreiheit. Das Produkt muss dabei jedoch nicht gänzlich unkörperlich sein. Die Erbringung von Bauleistungen beinhaltet eine Vielzahl von Einzelleistungen. Dazu gehört die Bereitstellung von Materialien und Arbeitskräften, die Bevorratung von Fachwissen und Logistikleistungen. Zudem regelt die Baukoordinierungsrichtlinie nach Art. 1 die Ausschreibung von Bauausführungs- und auch damit eventuell verbundenen Planungsleistungen. Bauleistungen sind weiterhin stets ganz individuell auf den Auftraggeber zugeschnitten, so dass immer eine erhebliche geistige Komponente enthalten ist. Von einer Leistung im Sinne der Dienstleistungsfreiheit ist mithin auszugehen.

---

[250] *Holoubek,* in: Schwarze, EUV/EGV, Art. 50 EGV Rn. 5.

[251] *Holoubek,* in: Schwarze, EUV/EGV, Art. 50 EGV Rn. 5; *Kluth,* in: Calliess/Ruffert, EUV/EGV, Art. 50 EGV Rn. 6; *Hailbronner,* in: HK-EUV, Art. 60 Rn. 4.

[252] *Bleckmann*, EuR 1987, 28, 29; *Holoubek,* in: Schwarze, EUV/EGV, Art. 50 EGV Rn. 5.

[253] *Holoubek,* in: Schwarze, EUV/EGV, Art. 50 EGV Rn. 6.

[254] *Troberg,* in: G/T/E, EUV/EGV, Art. 60 EGV Rn. 1.

[255] *Holoubek,* in: Schwarze, EUV/EGV, Art. 50 EGV Rn. 6.

c) Entgeltlichkeit

Art. 50 S. 1 EGV sieht weiterhin die Entgeltlichkeit der Leistungen vor. Die Notwendigkeit dieses Merkmales ist ebenfalls unbestritten[256] und leitet sich neben dem Wortlaut aus der Wirtschaftsbezogenheit der Grundfreiheiten ab[257]. Entgeltlichkeit wird in diesem Zusammenhang weit ausgelegt[258], was sich bereits aus der Formulierung „in der Regel gegen Entgelt" in Art. 50 S. 1 EGV ergibt. Entscheidend ist nicht der Inhalt der Leistung, sondern der mit der Leistung angestrebte wirtschaftliche Erfolg[259], wobei die angestrebte Kostendeckung als Erfolg ausreichend ist[260]. Der Empfänger der Leistung zahlt zwar regelmäßig die Kosten, jedoch ist die Identität von Zahlendem und Empfänger kein Merkmal für die Entgeltlichkeit der Leistung[261]. Wichtig ist lediglich, dass die Leistung bezahlt werden soll. Negativ liegt Entgeltlichkeit dann nicht vor, wenn die Leistung aus öffentlichen Mitteln finanziert wird und ohne geldwerte Gegenleistung erbracht wird[262] oder sie keine Teilnahme am Wirtschaftsleben darstellt. Der Bauunternehmer, der für die Öffentliche Hand ein Bauwerk errichtet, verfolgt unzweifelhaft den Zweck, den Werklohn zu erhalten, um damit seine Kosten zu decken und Gewinne zu erwirtschaften. Zwar werden öffentliche Bauaufträge aus öffentlichen Mitteln finanziert, aber die Bauleistung selbst wird gerade für die geldwerte Gegenleistung, den Werklohn erbracht. Festzuhalten gilt es, dass die Bauunternehmer der öffentlichen Hand eine entgeltliche Leistung anbieten.

d) Grenzüberschreitung

Weiteres konstitutives Element der Dienstleistungsfreiheit ist das grenzüberschreitende oder transnationale[263] Moment der Leistung. Der grenzüberschrei-

---

256 *Randelzhofer/Forsthoff,* in: Grabitz/Hilf, Das Recht der Europäischen Union, Art. 59 EGV Rn. 34ff.; *Holoubek,* in: Schwarze, EUV/EGV, Art. 50 EGV Rn. 7; *Troberg,* in: G/T/E, EUV/EGV, Art. 60 EGV Rn. 7; *Kluth,* in: Calliess/Ruffert, EUV/EGV, Art. 49, 50 EGV Rn. 7.

257 *Jarass*, EuR 1986, 75, 78; *Schöne*, Dienstleistungsfreiheit in der EG und deutsche Wirtschaftsaufsicht, S. 34; *Hailbronner*, in: HK EUV/EGV, Art. 60 Rn. 10.

258 *Bleckmann*, EuR 1987, 28, 32.

259 *Holoubek,* in: Schwarze, EUV/EGV, Art. 50 EGV Rn. 7.

260 *Jarass*, EuR, 1986, 75, 78.

261 EuGH v. 26.04.88, Slg. 1988, 2085 Rn. 16; *Holoubek,* in: Schwarze, EUV/EGV, Art. 50 EGV Rn. 7; *Hailbronner*, in: HK EUV/EGV, Art. 60 EGV Rn. 11.

262 EuGH v. 27.09.88, Slg. 1988, 5365 Rn. 17; EuGH v. 07.12.93, Slg. 1993, I-6447 Rn. 15f.

263 *Troberg,* in: G/T/E, EUV/EGV, Art. 60 EGV Rn. 8; *Hailbronner*, in: HK EUV/EGV, Art. 60 EGV Rn. 4.

tende Bezug wird in Art. 49 Abs. 1 EGV dahingehend thematisiert, dass ein Angehöriger eines Mitgliedstaates eine Dienstleistung an eine Person erbringt, die in einem anderen Mitgliedstaat ansässig ist als er selber. Art. 50 S. 3 EGV erlaubt dem Dienstleister zur Erbringung der Leistungen, seine Tätigkeit vorübergehend in dem Staat auszuüben, in dem die Leistung erbracht wird. Die Regelung des freien Dienstleistungsverkehrs beinhaltet also zwei Vorschriften, die sich mit dem grenzüberschreitenden Bezug auseinandersetzen. Der EuGH hat diese Formulierung dahingehend konkretisiert, dass der grenzüberschreitende Bezug schon dann gegeben ist, wenn die an der Dienstleistung Beteiligten in unterschiedlichen Mitgliedstaaten ansässig sind[264]. Ausgangspunkt ist hiernach stets die Ansässigkeit des Dienstleistungserbringers in einem Mitgliedstaat und die Ansässigkeit des Empfängers in einem anderen Mitgliedstaat. Der Erbringer kann seine Tätigkeit in jedem Mitgliedstaat anbieten und vornehmen[265]. Die hier beschriebene *aktive Dienstleistungsfreiheit* ist der Standardfall, der auch unmittelbar in Art. 50 S. 3 EGV beschrieben wird[266]. Daneben ist der Fall der *passiven Dienstleistungsfreiheit* vom Wortlaut erfasst: Der Empfänger begibt sich in den Mitgliedstaat, wo der Erbringer ansässig ist. Auch wenn sich diese Dimension zunächst als bloßes Spiegelbild der aktiven Seite darstellt, so beinhaltet sie dennoch insofern eine Erweiterung, als in den persönlichen Schutzbereich nicht nur Erwerbstätige einbezogen sind, sondern in dieser Dimension auch Nicht-Erwerbstätige als Anknüpfungspunkte der Dienstleistungsfreiheit bei der konkreten Transaktion geschützt sind[267]. Hierbei handelt es sich jedoch nur um eine Scheinerkenntnis, denn bei der aktiven Dienstleistungsfreiheit ist der Empfänger – also auch ein Nichterwerbstätiger – einer Dienstleistung ebenso geschützt, auch wenn er in den meisten Konstellationen dieses Schutzes nicht bedarf. Spezieller sind die Fallkonstellationen, die zu der dritten Kategorie, den sogenannten *Korrespondenzdienstleistungen* gehören. Anknüpfungspunkt ist hierbei die Grenzüberschreitung der Dienstleistung selbst. Empfänger und Erbringer verbleiben an ihrem jeweiligen Ansässigkeitsort und lediglich die Dienstleistung überschreitet die Grenze. Diese Dimension ist ein Ausfluss der produktbezogenen Sichtweise der Dienstleistungsfreiheit. Auch hier wird noch daran angeknüpft, dass Erbringer und Empfänger in unterschiedlichen Orten ansässig sind. Dennoch werden allein nach diesem System noch Liberalisierungslücken gesehen[268] und die entscheidende Zielsetzung des Art. 49 EGV – die Öffnung der

---

[264] EuGH v. 10.05.95, Slg. 1995, I-1141 Rn. 21.

[265] *Holoubek,* in: Schwarze, EUV/EGV, Art. 49 EGV Rn. 47.

[266] *Hailbronner*, in: HK EUV/EGV, Art. 60 Rn. 6.

[267] *Holoubek,* in: Schwarze, EUV/EGV, Art. 49 EGV Rn. 50.

[268] *Troberg,* in: G/T/E, EUV/EGV, Art. 60 EGV Rn. 10.

einzelnen nationalen Märkte für Dienstleistungen[269] – werde nicht vollständig erreicht.

Daher bleibt die Ansässigkeit des Empfängers unberücksichtigt; Ausgangspunkt ist ausschließlich die Ansässigkeit des Erbringers. Übt er eine Tätigkeit aus oder bietet er eine Leistung an, die auslandsbedingt ist, so ist der grenzüberschreitende Bezug gegeben[270]. Eine Leistung ist dann auslandsbedingt, wenn die vorgenommene oder intendierte Leistung ohne das betroffene andere Land nicht möglich ist. Die Fälle der aktiven und der passiven Dienstleistungsfreiheit sind hiervon umfasst: Begibt der Erbringer sich ins EU-Ausland, und führt er dort seine Tätigkeit aus, dann ist seine Leistung auslandsbedingt. Kommt ein EU-Ausländer zu ihm und nimmt seine Leistungen in Anspruch, dann ist diese auch auslandsbedingt. Für die Auslandsbedingtheit reicht auch die Grenzüberschreitung der Dienstleistung selbst aus. Erfasst werden nun auch die Fälle, in denen Erbringer und Empfänger im gleichen Mitgliedstaat ansässig sind, die Tätigkeit aber gleichwohl einen Auslandsbezug aufweist. So, wenn beide sich ins Ausland begeben, um dort die Leistung auszuführen (Fall des mitgenommenen Fremdenführers), wenn nur einer ins Ausland fährt, um die Leistung dort vorzubereiten und sie dann im Inland erbringt (Fall des Journalisten, der im Ausland für eine inländische Zeitung recherchiert). Hier sind die Leistungen jeweils auslandsbedingt und eine Schutzbedürftigkeit der Leistungen ist gegeben. Nur durch die weite Auslegung des Auslandsbezuges kann eine vollständige Öffnung der Dienstleistungsmärkte erreicht werden. Zudem werden rein inländische Sachverhalte von der europäischen Dienstleistungsfreiheit sachgerecht abgegrenzt. Nur wenn alle wesentlichen Elemente der fraglichen Betätigung nicht über die Grenzen eines Mitgliedstaates hinausweisen, liegt Dienstleistungsverkehr im Sinne des Vertrages nicht vor[271]. Die Auslegung der Vorschriften des Dienstleistungsverkehrs über den Wortlaut hinaus unterliegt im Europarecht wegen der Gültigkeit der Verträge in allen Sprachen der Mitgliedstaaten nicht in gleichem Maße den Bedenken wie im nationalen Recht. Zudem haben sich das Leitbild und der Stellenwert von Dienstleistungen in der letzten Zeit gewandelt. Es ist gerade das Ziel von Art. 49 EGV, die Beschränkungen der Dienstleistungsfreiheit solcher Personen zu beseitigen, die nicht in dem Staat niedergelassen sind, in dessen Gebiet die Dienstleistung erbracht werden soll[272]. Bleckmann führt noch eine weitere Kategorie der auslandsbedingten Dienstleistungen an, die

---

[269] *Holoubek*, in: Schwarze EUV/EGV, Art. 49 EGV Rn. 46.

[270] *Schöne*, Dienstleistungsfreiheit, S. 37.

[271] EuGH v. 18.03.80, Slg. 1980, 833 Rn. 9; v. 26.02.91, Slg. 1991, I-727 Rn. 9; v. 23.04.91, Slg. 1991, I-1979 Rn. 37.

[272] *Troberg*, in: G/T/E, EGV/EUV, Art. 59 EGV Rn. 2.

nach seiner Ansicht vom Schrifttum übersehen worden sei: Ein Unionsbürger beauftragt einen Dienstleistungserbringer in einem anderen EU-Mitgliedstaat. Die Leistung soll jedoch vom Erbringer an einen in dessen Inland wohnenden Empfänger erbracht werden[273]. Den Auslandsbezug hat hier die Gegenleistung – also die Bezahlung. Die Leistung selbst, auf deren Sichtweise es entscheidend ankommt, um das Erfordernis der andersstaatlichen Ansässigkeit in den Griff zu bekommen, weist jedoch keinen Auslandsbezug auf[274]. Wenn mit *Bleckmann* auch diese Fallgruppe anerkannt wird, dann liegt keine produkt- oder tätigkeitsbezogene Beurteilung der Dienstleistungsfreiheit vor, sondern es reicht aus, wenn eine Person aus dem EU-Ausland rechtlich beteiligt ist. Der EuGH hat diese Fallgruppe im Urteil *Bond van Adverteerdes* nicht ausdrücklich anerkannt, obwohl er Gelegenheit dazu gehabt hätte[275]. Zudem entsteht bei dieser Fallgruppe kein Liberalisierungsdruck, um die Öffnung der nationalen Märkte zu erreichen und der Bezahlvorgang als solcher ist durch den freien Kapital- und Zahlungsverkehr geschützt[276]. Ein besonderer Schutz des Dienstleistungserbringers, -empfängers und der dritten Person im Ausland, die bezahlt, ist nach der typischen Beschränkungsmotivation der Mitgliedstaaten auch nicht notwendig. Sofern der Auftraggeber sich zur Auftragserteilung in den anderen Mitgliedstaat begibt, ist er hinreichend von der Personenfreizügigkeit geschützt. Wenn der Erbringer einer Dienstleistung sich auch in der vierten Konstellation auf den freien Dienstleistungsverkehr berufen darf, dann kann jeder Sachverhalt zu einem grenzüberschreitenden werden, weil der Empfänger selbst über die Einschaltung einer ausländischen Auftragsperson den grenzüberschreitenden Bezug herstellen kann. Die begrenzte Schutzfunktion des freien Dienstleistungsverkehrs erweitert sich dann zu einer allgemeinen Garantie der Gewerbefreiheit[277].

Bauunternehmer, welche sich in Deutschland um einen Auftrag einer öffentlichen Stelle bewerben, weisen den nötigen Auslandsbezug in jedem Falle dann auf, wenn sie im Ausland ansässig sind. Inländische Unternehmen hingegen könnten sich jedoch nur dann auf den freien Dienstleistungsverkehr berufen,

---

273 *Bleckmann*, EuR 1987, 28, 29.

274 Kein Auslandsbezug bei Leistung zwischen zwei Gebietsansässigen, *Troberg*, in: G/T/E, EUV/EGV, Vor Art. 60 Rn. 8.

275 EuGH v. 26.04.98 Slg. 1998, I-2085 Rn. 14.

276 *Glaesner,* in: Schwarze EUV/EGV, Art. 56 EGV Rn. 8. Die primärrechtliche Verbürgung des Zahlungsverkehrs besteht jedoch erst seit dem 01.01.94, so dass sich der Ansatz *Bleckmanns* mit der 1987 noch bestehenden Lücke im Schutz durch die Grundfreiheiten erklären lässt; vergleiche *Bleckmann*, EuR 1987, 28, 31; *Glaesner,* in: Schwarze EUV/EGV, Art. 56 EGV Rn. 6 zur unmittelbaren Anwendbarkeit der Kapitalverkehrsfreiheit.

277 So intendiert es *Bleckmann*, Europarecht Rn. 755f.

wenn die Leistung auslandsbedingt ist. Zu denken wäre bei ihnen höchstens an den Zukauf von Einzelleistungen durch den Erbringer bei Subunternehmern im Ausland. Fraglich ist jedoch, ob ein solcher Bezug schon für die Auslandsbedingtheit der Bauleistung selbst ausreicht. Der EuGH scheint die Frage der Auslandsbedingtheit jedoch nicht so weit auszulegen, dass irgendeine Verbindung mit dem Ausland ausreicht. Vielmehr muss die erbrachte Leistung selbst auslandsbedingt sein. Zumindest sind die bisher entschiedenen Fälle insoweit eingeschränkt. Das Leistungsverhältnis zwischen dem in Deutschland ansässigen Bauunternehmer und dem deutschen Staat ist daher nicht als auslandsbedingt einzustufen und somit nicht unter den freien Dienstleistungsverkehr zu subsumieren. Dennoch sind die Leistungsbeziehungen zwischen dem deutschen Unternehmer und dem ausländischen Erbringer von Einzelleistungen ihrerseits dem freien Dienstleistungsverkehr zuzurechnen. Da die Ländervergabegesetze in den vorgesehenen Tariftreueerklärungen verlangen, dass nicht nur die direkten Vertragspartner der öffentlichen Hand – also der sich direkt um den Auftrag Bewerbende – die jeweils geltende Tariflöhne bezahlt, sondern auch die entsprechenden Subunternehmer, ist das Dienstleistungsverhältnis zwischen dem Hauptunternehmer und dem Subunternehmer auch betroffen. Wenn man davon ausgeht, dass der Hauptunternehmer Empfänger der Leistungen ist, so wird die Leistung vom Ausland an den Hauptunternehmer erbracht. Grenzüberschreitender Bezug liegt damit vor und der Hauptunternehmer ist in seiner passiven Dienstleistungsfreiheit betroffen. Das Leistungsverhältnis könnte jedoch europarechtlich auch zwischen dem Auftragnehmer und dem Subunternehmer bestehen. Diese Einordnung würde jedoch an dem grenzüberschreitenden Bezug nichts ändern. Zudem hatte der EuGH in dem Kabelfernsehfall *Bond Van Adverteerdes*[278] eine ähnliche Konstellation zu überprüfen: Unter anderen wandte sich der niederländische Werbewirtschaftsverband gegen eine niederländische Regelung, die die Verbreitung von ausländischen Fernsehsendungen verbot, die speziell an die niederländische Öffentlichkeit adressiert waren oder ohne Genehmigung niederländische Untertitel aufwiesen. Interessant in unserem Zusammenhang ist die Bejahung der Dienstleistungsfreiheit in zwei Konstellationen. Dienstleistungsverträge im weiteren Sinne[279] lagen hier zwischen der jeweiligen niederländischen Werbefirma und der ausländischen Sendeanstalt vor. Die Werbefirma zahlte als Empfängerin der Ausstrahlungsleistung an den Erbringer der Leistung – die Sendeanstalt. In diesem Verhältnis hat der EuGH die Grenzüberschreitung bejaht. Weiterhin hat die beteiligte niederländische Kabelgesellschaft dafür bezahlt, ihr Programm an die niederländischen Haushalte zu verteilen. Auch für

---

278 EuGH v. 26.04.88, Slg. 1988, 2085.

279 Das sind solche, die zwar den geschützten Tätigkeiten in Art. 49ff. EGV entsprechen, jedoch nicht zwingend grenzüberschreitend sind.

dieses Leistungsverhältnis zwischen der ausländischen Sendeanstalt und dem inländischen Kabelbetreiber hat der EuGH den grenzüberschreitenden Bezug bejaht. Das Dienstleistungsverhältnis im weiteren Sinne zwischen der Kabelgesellschaft und den für die Programme zahlenden Kunden sowie das Rechtsverhältnis zwischen der Kabelgesellschaft und der Werbefirma hat der EuGH nicht unter den freien Dienstleistungsverkehr subsumiert. Es handelt sich hierbei tatsächlich nicht um grenzüberschreitende Sachverhalte, weil die beiden Vertragspartner jeweils im gleichen Mitgliedstaat ansässig sind. Die Beschränkung war hier ein Ausstrahlungsverbot. Sie bezog sich also nur direkt und unmittelbar auf das Verhältnis zwischen Kabelgesellschaft und dem Fernsehzuschauer. Natürlich hatte die Maßnahme auch Auswirkungen auf die Dienstleistungsverhältnisse im engeren Sinne. Bemerkenswert ist jedoch, dass der niederländische Werbewirtschaftsverband sich auch bei der entfernteren Beschränkung auf den freien Dienstleistungsverkehr berufen durfte. Folge in unserem Zusammenhang ist, dass der inländische Auftragsbewerber, der in seinem inländischen Dienstleistungsverhältnis direkt und unmittelbar durch die Tariftreueerklärung belastet wird, und sich diese Beschränkung auf ein mit grenzüberschreitendem Bezug bestehenden Dienstleistungsverhältnis auswirkt, sich bei der Beschränkung auf den freien Dienstleistungsverkehr berufen kann. Dies liegt jedoch nicht an einer weitergehenden Auslegung des Begriffes des grenzüberschreitenden Bezuges oder der Auslandsbedingtheit, sondern an einer weiten Auslegung des Beschränkungsbegriffes.

Dienstleistungsfreiheit kommt somit zum Tragen, wenn eine an der Dienstleistung beteiligte Person die Grenze überschreitet oder die Dienstleistung selbst. Insofern ist die Dienstleistungsfreiheit zugleich Produktverkehrsfreiheit und Personenverkehrsfreiheit[280]. Grenzüberschreitender Bezug ist somit in denjenigen Fällen gegeben, wenn ein eu-ausländischer Unternehmer in Deutschland sich um einen Auftrag bewirbt und dann, wenn sich ein zwar inländischer Unternehmer bewirbt, er dabei jedoch Dienstleistungen aus dem EU-Ausland zur Vertragserfüllung einsetzt. Verallgemeinernd kann der Auslandsbezug jedoch nur dann hergestellt werden, wenn die Beschränkung sich gleichfalls auf das inländische wie auch auf das ausländische Dienstleistungsverhältnis auswirkt. Durch die Subunternehmerklausel in den geforderten Tariftreueerklärungen ist das grenzüberschreitende Leistungsverhältnis stets auch von der Tariftreue erfasst.

---

[280] *Jarass*, EuR 2000, 705, 707.

e) Abgrenzung zum Warenverkehr

Ebenso kann Dienstleistung im Gemeinschaftsrecht nur das sein, was nicht Warenverkehr, Kapitalverkehr, oder Personenfreizügigkeit ist[281]. Die Dienstleistungsfreiheit scheint somit die Aufgabe eines Auffangtatbestandes für grenzüberschreitende Betätigung zu erfüllen. Die Abgrenzung der Bauleistungen zu der Warenverkehrsfreiheit ist durch das nachgefragte bestimmte „know-how" gegeben[282]. Da die Erbringung von Bauleistungen jedoch mit der Lieferung der benötigten Baumaterialien verbunden ist, stellt sich die Frage der Abgrenzung zu der Warenverkehrsfreiheit noch auf der Beschaffungsebene der Bauausgangsstoffe. Diese Abgrenzung erfolgt anhand des Schwerpunktes der Leistung[283]. Bevor jedoch auf den Schwerpunkt der Leistung abgestellt werden kann, gilt es festzustellen, welche Materialien grundsätzlich unter die Warenverkehrsfreiheit fallen – bei welchen Stoffen ein Kollisionsproblem entsteht. Materialien, die im Ausland beschafft wurden und über die Grenze nach Deutschland transportiert werden, fallen grundsätzlich unter die Warenverkehrsfreiheit. Fraglich ist, ob Materialien, die von dem ausländischen Bauunternehmer in Deutschland gekauft und dann verarbeitet wurden, auch der Warenverkehrsfreiheit unterfallen können. Der grenzüberschreitende Bezug bei der Warenverkehrsfreiheit liegt jedoch nur dann vor, wenn die Ware selbst die Grenze überquert[284]. Somit stellt sich das Abgrenzungsproblem nur hinsichtlich der Materialien, die der Bauunternehmer für die Erstellung seines Werkes über die Grenze nach Deutschland einführt. Neben dem Schwerpunkt ist dabei entscheidend, ob die Einfuhr der Materialien nur in Verbindung mit einer Dienstleistung sinnvoll ist[285]. Der EuGH hat diesen Fall für die Einfuhr von Losen und Werbematerial für die Durchführung einer Lotterie entschieden[286]. Dieses Material war speziell auf die Lotterie, welche die Dienstleistung darstellt, bezogen. Seine Einfuhr macht so ausschließlich mit der Durchführung der Lotterie Sinn. Der Unternehmer, der Materialien für einen Auftrag einführt, will sie auch hier verwenden. Bei den eingeführten Materialien handelt es sich um solche, die dem Unternehmer bekannt sind, die er also gut verarbeiten und unproblematisch beschaffen und deren Preis er ohne Schwierigkeiten bei der Angebotskalkulation berücksichtigen kann. Insgesamt ist davon auszugehen, dass die Einfuhr der Materialien nur im

---

[281] Art. 50 Abs. 1 EGV.

[282] Vergleiche § 4 A.I.1.b).

[283] *Schöne*, Dienstleistungsfreiheit in der EG und deutsche Wirtschaftsaufsicht, S. 57; *Wetzel*, Die Dienstleistungsfreiheit nach den Artikeln 59-66 des EWG-Vertrages, S. 48f.

[284] *Epiney*, in: Calliess/Ruffert, EUV/EGV, Art. 28 EGV Rn. 43.

[285] *Epiney*, in: Calliess/Ruffert, EUV/EGV, Art. 28 EGV Rn. 55.

[286] EuGH v. 24.03.94 Slg. 1994, I-1039 Rn. 20ff.

Zusammenhang mit der Errichtung des Bauwerkes sinnhaft ist. Der Schwerpunkt der Bauleistung ist im Hinblick auf den geringen Anteil der Materialien an den Gesamtkosten und vor allem dem Gegenstand der Leistung, welche in hohem Maße Wissen, Logistik und Arbeitskraft beinhaltet, auf die Dienstleistung zu legen. Damit ist die einschlägige Grundfreiheit stets die Dienstleistungsfreiheit.

f) Abgrenzung zur Niederlassungsfreiheit

Problem bei der Abgrenzung zur Niederlassungsfreiheit ist, dass inhaltlich gleiche Tätigkeiten die Ausübung der Dienstleistungsfreiheit und der Niederlassungsfreiheit darstellen können[287]. Anerkannt ist heute die eigenständige und gleichrangige Bedeutung der beiden Grundfreiheiten[288]. Regelungstechnisch ordnet Art. 50 S. 1 EGV an, dass eine Dienstleistung im Sinne der Dienstleistungsfreiheit nur dann vorliegt, wenn die Tätigkeit nicht einer anderen Freiheit, insbesondere der Niederlassungsfreiheit, unterliegt. Dieser Vorschrift wird daher neben einem Abgrenzungsgebot auch entnommen, dass bei unlösbaren Abgrenzungsfragen der Niederlassungsfreiheit der Vorrang gewährt werden muss[289]. Eine solche Handhabung stellt jedoch keine Lösung, sondern eine Umgehung des Abgrenzungsproblems dar. Auch die Herausstreichung des Dienstleistungsmarktes als stark wachsendem Wirtschaftsbereich, welcher für eine stärkere Betonung der Eigenständigkeit der Dienstleistungsfreiheit herangezogen wird, überzeugt nicht, weil Dienstleistungen im wirtschaftlichen Sinne in einem erheblichen Umfang unter die Niederlassungsfreiheit fallen[290]. Sowohl die Dienstleistungsfreiheit als auch die Niederlassungsfreiheit stellen als besondere Ausprägungen des Diskriminierungsverbotes nach Art. 12 EGV unverzichtbare Bestandteile der Verwirklichung des EG-Binnenmarktes und der Freiheit der Wirtschaftsräume dar[291]. So evident richtig diese Aussage sein mag, so nichtssagend ist sie für die hier gestellte Abgrenzungsfrage. Dennoch wird sie immer wieder zur Rechtfertigung der Gleichberechtigung der Dienstleistungsfreiheit gegen-

---

287 *Bühnemann*, Gemeinsamer Markt, S. 27.

288 *Biagosch*, Europäische Dienstleistungsfreiheit und deutsches Versicherungsvertragsrecht, S. 59ff.

289 *Ipsen*, EuR 1978, 199, 227; *Marwede*, Die integrationspolitische Bedeutung der Dienstleistungsfreiheit, S. 26; dagegen *Wetzel*, Dienstleistungsfreiheit, S. 16, der für die Nähe von Niederlassungsfreiheit und Dienstleistungsfreiheit lediglich technische Gründe sieht, die keine Aussage über ein Rangverhältnis treffen. Für Subsidiarität auch *Haller*, Das Aufenthaltsrecht der Unionsbürger in Deutschland, S. 30; *Fischer*, Europarecht, S. 529.

290 *Wetzel*, Dienstleistungsfreiheit, S. 16.

291 *Früh*, GewArch 1998, 402, 403.

über den anderen Grundfreiheiten herangezogen[292]. Die gleichrangige Bedeutung der Dienstleistungsfreiheit neben der Niederlassungsfreiheit ergibt sich jedoch aus anderen Argumenten: So ist die Dienstleistungsfreiheit gleichrangig in Art. 3 S. 1 lit. c EGV[293] erwähnt und ihr ist ebenso wie der Niederlassungsfreiheit ein eigenes Kapitel im III. Titel des EGV gewidmet[294]. Auch der Verweis auf Vorschriften der Niederlassungsfreiheit in Art. 55 EGV ist lediglich eine redaktionelle Vereinfachung[295], die möglich war, weil die dortigen Regelungen auch für die Dienstleistungsfreiheit nötig und angemessen erschienen[296]. Zudem unterstreicht die nur eingeschränkte Verweisung auf nur vier Vorschriften der Niederlassungsfreiheit den eigenständigen Gehalt der Dienstleistungsfreiheit[297]. Notwendig ist somit das Finden klarer Abgrenzungskriterien statt des Ausweichens auf eine reine Vorrangregel.

Vorab sei auf ein Abgrenzungskriterium hingewiesen, welches auf den ersten Blick alle Probleme zu lösen scheint: Art. 50 S. 3 EGV spricht von der „vorübergehenden" Tätigkeit in einem anderen Staat. Denkbar wäre genau hier die Unterscheidung zwischen Dienstleistungsfreiheit – nur vorübergehend – und Niederlassungsfreiheit – länger als vorübergehend – zu ziehen. Autoren, die die „vorübergehende Leistungserbringung" als konstitutives Element der Dienstleistungsfreiheit ansehen, werden diesen Weg gehen[298]. Dieser Weg ist jedoch nicht vertretbar, wenn man von einem einheitlichen Begriff der Dienstleistung im Sinne der Art. 49ff. EGV ausgeht, denn Art. 50 S. 3 EGV formuliert lediglich, dass der Aufenthalt des Leistungserbringers vorübergehend ist[299]. Wenn man sich von einer personenbezogenen Sichtweise der Dienstleistungsfreiheit lösen und wie der EuGH[300] zu einer produktbezogenen finden will, so kann es sich nicht um ein konstitutives Element der Dienstleistungsfreiheit handeln. Zudem

---

292 So auch *Schöne*, Dienstleistungsfreiheit, S. 47; *Vignes*, Annuaire Français de droit International, 1961, 681f.; *Platz*, EWG-Niederlassungsrecht, S. 25f.

293 *Biagosch*, Europäische Dienstleistungsfreiheit und deutsches Versicherungsvertragsrecht, S. 60.

294 *Lagrange*, Gutachtliche Stellungnahme zu dem neuen Kurs der Dienste der Kommission auf dem Gebiet der Dienstleistungsfreiheit in der Schadensversicherung, S. 4.

295 *Biagosch*, Europäische Dienstleistungsfreiheit und deutsches Versicherungsvertragsrecht, S. 61.

296 *Troberg*, in: G/T/E, EUV/EGV, Vor 59-66 EGV Rn. 11; *Steindorf*, Dienstleistungsfreiheit im EG-Recht, RIW 1983, 831, 832.

297 *Steindorf*, Dienstleistungsfreiheit im EG-Recht, RIW 1983, 831, 832.

298 *Randelzhofer/Forsthoff*, in: Grabitz/Hilf, Das Recht der EU, Art. 49/50 EGV Rn. 32f.

299 *Holoubek*, in: Schwarze EGV/EUV, Art. 49 EGV Rn. 55.

300 *Troberg*, in: G/T/E, EUV/EGV, Art. 59 EGV Rn. 6

ließe sich die Fallgruppe der „Korrespondenzdienstleistungen" nicht mehr dogmatisch sauber unter den Dienstleistungsbegriff subsumieren. Versicherungsverträge sind Klassiker der Korrespondenzdienstleistungen und werden in großer Zahl für lange Zeiträume geschlossen. Das Merkmal „vorübergehend" kann höchstens für die Beratungsleistungen bei Abschluss des Vertrages als erfüllt angesehen werden. Die Leistung selbst ist langfristig. Eine Subsumtion unter die Niederlassungsfreiheit ist bei diesem Leistungsverhältnis schon begrifflich vielfach ausgeschlossen, ein Ausschluss aus dem Schutzbereich der europarechtlichen Grundfreiheiten unvorstellbar. Einschlägig ist trotz fehlendem vorübergehenden Elements die Dienstleistungsfreiheit. Die Erbringung von Bauleistungen erfordert den Aufenthalt in einem anderen Mitgliedstaat und stellt somit einen Fall der aktiven Dienstleistungsfreiheit dar. Art. 50 S. 3 EGV und der Begriff „vorübergehend" könnte hier Anwendung finden. Somit ist das zeitliche Kriterium hier nicht konstitutives Element, jedoch bei der Abgrenzung aktive Dienstleistungserbringungsfreiheit/ Niederlassungsfreiheit nicht per se unzulässig[301].

Ausgangspunkt für die Abgrenzungsfrage sind zunächst die Fälle, die eindeutig einer der beiden Grundfreiheiten zuzuordnen sind. Wenn im Bestimmungsstaat eine ständige Präsenz gegründet ist, von der aus Aufträge angenommen und ausgeführt werden, so ist der Sachverhalt eindeutig der Niederlassungsfreiheit zuzuordnen. Wenn hingegen nur in einem geringen Umfang Leistungen in einem anderen Bestimmungsland ausgeführt werden, die Aufträge nur einen kleinen Teil der Gesamtaufträge des Unternehmens ausmachen, Ausgangspunkt der Leistungen ein anderes als das Bestimmungsland ist und kein fester Ansprechpartner im Bestimmungsland vorhanden ist, so ist der Sachverhalt unter die Bestimmungen der Dienstleistungsfreiheit zu subsumieren. Problematisch wird der Fall dann, wenn die Auftragserbringung einen längeren Zeitraum erfasst, der Unternehmer mehr als einen Auftrag in dem Bestimmungsland erbringt oder eine irgendwie geartete Präsenz im Bestimmungsland unterhält. Bauaufträge ziehen sich in der Regel über einen längeren Zeitraum hin und erfordern somit zumindest die Einrichtung eines Büros am Ort der Auftragsausführung. Zudem binden bei kleineren Unternehmen Aufträge häufig die gesamten oder zumindest große Teile der Unternehmenskapazitäten. Wenn dann noch mehrere Aufträge nacheinander in einem bestimmten anderen Bestimmungsland durchgeführt werden, so wird die Zuordnung zur Dienstleistungsfreiheit immer fraglicher.

---

301 So *Randelzhofer/Forsthoff*, in: Grabitz/Hilf, Recht der EU, Art. 49/50 Rn. 33, die das zeitliche Kriterium nur bei der Abgrenzung in Fällen der aktiven Dienstleistungsfreiheit anwenden.

aa) Zeitliches Kriterium des EuGH

Der EuGH löst das Abgrenzungsproblem mit zwei verschiedenen Abgrenzungsrichtungen. Zum einen stellt er den vorübergehenden Charakter einer Tätigkeit anhand zeitlicher Kriterien fest. Die Dauer der Leistung, ihre Häufigkeit, regelmäßige Wiederkehr und Kontinuität werden zur Abgrenzung herangezogen[302]. Wer stetig und dauerhaft am Wirtschaftsleben einer anderen Volkswirtschaft teilnimmt, unterfällt den Vorschriften über die Niederlassungsfreiheit[303]. Dennoch schließt die Schaffung einer bestimmten Infrastruktur – wie die Anmietung eines Büros oder die Einrichtung einer Kanzlei – die Berufung auf die Dienstleistungsfreiheit nicht aus, wenn das zeitliche Kriterium noch einen vorübergehenden Charakter der Tätigkeit indiziert und die geschaffene Infrastruktur für die Tätigkeit erforderlich ist[304]. Dabei kommt es nicht auf die absolute Dauer und eine absolut festgelegte Art der geschaffenen Infrastruktur an, sondern diese Maße sind dynamisch anhand der Art der Dienstleistung zu konkretisieren[305]. Die dynamische Konkretisierung ist erforderlich, damit bei umfangreichen Tätigkeiten die Anwendbarkeit der Dienstleistungsfreiheit nicht wegen des Umfangs der Tätigkeiten ausgeschlossen ist. Zudem sollen die Gestaltungsmöglichkeiten[306] bei der grenzüberschreitenden Leistungserbringung nicht auf bestimmte Anbieter begrenzt werden[307]. Wichtig ist, dass das Vorhandensein einer bestimmten Infrastruktur – wie eines Büros – allein noch nicht für den Ausschluss der Anwendbarkeit der Dienstleistungsfreiheit spricht[308]. Im Einzelfall sei auf die Kriterien Dauer, Häufigkeit, Periodizität und Kontinuität der Tätigkeit unter Berücksichtigung ihrer Art abzustellen[309].

---

302 EuGH v. 30.11.95, Slg. 1995, I-4165 Rn. 25ff.

303 EuGH v. 06.02.97, Slg. 1997, I-3395 Rn. 24.

304 EuGH v. 30.11.95, Slg. 1995, I-4165 Rn. 26f.

305 *Bühnemann*, Gemeinsamer Markt, S. 29; *Wetzel*, Dienstleistungsfreiheit, S. 56; angedeutet bei *Holoubek*, in: Schwarze EUV/EGV, Art. 50 EGV Rn. 12.

306 Die Wahlfreiheit zwischen den Vertragsfreiheiten voraussetzend *Troberg*, in: G/T/E, EUV/EGV, Vor Art. 59-66 EGV, Rn. 6.

307 *Wetzel*, Dienstleistungsfreiheit, S. 56.

308 EuGH v. 30.11.95, Slg. 1995, I-4165 Rn. 27; EuGH v. 12.12.96, Slg. 1996, I-6511 Rn. 21.

309 EuGH v. 12.12.96, Slg. 1996, I-6511 Rn. 22.

bb) Subjektives Kriterium des EuGH

Die andere Abgrenzungsformel des EuGH stellt darauf ab, ob der Unternehmer seine Tätigkeit ganz oder vorwiegend auf die Erbringung der Leistung im Ausland ausrichtet, um sich dadurch den Vorschriften für die niedergelassenen Unternehmer im Bestimmungsland zu entziehen[310]. Hierbei handelt es sich um ein finales Kriterium, und zwar die Ausrichtung des Unternehmens, welches in dem konkreten Fall vom EuGH mit dem Missbrauchsgedanken der Dienstleistungsfreiheit verknüpft worden ist. Der letztere Aspekt scheint jedoch nicht von entscheidender Bedeutung zu sein. Das Primat liegt auf dem Willen oder der Absicht des Unternehmers, so dass auch andere Indizien hier zurücktreten müssen. Wenn ein Dienstleistungserbringer von vornherein und ganz überwiegend seine Leistung in einem anderen Mitgliedstaat erbringen will, so unterfällt er der Dienstleistungsfreiheit nämlich auch dann nicht, wenn er dort keine Präsenz in Form einer Zweigniederlassung oder eines Büros errichtet hat, sondern nur ein Büro unterhält, das von eigenem Personal oder einer Person geführt wird, die zwar unabhängig ist, aber beauftragt, für dieses Unternehmen wie eine Agentur zu handeln[311]. Entscheidend ist die Ausrichtung der Unternehmenstätigkeit. Die beiden Abgrenzungsrichtungen des EuGH schließen sich nicht aus, sondern sind als objektive und subjektive Elemente vielmehr nebeneinander verwendbar.

cc) Wertende Gesamtbetrachtung

In der Literatur wird die Aufstellung genereller Kriterien in weiten Teilen als nicht möglich erachtet[312]. Vielmehr wird einer wertenden Gesamtbetrachtung, die sämtliche Umstände mit einbezieht, der Vorrang eingeräumt. Wertungsmaßstab ist dabei die jeweilige Funktion der Niederlassungs- und der Dienstleistungsfreiheit. Funktion der Niederlassungsfreiheit ist es, sich langfristig in die Wirtschaft eines anderen Mitgliedstaates integrieren zu dürfen[313]. Werden die Produktionsfaktoren und Kostenelemente der fremden Volkswirtschaft durch eine Standortveränderung genutzt, so sprechen sie für die Anwendbarkeit der

---

310 EuGH v. 03.12.74, Slg. 1974, 1299 Rn. 13; EuGH v. 04.12.86 Slg. 1986, I-3755 Rn. 22; EuGH v. 03.02.93, Slg. 1993, I-487 Rn. 12.

311 EuGH v. 04.12.86, Slg. 1986, I-3755 Rn. 21.

312 *Bühnemann*, Die Niederlassungsfreiheit, S. 25ff.; *Marwede*, Die integrationspolitische Bedeutung der Dienstleistungsfreiheit, S. 22.

313 *Jerrentrup*, Die Niederlassungsfreiheit im Gemeinsamen Markt unter besonderer Berücksichtigung der Rechtsprechung des EuGH, S. 56; *Randelzhofer/Forsthoff*, in: Grabitz/Hilf, das Recht der EU, Art. 49/50 EGV Rn. 31.; *Hailbronner*, HK EUV/EGV, Art. 60 EGV Rn. 17.

Niederlassungsfreiheit. Wird dagegen nur die Leistung in die andere Volkswirtschaft eingebracht, so ist die Dienstleistungsfreiheit anwendbar. Vereinfacht gesagt handelt es sich dann um Niederlassungsfreiheit, wenn eine betriebliche Einheit geschaffen worden ist, die nach sachlicher Ausstattung, Dauer und Schwerpunkt der Tätigkeit in nicht unwesentlichem Maße in die Wirtschaft des Bestimmungslandes eingebunden ist[314]. Die Einbindung in die Volkswirtschaft des Bestimmungslandes stellt einen angemessenen Ansatzpunkt dar. Ein Dienstleister, der sich in eine andere Volkswirtschaft einbringt, dortige Ressourcen und Infrastrukturen nutzt, Arbeitsplätze schafft sowie Sozialabgaben und Steuern zahlt, ist tendenziell ein gerngesehener ausländischer Wirtschaftsteilnehmer. Wer dagegen bloß mit den Ressourcen aus seinem Herkunftsstaat die Leistung im Ausland erbringt und den Leistungserlös dann mitnimmt, der trägt nicht gleich gewichtig zur nationalen wirtschaftlichen Wohlstandsmehrung bei. Folge in diesem Zusammenhang ist, dass die nationalstaatliche Beschränkungsmotivation gegenüber Unternehmen, die in die Volkswirtschaft des Bestimmungslandes eingebunden sind, geringer ist als bei solchen, die in eine andere Volkswirtschaft eingebunden sind. Der EG-Binnenmarkt will jedoch beide Formen der grenzüberschreitenden Leistungserbringung gleich ermöglichen, um die volkswirtschaftlichen Vorteile der grenzüberschreitenden Leistungserbringung fruchtbar zu machen[315]. Daher braucht anderen Schutz, wer anderen Beschränkungsgefahren ausgesetzt wird, damit nicht einseitig Niederlassung gefördert wird, wo Dienstleistung die wirtschaftlichere Variante der Leistungserbringung ist. Die Unternehmer sollen im Binnenmarkt ihren Standort frei wählen und vom gewählten Ort die Freiheiten des Waren- und Dienstleistungsverkehrs nutzen dürfen[316]. Folglich ist für die Bestimmung der maßgeblichen Abgrenzungskriterien, das Maß der Einbindung des Unternehmens in die jeweils andere Volkswirtschaft bei seiner Leistungserbringung zu berücksichtigen.

Rechtsprechung und Literatur wird vorgeworfen, dass eine wertende Gesamtbetrachtung und das unbestimmte zeitliche Kriterium keine gesicherte Zuordnung der Grenzfälle ermöglicht[317]. Der eingeräumte Wertungs- und Beurtei-

---

[314] *Troberg*, in: G/T/E, EUV/EGV, Art. 52 Rn. 3ff.; *Beutler/Bieber/Pipkorn/Streil*, S. 330; *Roth*, Internationales Versicherungsvertragsrecht, S. 660; *Schlappa*, Die Kontrolle von allgemeinen Versicherungsbedingungen im deutschen Versicherungsaufsichtsrecht, S. 38f.; *Seidel*, ZVersWiss 1987, 175, 183ff; *Bühnemann*, Gemeinsamer Markt, S. 28; *Randelzhofer/Forsthoff*, in: Grabitz/Hilf, Das Recht der EU, Art. 49/50 EGV Rn. 33; *Sieveking*, Das EG-Aufenthaltsrecht für Niederlassungsberechtigte und ihre Familienangehörigen, WiVerw 1987, 179, 185; *Wetzel*, Dienstleistungsfreiheit, S. 53.

[315] *Troberg*, in: G/T/E, EUV/EGV, Vor Art. 52-58 EGV Rn. 3ff.

[316] *Troberg*, in: G/T/E, EUV/EGV, Vor Art. 52-58 EGV Rn. 3ff.

[317] *Schöne*, Dienstleistungsfreiheit, S. 44.

lungsspielraum widerspreche dem Bestimmtheitsgrundsatz und dem Grundsatz der Rechtssicherheit im EG-Recht[318]. Die Lösung wird häufig in einer Ausweitung der Dienstleistungsfreiheit gesucht. Ein Gewerbetreibender soll auch dauerhaft im Ausland tätig werden können, ohne sich dort niederlassen zu müssen[319] und den strengeren Beschränkungen unterworfen zu sein. In Wirtschaftsbereichen, die einem Anbieter erst nach einem aufwendigen Zulassungsverfahren zugänglich werden, soll die Anwendbarkeit der Dienstleistungsfreiheit nicht weitgehend eliminiert werden[320]. Zudem soll bei fehlender Niederlassung und trotz nicht nur vorübergehender Tätigkeit die Dienstleistungsfreiheit Anwendung finden[321]. Die Dauer und die Häufigkeit der Leistungserbringung sind damit keine Kriterien, die für das Vorliegen der Niederlassungsfreiheit sprechen[322]. Niederlassungsfreiheit liegt demnach nur dann vor, wenn die dauerhafte Tätigkeit auf und die Integration in die Volkswirtschaft des Bestimmungslandes durch eine feste örtliche Einrichtung indiziert wird[323]. Durch einen solchen Ansatz werden auch die Probleme gelöst, die dadurch entstehen, dass die Dienstleistungsfreiheit auf den Produzenten bezogen wird. Die Dienstleistungsfreiheit schützt jedoch daneben auch den Empfänger einer Leistung[324]. Wenn der Empfänger nur selten die Leistung eines ausländischen Anbieters annimmt, der Anbieter jedoch ständig im Ausland leistet, so wäre ein und dasselbe Leistungsverhältnis nach Dienstleistungs- und Niederlassungsfreiheit zu beurteilen. Diese Konsequenz ergibt sich jedoch nicht zwingend aus der Einbeziehung des zeitlichen Kriteriums. Zum einen ist die Beurteilung des Leistungsverhältnisses nach mehr als einer Grundfreiheit kein dogmatisches Hindernis[325]. Zum anderen bietet sich die Möglichkeit an, das Leistungsverhältnis stets nach der Art der Leistungserbringung zu beurteilen, weil der Dienstleister die entscheidende Verantwortung für die Art der Leistungserbringung trägt.

---

318 *Bleckmann*, in: FS-Carstens, Bd. 1, S. 43, 47; *ders.*, WiVerw 1987, 119, 130f.; *Feger*, Die Grundrechte im Recht der Europäischen Gemeinschaften – Bestand und Entwicklung, S 118ff.; *Gilsdorf*, RIW 1983, 22; *Gündisch*, in: Schwarze (Hrsg.), Das Wirtschaftsrecht des Gemeinsamen Marktes in der aktuellen Rechtsentwicklung, S. 97, 108ff.; *Ipsen* Europäisches Gemeinschaftsrecht, S. 733f.; *Pernice*, Grundrechtsgehalte im Europäischen Gemeinschaftsrecht, S. 27ff.

319 *Schöne*, Dienstleistungsfreiheit in der EU und deutsche Wirtschaftsaufsicht, S. 50.

320 *Hübner*, JZ 1987, 330.

321 *Schöne*, Dienstleistungsfreiheit, S. 47; *Schwintowski*, NJW 1987, 521, 524f.; *Bleckmann*, EuR 1987, 28, 29ff.

322 *Schöne*, Dienstleistungsfreiheit, S. 48.

323 *Randelzhofer/Forsthoff*, in: Grabitz/Hilf, Das Recht der EU, Art. 43 EGV Rn. 22ff.

324 Siehe oben.

325 *Bleckmann*, WiVerw 1987, 119, 132.

dd) Parallelisierung zur Warenverkehrsfreiheit

Die Lösung kann in einer stärkeren Parallelisierung zu der Warenverkehrsfreiheit gesucht werden. Der EuGH hat bereits in seinem *Van Binsbergen*-Urteil[326], wo geprüft wird, ob die Beschränkung „sachlich geboten" sei[327], die Anlehnung der Dienstleistungsfreiheit an die Warenverkehrsfreiheit angedeutet. Im Urteil *Alpine Investment*[328] hat der EuGH seine einschränkende Auslegung für die Warenverkehrsfreiheit aus dem Urteil *Keck und Mithouard*[329] auf die Dienstleistungsfreiheit übertragen. Gegen eine solche Parallelisierung spricht lediglich die Stellung der Vorschriften über die Dienstleistungsfreiheit direkt hinter den Niederlassungsvorschriften und der Verweis auf eben diese in Art. 55 EGV[330]. Jedoch ist es entscheidender, auf die materiellrechtliche Bedeutung der Dienstleistungsfreiheit im Gesamtkontext des EGV abzustellen[331], welcher sich durch die Bedeutungszunahme der Dienstleistungen im Sinne des EGV im Vergleich zu der Warenverkehrsfreiheit angenähert hat[332]. Die vertragsschließenden Parteien gingen noch von einem anderen faktischen Bedeutungsgehalt der Dienstleistungen aus[333]. Sie sahen noch nicht das Produkt im Vordergrund, sondern den Dienstleistungserbringer[334]. Kerngehalt der Dienstleistungsfreiheit ist die Schaffung eines einheitlichen Produktmarktes im Binnenmarkt zu einer optimalen Allokation wirtschaftlicher Produktionsfaktoren[335]. Insofern ist die Dienstleistungsfreiheit auf einer weiteren Integrationsstufe angesiedelt als die Niederlassungsfreiheit. Die Niederlassungsfreiheit sichert den Zugang zu den Standorten in den einzelnen nationalen Märkten, während die Dienstleistungsfreiheit jedem Unternehmen – ebenso wie die Warenverkehrsfreiheit – den Zu-

---

326 EuGH v. 03.12.74, Slg. 1974, I-1299 Rn. 14/16.

327 *Kingreen,* Die Struktur der Grundfreiheiten des Europäischen Gemeinschaftsrechts, S. 59.

328 EuGH v. 10.05.95, Slg. 1995, I-1141 Rn. 37; abweichende Interpretation des EuGH ohne Begründung *Mc Donald*, Dienstleistungsfreiheit im post-industriellen Europa, S. 54.

329 EuGH v. 24.11.93, Slg. 1993, I-6097.

330 *Kluth,* in: Calliess/Ruffert, EUV/EGV, Art. 49/50 EGV Rn. 4

331 *Hailbronner*, HK EUV/EGV, Art. 60 EGV Rn. 3.

332 *Hailbronner*, HK EUV/EGV, Art. 60 EGV Rn. 2.

333 *Randelzhofer/Forsthoff,* in: Grabitz/Hilf, Das Recht der EU, Art. 49/50 EGV Rn. 5.

334 *Troberg,* in: G/T/E, EUV/EGV, Art. 59 EGV Rn. 6.

335 *Everling,* in: Wohlfahrt/Everling/Glaesner/Sprung, Vor Art. 52 Anm. 1; *Troberg*, in: G/T/E, EUV/EGV, Vor 59 bis 66 EGV Rn. 6; „Für die Maximierung der Wirtschaftsziele des Art. 2 [heute Art. 3] EGV kommt es [...] darauf an, dass durch die betreffende Tätigkeit wirtschaftliche Leistungen erbracht werden", *Bleckmann*, Europarecht, Rn. 1616.

gang von seinem Standort in den gesamten Binnenmarkt eröffnet[336]. Die systematische Stellung des Dienstleistungskapitels zur Niederlassungsfreiheit und der Verweis in Art. 55 EGV sind neben dem Aspekt der persönlichen Grenzüberschreitung mit der Gleichartigkeit der aufzuhebenden Beschränkungen zu erklären, die durch Vorschriften der innerstaatlichen Rechtsordnung bestehen[337]. Die Dienstleistungsfreiheit ist somit parallel zu der Warenverkehrsfreiheit als Schutz des freien Verkehrs von Dienstleistungen zu sehen[338]. Funktionell sind beide Freiheiten auf die Herstellung größtmöglicher Produktmobilität gerichtet[339]. Aus der Notwendigkeit dieser parallelen Sichtweise, die allein einen umfassenden Binnenmarkt sichern kann, folgt jedoch auch, dass die Häufigkeit der Leistungserbringung als Abgrenzungsmaßstab zur Niederlassungsfreiheit nicht zwingend, sondern höchstens von untergeordneter Tragweite sein kann. Die Warenverkehrsfreiheit ermöglicht es, eine Ware, die zulässigerweise in einem Mitgliedstaat der EU hergestellt worden ist, im gesamten Binnenmarkt zu vertreiben[340]. Die Herstellung eines Produktes im Mitgliedstaat A und der ausschließliche Verkauf im Mitgliedstaat B ist von der Warenverkehrsfreiheit umfasst und unterliegt nicht wegen der ausschließlichen Produktion für den Markt im Mitgliedstaat B der Niederlassungsfreiheit. Gleiches muss dann auch für die freie Zirkulation der Dienstleistungen gelten. Lediglich diejenigen Dienstleistungserbringer, welche ohne feste Einrichtung auskommen, könnten subsidiär anhand des zeitlichen Kriteriums auf einen bestimmten Mitgliedstaat festgelegt werden, damit sie sich nicht in einem bestimmten Staat niederlassen, um strengere Bestimmungen des Empfängerstaates zu umgehen[341]. Eine solche Einschränkung ist bei der Warenverkehrsfreiheit nicht nötig, weil tatsächlich die Herstellung von Waren stets an einem konkreten Produktionsstandort festgelegt ist und eine Umgehung nicht durch rein rechtliche Standortwahl möglich ist. Wenn man das Konzept des liberalen Binnenmarktes konsequent verfolgt, so umfasst die Niederlassungsfreiheit die freie Wahl des Ausgangsstandortes und somit des der Leistung zugrunde liegenden Rechts, um anschließend im Rahmen der Dienst-

---

336 *Troberg*, in: G/T/E, EUV/EGV, Vor 59 bis 66 EGV Rn. 6.

337 *Hailbronner*, HK EUV/EGV, Art. 60 EGV Rn. 3.

338 Ausführlich ohne weitere Argumente *Schöne*, Dienstleistungsfreiheit in der EU und deutsche Wirtschaftsaufsicht, S. 106ff.; *Hailbronner*, HK EUV/EGV, Art. 60 EGV Rn. 3; *Seidel*, in: Schwarze (Hrsg.), Der Gemeinsame Markt, S. 116ff.

339 *Hailbronner/Nachbaur*, EuZW 1992, 105, 106; *Hailbronner*, HK EUV/EGV, Art. 60 EGV Rn. 3.

340 *Hailbronner*, HK EUV/EGV, Art. 30 EGV Rn. 11.

341 In Anlehnung an EuGH v. 03.12.74, Slg. 1974, 129 Rn. 13; *Troberg* stellt auf die Dauer nur dann ab, wenn eine irgendwie geartete feste Einrichtung für die Erbringung der Leistung nicht erforderlich ist, in: G/T/E, EUV/EGV, Art. 52 EGV Rn. 4ff.

leistungsfreiheit seine Leistung dorthin zu erbringen, wo der lukrativste Markt für die Leistung ist[342]. Eine so weit gehende Auslegung ist zwar konsequent, höhlt jedoch die mitgliedstaatlichen Regelungen für die Erbringung von Dienstleistungen unzulässig aus. Nach dem Konzept des Binnenmarktes sollen die mitgliedstaatlichen Regelungen zwar nicht diskriminieren, aber dennoch weiterhin Geltung beanspruchen. Daher ist Niederlassung dort, wo eine Verankerung in die Volkswirtschaft stattfindet. Bei Leistungen, die eine solche Verankerung nicht voraussetzen, ist auf den Ort abzustellen, wo zeitlich der Schwerpunkt der Leistungserbringung ist. Hierbei ist eine Wertung anhand der objektiven Anhaltspunkte vorzunehmen. Ein freies Wahlrecht des Dienstleisters ist nicht zu gestatten.

ee) Zusammenfassung und Ergebnis

Zusammenfassend ist festzuhalten, dass ausschlaggebendes Kriterium bei der Abgrenzung von Niederlassungsfreiheit und Dienstleistungsfreiheit die festen Einrichtungen in einem Mitgliedstaat sind. Dennoch spricht nicht jede feste Einrichtung für das Vorliegen einer Niederlassung. Wichtiger sind die teleologischen Aspekte. Nur wenn die Niederlassung die hinreichende Integration in die Volkswirtschaft eines Mitgliedstaates indiziert, dann liegt dort eine Niederlassung vor[343]. Wenn der Unternehmer von dort grenzüberschreitend Leistungen erbringt, so handelt es sich um Dienstleistungen im Sinne der Dienstleistungsfreiheit. Es ist vornehmlich auf die Wahl des Dienstleisters abzustellen, soweit kein rechtsmissbräuchliches Verhalten vorliegt oder die Integration in eine andere Volkswirtschaft durch objektive Anhaltspunkte indiziert ist. Das zeitliche Abgrenzungskriterium soll nur subsidiär zur Anwendung kommen, wenn die Art der Dienstleistung es ausschließt, den Dienstleistungserbringer einem festen Niederlassungsort zuzuordnen.

Bauunternehmer, die aus dem Ausland sich in Deutschland um Aufträge bewerben, können sich auf die Dienstleistungsfreiheit berufen. Die feste Unterbringung von Arbeitnehmern oder die Einrichtung eines Büros zur Leistungsausführung sprechen in diesen Fällen noch nicht für das Vorliegen einer die Dienstleistungsfreiheit ausschließenden Niederlassung. Jede Baustelle erfordert die Einrichtung zumindest eines kleinen Büros mit Kommunikationseinrichtungen wie Telefonen und Faxgerät. Es muss vor Ort die Anlieferung von Baustoffen und Subunternehmern geplant werden und die Arbeitszeiten der eingesetzten Arbeitnehmer erfasst werden. Die Entsendung von Arbeitskräften für den kon-

---

342 *Troberg*, in: G/T/E, EUV/EGV, Vor 59 bis 66 Rn. 6.

343 *Hailbronner/Nachbaur*, EuZW 1992, 105, 106.

kreten Auftrag ist ein Anhaltspunkt für das Vorliegen einer Dienstleistung im Sinne des EGV. Erst dann, wenn das Unternehmen die Angebotsabgabe von einem deutschen Büro aus organisiert und dort feste Angestellte hat, die zur Ausführung des Auftrages tätig werden, kann von einer Niederlassung in der Bundesrepublik Deutschland gesprochen werden. Ein solches Unternehmen ist derart in die deutsche Volkswirtschaft integriert, dass es sich nicht mehr um eine bloße Wahrnehmung der Dienstleistungsfreiheit handelt, sondern die Niederlassungsfreiheit einschlägige Grundfreiheit ist.

g) Zwischenergebnis

Damit ist der sachliche Anwendungsbereich der Dienstleistungsfreiheit eröffnet.

2. Persönlicher Anwendungsbereich der Dienstleistungsfreiheit

Der geschützte Personenkreis bestimmt diejenigen Rechtssubjekte, die sich auf die Dienstleistungsfreiheit berufen können. Grundsätzlich finden sich zwei Anknüpfungspunkte für den persönlichen Anwendungsbereich der Grundfreiheiten: Zum einen die Unionsbürgerschaft nach Art. 17 EGV und zum anderen die Ansässigkeit in einem Mitgliedstaat. Bei der Dienstleistungsfreiheit wird zunächst an die Unionsbürgerschaft angeknüpft. Nach Art. 17 EGV ist Unionsbürger, wer die Staatsangehörigkeit eines Mitgliedstaates hat. Weil die Staatsangehörigkeit nur natürlichen Personen zustehen kann, sind über Art. 55, 48 EGV die Gesellschaften den Unionsbürgern hinsichtlich der Berufung auf die Rechte der Dienstleistungsfreiheit gleichgestellt[344]. Der Begriff der Gesellschaft ist ein gemeinschaftsrechtlicher und wird weit ausgelegt. Hierzu zählen nicht nur die juristischen Personen, sondern auch sonstige Personenzusammenschlüsse, die einen Erwerbszweck verfolgen. Unklar bleibt indes, ob nur rechtsfähige Personenzusammenschlüsse unter die Vorschrift fallen oder alle. Die Formulierung „sonstigen juristischen Personen" legt den Schluss nahe, dass nur rechtsfähige gemeint sind. Zudem scheint nur der deutsche Wortlaut, der von „Gesellschaften des bürgerlichen Rechts" spricht, nichtrechtsfähige Personenzusammenschlüsse einzuschließen, während die englische Formulierung - „constituted under civil law" - und die französische „les sociétés de droit civile" - eher auf rechtsfähige Zusammenschlüsse zu passen scheinen. Die einhellige Auffassung geht jedoch mit dem deutschen Wortlaut davon aus, dass nichtrechtsfähige Personenzusam-

---

[344] *Hailbronner*, HK EUV/EGV, Art. 60 EGV Rn. 22.

menschlüsse dem Schutz der Dienstleistungsfreiheit unterstehen[345]. Auch wenn diese Auffassung im Hinblick auf die englische und französische Fassung des Vertrages zweifelhaft bleibt, so sind bei nichtrechtsfähigen Personenzusammenschlüssen die dahinterstehenden Personen die Träger der Dienstleistungsfreiheit, so dass die klare Unterscheidung für die Frage der Anwendbarkeit der Dienstleistungsfreiheit auf die ausländischen Bauunternehmungen außer Betracht bleiben kann.

Gesellschaften, die „keinerlei Erwerbszweck" verfolgen, fallen indes nicht in den Anwendungsbereich der Dienstleistungsfreiheit. Erwerbszweck ist das Anbieten von Produkten gegen Geld[346]. Die Aufzählung der Genossenschaften in Art. 48 Abs. 2 EGV zeigt, dass die Anforderungen hier nicht besonders hoch liegen und der Erwerbszweck nicht im Vordergrund stehen muss[347]. Ausgenommen sind nur rein karitative oder kulturelle Organisationen[348]. Interessant ist jedoch die Erwähnung der juristischen Personen des öffentlichen Rechts. Sie sind ausdrücklich in Art. 48 Abs. 2 EGV genannt. Jedoch sind sie nur dann Träger der Dienstleistungsfreiheit, wenn mit der öffentlich-rechtlichen Organisationsform nicht die Ausübung von Hoheitsgewalt einhergeht[349]. Da an den Erwerbszweck nicht zwingend die Gewinnerzielungsabsicht geknüpft ist, schließt in Deutschland die öffentlich-rechtliche Organisation die Berufung auf die Dienstleistungsfreiheit nicht aus. Es könne also, soweit in den jeweiligen Mitgliedstaaten juristische Personen des Öffentlichen Rechts Erwerbszwecke verfolgen dürfen, auch diese sich auf die Dienstleistungsfreiheit berufen.

Während bei natürlichen Personen die Unionsbürgerschaft als persönliches Merkmal ausreicht, bedarf es bei den Gesellschaften neben der Form eines zusätzlichen Kriteriums, das die Gesellschaft auch einem mitgliedstaatlichen Recht zuordnet[350]. Anknüpfungspunkt ist hier zum einen die Gründung nach den Vorschriften eines Mitgliedstaates. Ihre Existenz und ihre Grundstruktur müssen sich aus dem Recht eines Mitgliedstaates ableiten. Zum anderen muss die Gesellschaft ihren satzungsmäßigen Sitz, Hauptverwaltung oder Hauptniederlas-

---

[345] *Troberg,* in: G/T/E, EUV/EGV, Art. 48 EGV Rn. 7; *Roth,* in: Dauses, Handbuch des EU-Wirtschaftsrechts, E. I. Rn. 55; *Randelzhofer/Forsthoff,* in: Grabitz/Hilf, Das Recht der EU, Art. 48 EGV Rn. 7; *Bleckmann*, Europarecht, Rn. 1609.

[346] *Bröhmer,* in: Calliess/Ruffert, EUV/EGV, Art. 48 EGV Rn. 2.

[347] *Bröhmer,* in: Calliess/Ruffert, EUV/EGV, Art. 48 EGV Rn. 2.

[348] *Bröhmer,* in: Calliess/Ruffert, EUV/EGV, Art. 48 EGV Rn. 2.

[349] *Bröhmer,* in: Calliess/Ruffert, EUV/EGV, Art. 48 EGV Rn. 4.

[350] EuGH v. 13.07.93 Slg. 1993, I-4017 Rn. 13.

sung in einem Mitgliedstaat haben[351]. Nach dem klaren Wortlaut des Art. 48 Abs. 2 EGV kommt es jedoch nicht auf die Nationalität der Gesellschafter an[352].

3. Bereichsausnahme nach Art. 45 Abs. 1 EGV

Die Bereichsausnahme des Art. 45 Abs. 1 EGV findet über Art. 55 EGV auch für die Dienstleistungsfreiheit Anwendung. Art. 45 Abs. 1 EGV schließt die Anwendung der Dienstleistungsfreiheit für Tätigkeiten aus, die mit der Ausübung öffentlicher Gewalt verbunden sind. Nach der Rechtsprechung des EuGH reicht die Ausnahme des Art. 45 Abs. 1 EGV jedoch nur so weit, „als der Zweck es erfordert, um dessentwillen sie vorgesehen" ist[353]. Das bedeutet, dass eine grundsätzliche Anwendung der Dienstleistungsfreiheit mit der Möglichkeit ihrer Beschränkung gilt; jedoch nur soweit dies durch eine entsprechende öffentliche Aufgabe geboten ist[354]. Die Aufgabe selber muss also die Beschränkung des freien Dienstleistungsverkehrs gebieten. Direkt ist die Errichtung eines Bauwerkes keine hoheitliche Tätigkeit. Hoheitlich ist höchstens die vorgelagerte Genehmigung des Bauwerkes, die hier jedoch gar nicht in irgendeiner Form betroffen ist. Die Errichtung des Bauwerkes kann höchstens mittelbar eine hoheitliche Tätigkeit sein, wenn das Bauwerk der Erfüllung hoheitlicher Aufgaben dient. Sofern die Erstellung von Bauwerken für die Öffentliche Hand überhaupt eine hoheitliche Aufgabe darstellt[355] und nicht nur ein Hilfsmittel der Aufgabenerfüllung ist, verfolgt die Tariftreue ausschließlich Zwecke, die gerade nicht mit der Ausübung öffentlicher Gewalt verbunden sind. Zu denken ist hier etwa an den Schutz von Arbeitnehmern, die Sicherung von inländischen Arbeitsplätzen oder eine Stärkung der Tarifautonomie. Es sind jedoch keine öffentlichen Aufgaben erdenklich, bei denen sich aus der Natur der hoheitlichen Aufgabenerfüllung die Zahlung von Tariflöhnen zwingend ergibt, um die Aufgabenerfüllung zu gewährleisten. Zu denken ist hier höchstens an den Bau von sicherheitsrelevanten Gebäuden und militärischen Anlagen. Art. 4 BKR, die gerade die Durchsetzung des freien Waren- Dienstleistungs- und Kapitalverkehrs sicherstellen soll, nimmt diese Aufträge schon aus dem Anwendungsbereich der Baukoordinierungsricht-

---

351 *Bröhmer,* in: Calliess/Ruffert, EUV/EGV, Art. 48 EGV Rn. 5; *Jarass*, EuR 1986, 75, 78.

352 *Bröhmer,* in: Calliess/Ruffert, EUV/EGV, Art. 48 EGV Rn. 6.

353 EuGH v. 21.06.74, Slg. 1974, 654 Rn. 42/43.

354 *Jarass*, EuR 1986, 75, 83.

355 Ausübung öffentlicher Gewalt könne zum einen nur die imperative Betätigung des Staates durch Gebot, Befehl oder Zwang sein, so die Kommission im Grünbuch über die Errichtung des Gemeinsamen Marktes für den Rundfunk, Kom(84)300, S. 199ff.; dagegen wird auch eine funktionale Sichtweise vertreten, die auch schlicht hoheitliche Tätigkeiten als die Ausübung hoheitlicher Gewalt sieht, so *Bleckmann*, Europarecht, Rn. 1628.

linie heraus. Bei sicherheitsrelevanten Aufträgen gilt bereits Art. 46 i.V.m. Art. 55 EGV, so dass entgegen Art. 12 EGV der Auftrag etwa schon primärrechtlich zulässigerweise ausschließlich für nationale Unternehmen ausgeschrieben werden kann. Letztendlich ist eine Ausnahme nach Art. 45 Abs. 1 EGV nicht gegeben und die Dienstleistungsfreiheit findet uneingeschränkt Anwendung.

4. Adressat der Dienstleistungsfreiheit

Adressaten der Dienstleistungsfreiheit sind nach dem Wortlaut des Vertrages grundsätzlich die handelnden Mitgliedstaaten, die mit der grenzüberschreitenden Leistung in Berührung kommen[356]. Die Bindung richtet sich an alle Mitgliedstaaten, auch wenn die Schlechterstellung die eigenen Staatsangehörigen oder einheimische Unternehmen trifft[357]. Der Adressatenkreis umfasst sämtliche innerstaatlichen Stellen[358]. Zu den innerstaatlichen Stellen gehören auch Einrichtungen, deren Mitglieder vom Staat ernannt und die aus öffentlichen Mitteln finanziert werden[359]. Das gilt für Einrichtungen, die dem Staat oder seiner Aufsicht unterstehen oder mit Rechten ausgestattet sind, „die über diejenigen hinausgehen, die nach den Vorschriften für die Beziehungen von Privatpersonen gelten“[360]. Kein Mitgliedstaat soll sich seinen Verpflichtungen aus dem EGV durch Umorganisation oder Privatisierung entziehen können[361]. Diese staatlichen oder staatsgleichen Einrichtungen sind an die Einhaltung des Primärrechts und somit auch der Dienstleistungsfreiheit gebunden. Zurechnungsobjekt für Verstöße bleibt jedoch der Mitgliedstaat – für die Bundesrepublik Deutschland also stets der Bund –, weil dieser Vertragspartner der anderen Mitgliedstaaten ist[362]. Daneben stellt sich die Frage, ob auch die Gemeinschaft selbst und ihre Organe an die Grundfreiheiten bei ihren Handlungen gebunden sind. Der EuGH hat dies für die Warenverkehrsfreiheit schon mehrfach bejaht[363]. *Jarass* bejaht diesen Grundsatz auch für die anderen Grundfreiheiten wegen ihres fundamentalen Charakters, die deshalb zumindest entsprechend auf die Gemeinschaften und

---

356 So der Ausgangspunkt auch bei *Jarass*, EuR 2000, 705, 714.

357 EuGH v. 10.05.95, Slg. 1995, I-1141 Rn. 30.

358 EuGH v. 18.06.85 Slg. 1985, 1819 Rn. 15f.

359 EuGH v. 12.12.90 Slg. 1990, I-4625 Rn. 15f.

360 EuGH v. 12.07.90 Slg. 1990, I-3313 Rn. 18.

361 EuGH v. 18.06.85 Slg. 1985, 1819 Rn. 15f.; v. 12.12.90 Slg. 1990, I-4625 Rn. 15f.

362 *Ipsen*, Gemeinschaftsrecht, S. 222.

363 EuGH v. 17.04.84, Slg. 1984, 2171 Rn. 15; v. 09.08.94, Slg. 1994, I-3879 Rn. 11.

ihre Organe anzuwenden seien[364]. Der Übertragung ist schon wegen der Bindungswirkung der Zielbestimmungen für die Organe zuzustimmen. Damit ist das Sekundärrecht regelmäßig an den Grundfreiheiten zu messen, wobei die gleichen Rechtfertigungsmöglichkeiten zur Verfügung stehen, wenn auch wegen der fehlenden Diskriminierungsmotivation der Organe der EG weitreichendere Rechtfertigungsmöglichkeiten zu eröffnen seien[365].

Eine Bindung von Privatpersonen an die Grundfreiheiten wird hingegen überwiegend abgelehnt, ist im Einzelnen jedoch teilweise streitig[366]. Auf diesen Problemkreis ist im Rahmen der Untersuchung der Tariftreueklauseln im deutschen Vergaberecht zu verzichten. Privatpersonen sind nur dann an die Grundfreiheiten gebunden, wenn ihr Handeln dem Staat zuzurechnen ist oder sie aufgrund bestimmter Vorrechte ähnlich wie der Staat tätig werden[367]. Bei der Anwendung von zwischen Privaten geltenden Normen sind ebenfalls die Grundfreiheiten zu beachten[368], die Bindungswirkung entfaltet sich hier jedoch auch gegen den rechtssetzenden Mitgliedstaat, so dass zwar die Privaten zu ihren Lasten betroffen sind aber nicht an die Grundfreiheiten gebunden. Die Bewerbung um einen öffentlichen Auftrag durch ein eu-ausländisches Unternehmen und die Ausführung dieses Auftrages fallen somit in den Anwendungsbereich der Dienstleistungsfreiheit als eine Grundfreiheit des EGV.

5. Beschränkungen der Dienstleistungsfreiheit

Wenn die Bewerbung und die Ausführung eines Bauauftrages in den Anwendungsbereich der Dienstleistungsfreiheit fällt, dann sind Maßnahmen der durch die Grundfreiheit Verpflichteten, die das Verhalten beschränken, einem Rechtfertigungszwang ausgesetzt, damit diese Maßnahmen zulässig sind. In Frage stehen die deutschen Tariftreueklauseln in den nationalen Vergaberegeln. Schränken sie die Dienstleistungsfreiheit ein und ist eine solche Einschränkung gegebenenfalls durch die mit ihr verfolgten Ziele derart geboten, dass sie zulässig sind?

---

364 *Jarass*, EuR 2000, 705, 715.

365 *Jarass*, EuR 2000, 705, 715.

366 Vgl. hierzu *Roth*, Drittwirkung der Grundfreiheiten?, in: FS-Everling, Bd. II, S. 1231; *Jaensch*, Die unmittelbare Drittwirkung der Grundfreiheiten, 1997, S. 285ff.

367 *Jarass*, EuR 2000, 705, 716.

368 *Beutler/Bieber/Pipkorn/Streil*, Die Europäische Union, (1993), S. 298; *Jarass*, EuR 1991, 211, 222.

a) Untersuchungsgegenstand

Die Vergabegesetze der Länder bewirken, dass Auftragsbewerber eine Verpflichtungserklärung abgeben, dass sie die in dem jeweiligen Land geltenden Tariflöhne einhalten und dafür Sorge tragen, dass auch die von ihnen eingeschalteten Nachunternehmen die geltenden Tariflöhne zahlen. Tariftreueerklärungen weiten die Kartellwirkung von Tarifverträgen auf Außenseiter aus, indem sie auch nicht tarifgebundene Auftragsbewerber verpflichten, die tarifvertraglichen Löhne einzuhalten[369]. Für nicht tarifgebundene Auftragsbewerber gilt, dass ein Ausschnitt aus dem in einem bestimmten Gebiet geltenden Tarifvertrag auf ihre Unternehmen ausgeweitet wird. Zu dieser Gruppe gehören insbesondere auch die Bewerber aus dem europäischen Ausland, weil sie regelmäßig keinem maßgeblichen Tarifvertrag unterliegen. Bei den tarifgebundenen Auftragsbewerbern ist zu differenzieren. Wenn sie zwar tarifgebunden sind, jedoch keinem in dem Land des Auftrages maßgeblichem Tarifvertrag unterliegen, so müssen sie abhängig von ihren eigenen Lohntarifen nur geringe oder keine Lohnanpassungen für die Auftragsausführung vornehmen. Für die ostdeutschen Unternehmer in dieser Gruppe kann die Anpassung auch etwas höher ausfallen. Indes sind nach einem maßgeblichen Tarifvertrag gebundene Unternehmen zu keinerlei Anpassungen gezwungen. Jedoch sind sie – wie die anderen Unternehmen auch – von der Nachunternehmerklausel betroffen. Ohne Tariftreueklausel ist es möglich, durch die Beauftragung nichttarifgebundener Subunternehmer die externen Kosten in Bezug auf das Angebot niedrig zu halten, indem nichttarifgebundene Nachunternehmen beauftragt werden. Ein derartiges Ausweichverhalten ist durch die Tariftreueklausel nicht mehr möglich.

aa) Rechtliche Auswirkungen der Tariftreueerklärungen

Die Tariftreue wird durch ihre Erklärung bei der Vertragserfüllung zum Vertragsbestandteil. Bei den Rechtsverhältnissen zwischen einem öffentlichen Auftraggeber im Sinne von § 98 GWB und einem Auftragsnehmer handelt es sich um privatrechtliche Verträge, die sich nach den Vorschriften des BGB richten[370]. Der Vertrag kommt durch den Zugang der Zuschlagserteilung der Vergabestelle innerhalb der Bindungsfrist zustande[371]. Das vorgelagerte Verfahren der Bieterauswahl, welches in dieser Arbeit im Mittelpunkt steht, ist indes öffentlich-rechtlich. Mit dem Vertragsschluss entsteht eine rechtliche Pflicht des beauftragten Unternehmers gegenüber der auftraggebenden öffentlichen Stelle, alle

---

[369] *Seifert*, ZFA 2001, 1, 4.

[370] *Hailbronner*, in: Byok/Jaeger, Kommentar zum Vergaberecht, § 99 Rn. 334.

[371] *Hailbronner*, in: Byok/Jaeger, Kommentar zum Vergaberecht, § 99 Rn. 344.

Arbeitnehmer, die mit der Auftragserfüllung befasst sind, nach dem maßgeblichen Tarif zu entlohnen. Diese Pflicht entsteht mit dem Zuschlag genauso wie die Pflicht zur Erstellung des nachgefragten Bauwerkes. Die Klausel hat nicht die Wirkung eines gültigen Tarifvertrages, der normativ Rechtswirkungen für das Individualarbeitsverhältnis entfaltet. Die Durchsetzung der Tariftreue obliegt folglich der öffentlichen Hand und erfolgt durch die Androhung von Nachteilen. Die Rechtspflicht zur Zahlung der Tariflöhne besteht nicht gegenüber den Arbeitnehmern, sondern nur zwischen dem Auftraggeber und dem Auftragnehmer. Sanktion bei Nichteinhaltung ist eine befristete Auftragssperre oder die Verwirkung einer Vertragsstrafe[372]. Weil sich die Sanktion auf zukünftige Aufträge auswirkt, ist sie nicht lediglich privatrechtlich zu beurteilen, sondern hat auch innerhalb des Leistungsverhältnisses eine öffentlich-rechtliche Komponente. Daneben haben die Auftraggeber die Möglichkeit, aus dem Bauvertrag auf Einhaltung der Tariflöhne vor den Zivilgerichten zu klagen. Das ergibt sich aus der privatrechtlichen Natur des Leistungsverhältnisses zwischen der öffentlichen Hand und dem Unternehmer. Die Pflicht zur Klage ist jedoch im Gegensatz zu der Verhängung der Sanktion im Gesetz nicht vorgeschrieben und unterliegt somit nicht ohne weiteres dem Vorrang des Gesetzes. Dennoch ist festzuhalten, dass rechtlicher Druck besteht, Tariflöhne zu zahlen, wenn ein Unternehmen Bauaufträge für die öffentliche Hand auch weiterhin erbringen will.

bb) Tatsächliche Auswirkungen der Tariftreueerklärungen

Das Recht und die tatsächlichen Gegebenheiten bilden den Rahmen, in dem sich die Wirtschaftsteilnehmer verhalten. Für die Frage, ob eine rechtliche Regelung eine Beschränkung des freien Dienstleistungsverkehrs darstellt, kommt es nicht nur auf die rechtliche Regelung selbst an, sondern auch auf die tatsächlichen Rahmenbedingungen, in denen die Regelung wirkt. Die Wirtschaftsteilnehmer richten ihr Verhalten an diesen Rahmenbedingungen aus und nutzen sie so weit wie möglich aus, um möglichst hohe Gewinne zu erzielen. In bestimmten Baubereichen wie dem Straßen- und Wegebau tritt fast ausschließlich die öffentliche Hand als Nachfrager auf. So spielen in diesem Bereich der Bauwirtschaft nicht nur die rechtlichen Vorgaben für die Wirtschaftsteilnehmer eine entscheidende Rolle, sondern auch das Verhalten des Staates am Markt. Wie viel Leistung fragt der Staat nach und vor allem zu welchen Bedingungen tut er es? Im Jahre 2000 haben Bund, Länder, Gemeinden und Zweckverbände insgesamt

---

[372] *Seifert*, ZFA 2001, 1, 5.

Bauleistungen im Umfang von 64,4 Mrd. DM nachgefragt[373]. Auf diesen Betrag entfallen 19% auf den Bund, 19% auf die Länder und 62% auf die Gemeinden[374]. Das gesamte Bauvolumen in Deutschland umfasst 531 Mrd. DM[375], so dass 12,12% der Nachfrage im Baugewerbe von der Öffentlichen Hand ausging. Die Kostenstruktur im Bauhauptgewerbe sah 1998 so aus, dass 32,7% der Kosten Personalkosten waren, wobei die Unternehmen mit 1000 und mehr Beschäftigten lediglich 25,1% Lohnkosten hatten[376]. Der letzte Wert ist jedoch durch den hohen Kostenanteil für Subunternehmer in Höhe von 49,1% bedingt[377]. In diesem Zusammenhang ist daher die Unterscheidung zwischen großen und kleinen Unternehmen nicht erforderlich, weil die Vergabegesetze auch die Zahlung von Tariflöhnen durch die Subunternehmer vorsehen. Wichtig ist, wenn 32,7% des Auftragspreises für Löhne ausgegeben werden und über rechtlichen Druck die Einhaltung von für den konkreten Auftrag einheitlichen Tariflöhnen durch die öffentliche Hand gefordert wird, so ist im Vergabeverfahren dieser Anteil aus dem Wettbewerb herausgenommen. Diesen Anteil kann der Auftragsbewerber nicht durch günstigere Lohnkostenstrukturen als zulässigen Wettbewerbsvorteil bei seiner Angebotskalkulation berücksichtigen. Spielraum bleibt ihm nur noch bei den übrigen Kosten wie Materialkosten oder seinen Fixkosten oder über den Einkauf von günstigen Subunternehmerleistungen, die jedoch ihrerseits lediglich Materialkosten und Fixkosten als Spielraum haben. Daneben bleibt ihm nur noch eine Auslotung der Arbeitskraftproduktivität, indem er Strukturen und Motivationslage seiner Arbeitnehmer so beeinflusst, dass er weniger Arbeitsstunden für die gleiche Leistung als andere Anbieter benötigt.

Die rechtlichen Vorgaben durch die Tariftreuepflicht ergeben auch nur für bestimmte Unternehmen eine Pflicht, ihr geschäftliches Handeln zu verändern. Unternehmen, die ihren Sitz im jeweiligen Tarifgebiet des Auftraggebers haben und tarifgebunden sind, unterliegen ihren Arbeitnehmern gegenüber schon arbeitsvertraglich der Pflicht, die geltenden Tariflöhne zu zahlen. Falls sie jedoch Subunternehmer einschalten, so sind sie mit der gesetzlichen Regelung gezwun-

---

373 Nach den Preisen von 1995, Quelle: Die Bauwirtschaft im Zahlenbild 2001, herausgegeben vom Hauptverband der deutschen Bauindustrie e.V., S. 22; hierbei handelt es sich um alle Bauaufträge der Öffentlichen Hand inklusive des Straßen- und Wegebaus.

374 Quelle: Die Bauwirtschaft im Zahlenbild 2001, herausgegeben vom Hauptverband der deutschen Bauindustrie e.V., S. 22.

375 Nach den Preisen von 1995, Quelle: Die Bauwirtschaft im Zahlenbild 2001, herausgegeben vom Hauptverband der deutschen Bauindustrie e.V., S. 12.

376 Quelle: Die Bauwirtschaft im Zahlenbild 2001, herausgegeben vom Hauptverband der deutschen Bauindustrie e.V., S. 27.

377 Quelle: Die Bauwirtschaft im Zahlenbild 2001, herausgegeben vom Hauptverband der deutschen Bauindustrie e.V., S. 27.

gen sicherzustellen, dass diese auch Tariflöhne zahlen. Insoweit ist hierin schon selbst dann eine Schlechterstellung zu der vorherigen Rechtslage zu sehen, wenn der Subunternehmer ohnehin Tariflöhne zahlt oder seinerseits in dem betreffenden Gebiet tarifgebunden ist. Auftragsbewerber, die nicht tarifgebunden sind oder nicht im Gebiet der Auftragserfüllung niedergelassen sind, das sind insbesondere Unternehmer aus dem europäischen Ausland, sind gezwungen, die geltenden Tariflöhne herauszufinden und für den konkreten Auftrag ihre Arbeitnehmer gegebenenfalls höher zu entlohnen. Das bedeutet nicht nur in der Regel höheren Lohnaufwand, sondern auch zusätzliche Verwaltungskosten.

Da durch den Zwang zur Zahlung von Tariflöhnen der Auftraggeber sich Vorschriften unterwerfen muss, die er selbst weder unmittelbar durch Arbeitsvertrag noch mittelbar durch Mitwirkung oder Bestimmung in einem kollektiven Beschlussorgan[378] geschaffen hat, auf die er also bei ihrer inhaltlichen Gestaltung keinen Einfluss ausüben konnte, könnte der Druck entstehen, selbst auf die maßgeblichen Normen Einfluss nehmen zu wollen. Dies ist zum einen möglich, indem der Auftraggeber einer Koalition beitritt, die örtlich geltende Tarifverträge abschließt. Es ist jedoch den meisten Auftragnehmern verwehrt, einer solchen Koalition beizutreten. In der Regel ist es nach den Satzungen der Arbeitgebervereinigungen nur solchen Unternehmen erlaubt der Koalition beizutreten, die auch im örtlichen Zuständigkeitsbereich der Vereinigung ansässig sind. Insoweit sind die Koalitionen teilweise exklusiv. Zum anderen sind viele Unternehmen bereits anderweitig Mitglied und von daher ist ihnen eine weitere Mitgliedschaft entweder satzungsmäßig untersagt oder unerwünscht, weil sie neben zusätzlichen Mitgliedsbeiträgen Probleme der Tarifkonkurrenz erzeugt[379]. Zudem ist eine partielle Mitgliedschaft in einer Koalition nicht möglich, so dass die Tarifbindung nicht nur für die Arbeitsverhältnisse bei Auftragsausführung, sondern auch für alle anderen Arbeitsverträge des Auftragnehmers gilt. Weitere Möglichkeit, die maßgeblichen Löhne zu gestalten, ist der Abschluss eines Firmentarifvertrages. Voraussetzung für den Abschluss eines maßgeblichen Firmentarifvertrages ist jedoch nach der oben vorgenommenen Auslegung der Vergabegesetze der Länder, dass der Auftragnehmer am Ort der Auftragausführung ansässig ist[380]. Damit ist den Unternehmen, die im Anwendungsbereich des freien Dienstleistungsverkehrs tätig werden, diese Alternative verwehrt. Zudem gilt auch der Firmentarifvertrag für alle Beschäftigten und nicht nur partiell für diejenigen, die bei dem konkreten Auftrag mitwirken. Somit ist die Teilhabe an der Gestaltung der Tariflöhne entweder rechtlich verwehrt oder zumindest mit er-

---

378 Koalition oder eventuell auch demokratisch legitimiertes Gesetz.

379 Vgl. dazu *Gamillscheg*, Kollektives Arbeitsrecht Band I, S. 740ff.

380 Vergleiche oben § 2 B.I.3.b).

heblichen Belastungen verbunden, die über das Maß einer normalen Koalitionsmitgliedschaft hinausgehen.

Weil es sich bei den zugeschlagenen Aufträgen um privatrechtliche Verträge handelt, wird jedoch kein unmittelbarer Zwang auf die Unternehmen ausgeübt. Die Auftragnehmer bewerben sich um den Auftrag und das Vertragsverhältnis beruht auch - wie jeder Vertragsschluss - auf einem freien Willensentschluss der vertragsschließenden Parteien. Dem Unternehmer bleibt also stets die Möglichkeit, sich um einen Auftrag nicht zu bewerben, wenn er sich nicht der Bindung, Tariflöhne zu zahlen, unterwerfen möchte. Jedoch handelt es sich dabei nur um eine rein rechtliche Sichtweise. Wirtschaftlich betrachtet machen die öffentlichen Aufträge einen erheblichen Teil der Baunachfrage aus (über 12%). Zudem handelt es sich hierbei auch um die lukrativen Großaufträge und die öffentliche Hand ist stets ein zuverlässiger und solventer Auftraggeber. Hinzu kommt, dass in bestimmten Bereichen der Bautätigkeit, insbesondere im Tiefbau, fast ausschließlich die öffentliche Hand als Nachfrager auf dem Markt in Erscheinung tritt. Wer auf den Verkehrswege- und Tiefbau spezialisiert ist, ist zur Sicherung seiner wirtschaftlichen Existenz auf Aufträge von der öffentlichen Hand angewiesen und kann nicht auf Aufträge von Privaten ausweichen.

Festzuhalten gilt es, dass Unternehmer, welche nicht am Ort der Auftragausführung ansässig sind, ihr Verhalten bei der Auftragsausführung abweichend von ihrer regulären Geschäftstätigkeit bei Auftrag mit Tariftreuebindung anpassen müssen. Das gilt ebenso für die ortsansässigen, die nicht tarifgebunden sind. Sie müssen für den konkreten Auftrag ihre Löhne anpassen, sofern sie nicht aus anderen Gründen ohnehin höhere Löhne zahlen. Es entsteht Lohn- und Verwaltungsaufwand. Örtlich tarifgebundene Unternehmen entsteht so wie den anderen Unternehmen auch der Aufwand, die Einhaltung der maßgeblichen Tariflöhne bei ihren Subunternehmen sicherzustellen. Unternehmen, die im Straßen- und Wegebau tätig sind, ist es fast nicht möglich, sich dieser Bindung durch Nichtbewerbung der Zahlung von Tariflöhnen zu entziehen. Unternehmen in anderen Bereichen ist diese Möglichkeit teilweise gegeben. Die Tariftreue bewirkt, dass ein bestimmter Kalkulationsanteil aus dem Zusammenhang des Wettbewerbs herausgenommen wird, weil bei dieser Kostenstelle alle den gleichen Voraussetzungen unterliegen.

b) Vorliegen einer Beschränkung

Es fragt sich nun, ob in dem Erfordernis einer Tariftreuerklärung eine Beschränkung der Dienstleistungsfreiheit liegt. Im Einzelnen geht es um die Eigenart der beschränkenden Tätigkeit und um die Eigenschaften desjenigen, der die Beschränkungen vornimmt[381]. Bestandteil des Beschränkungsbegriffs ist, dass nur Handlungen desjenigen, der Adressat der Grundfreiheit ist, Beschränkungen darstellen können[382]. Der Beschränkungsbegriff wird nicht durch die Art der einschränkenden Maßnahme eingegrenzt. Rechts- und Verwaltungsvorschriften oder Einzelfallentscheidungen sowie auch Realakte – also faktische Maßnahmen – können Beschränkungen darstellen[383]. Das Erfordernis von Tariftreueerklärungen bei der Auftragsvergabe ergibt sich aus dem Gesetz. Zum einen das GWB, welches in § 98 Abs. 4 vorsieht, dass durch Bundes- oder Landesgesetz weitergehende Anforderungen an den Auftragnehmer gestellt werden dürfen und zum anderen aus den bisher bestehenden landesrechtlichen Regelungen in Bayern, Berlin und dem Saarland. Daneben aber auch das Verhalten der jeweiligen Vergabestellen, die an diese Gesetze gebunden sind und im einzelnen Vergabeverfahren Tariftreuerklärungen verlangen und bei Nichteinhaltung die vorgesehenen Sanktionen verhängen. Diese Stellen sind alle Adressaten der Grundfreiheiten. Folglich kann es sich hierbei um Beschränkungen der Dienstleistungsfreiheit handeln.

Im Rahmen der Dienstleistungsfreiheit werden drei Arten von Beeinträchtigungen unterschieden. Zum einen die Diskriminierung als Grundform der Beschränkung. Hierbei handelt es sich um Ungleichbehandlungen anhand bestimmter Differenzierungsgesichtspunkte. Grundsätzlich liegt eine Diskriminierung dann vor, wenn im Anwendungsbereich einer Grundfreiheit an die Staatsangehörigkeit, die ausländische Ansässigkeit oder eine frühere ausländische Ansässigkeit angeknüpft wird[384]. Daneben sind solche Regelungen Beschränkungen, die rechtlich im In- und Ausland ansässige Personen gleich behandeln, aber rein tatsächlich und im Ergebnis zu einer Schlechterstellung von Ausländern oder im Ausland ansässiger Personen führen. Das sind die versteckten Diskriminierungen. Die dritte ist die allgemeine Beschränkung, welche Maßnahmen erfasst, die in anderer Weise geeignet sind, die Tätigkeit des Leistenden zu unterbinden oder zu behindern und die grenzüberschreitende Erbringung von Dienstleistungen weniger attraktiv zu machen[385].

---

381 *Jarass*, EuR 2000, 705, 708.

382 Vergleiche zum Adressaten der Dienstleistungsfreiheit oben § 4 A.I.4.

383 EuGH v. 29.04.99, Slg. 1999, I-2517 Rn. 32; *Roth,* in: Dauses, Handbuch des EU-Wirtschaftsrechts, E. I Rn. 19.

384 *Jarass*, EuR 2000, 705, 709f.; EuGH v. 07.02.79, Slg. 1979, 399 Rn. 16ff.; v. 06.10.81 Slg. 1981, 2311 Rn. 20.

385 EuGH v. 25.07.91, Slg. 1991, I-4221 Rn. 12ff.; v. 09.08.94, Slg. 1994, I- 3803 Rn. 14; v. 05.06.97, Slg. 1997, I-3091 Rn. 16; v. 12.12.96, Slg. 1996, I-6511 Rn. 25; v. 23.11.99, Slg. 1999, I-8453 Rn. 33; *Jarass*, EuR 2000, 705, 710; *Koenig/Haratsch*, Europarecht Rn. 675.

aa) Unmittelbare Diskriminierung

Nach Art. 50 S. 3 EGV wird die Dienstleistungsfreiheit in einem Mitgliedstaat beschränkt, wenn Dienstleistungen für EU-Ausländer nicht „unter den Voraussetzungen, welche dieser Staat für seine eigenen Angehörigen vorschreibt“ erlaubt werden. Es geht also um Ungleichbehandlungen, die an die Staatsangehörigkeit eines Unternehmers oder die Ansässigkeit eines Unternehmens anknüpfen[386]. Die Dienstleistungsfreiheit garantiert ein umfassendes Diskriminierungsverbot[387], welches eine spezielle Ausprägung des allgemeinen Diskriminierungsverbotes aus Art. 12 EGV ist[388]. Auch wenn Art. 12 EGV nach seinem Wortlaut nur an die Staatsangehörigkeit als unzulässiges Differenzierungskriterium anknüpft (formelle Diskriminierung), so wird sein Anwendungsbereich materiell auf alle Differenzierungen erweitert, die im Ergebnis auf eine Diskriminierung nach der Staatsangehörigkeit hinauslaufen[389]. Das Diskriminierungsverbot im Anwendungsbereich der Dienstleistungsfreiheit erfasst auch eine geringfügige rechtliche Diskriminierung[390]. Weil die Dienstleistungsfreiheit jede faktische oder materielle Schlechterstellung grenzüberschreitender Leistungserbringung schützt[391] und sie auch Diskriminierungen mit einbezieht, die auf unterschiedlichen Aufenthaltsorten beruhen, ist sie insofern weiter als Art. 12 EGV[392]. Damit sind die Art. 49ff. EGV spezieller und Art. 12 EGV findet keine Anwendung[393]. Festzuhalten ist: Eine Diskriminierung liegt vor, wenn nach der Staatsangehörigkeit oder dem Aufenthaltsort differenziert wird oder nach Kriterien, die materiell auf eine Differenzierung nach der Staatsangehörigkeit oder dem Aufenthaltsort hinauslaufen. Im Rahmen der Dienstleistungsfreiheit ist es nicht möglich, Ausländer gegenüber Inländern besser zu stellen. Aus der passiven Dienstleistungsfreiheit ergibt sich der Grundsatz der Inländergleichbehandlung[394], weil jede Schlechterstellung inländischer Anbieter zu einer Benachteili-

---

386 *Jarass*, EuR 2000, 705, 707.

387 EuGH v. 23.11.99, Slg. 1999, I-8453 Rn. 33f.; *Ipsen*, Gemeinschaftsrecht, S. 645.

388 *Epiney*, in: Calliess/Ruffert, EUV/EGV, Art. 3 EGV Rn. 1.

389 *Mc Donald*, Die Auslegung der Dienstleistungsfreiheit, S. 46f.

390 EuGH v. 04.04.74, Slg. 1974, 359 Rn. 45/47.

391 *Jarass*, EuR 2000, 705, 710.

392 *Völker*, Passive Dienstleistungsfreiheit im Europäischen Gemeinschaftsrecht, S. 134; vergleiche auch *Rolshoven*, „Beschränkungen“ des freien Dienstleistungsverkehrs, S. 157.

393 *Streinz*, Europarecht, Rn. 668; *Sterner*, Rechtsbindungen und Rechtsschutz, 1996, S. 44; *Flach*, Rechtsbindungen einer industriepolitischen Instrumentalisierung öffentlicher Aufträge, S. 53f.; *Götz*, Öffentliche Beschaffungsmärkte und Europarecht, 1999, S. 23.

394 *Völker*, Passive Dienstleistungsfreiheit im Europäischen Gemeinschaftsrecht, S. 129ff.

gung ausländischer Nachfrager führen kann. Ob diese Dimension hier jedoch betroffen sein kann, ist fraglich. Das Vergabeverfahren regelt ausschließlich die Nachfrage durch den Staat, der nicht Berechtigter aus der passiven Dienstleistungsfreiheit ist. Somit handelt es sich in Fragen des Vergabeverfahrens um eine Durchbrechung des Grundsatzes der Inländergleichbehandlung. Inländer dürfen auch schlechter gestellt werden, weil Nachfrager unter diesen Vorschriften nur die Adressaten der Grundfreiheiten sind und der Reflex über die passive Dienstleistungsfreiheit in diesen Fällen nicht funktioniert.

Die Vergabegesetze der Länder verlangen, dass alle Auftragsbewerber, zusammen mit ihrem Angebot, eine Tariftreueerklärung abgeben. Eine Unterscheidung zwischen deutschen und eu-ausländischen Anbietern wird nicht gemacht. Ebenso wenig wird zwischen ortsansässigen und auswärtigen Bewerbern unterschieden, sondern ausnahmslos alle Bieter unterliegen dem Tariftreueerfordernis. Das Erfordernis der Abgabe einer Tariftreueerklärung knüpft nicht an die Staatsangehörigkeit des Auftragbewerbers oder seinen Aufenthaltsort an, sondern gilt unterschiedslos für alle Bewerber gleich. Eine unmittelbare Diskriminierung liegt somit nicht vor.

bb) Mittelbare Diskriminierung

Eine Maßnahme, die In- und Ausländer nach dem Wortlaut der Vorschriften gleich behandelt, kann eine Beeinträchtigung der Grundfreiheiten des EG-Vertrages darstellen. Dies ist dann der Fall, wenn die Regelung an Umstände anknüpft, die regelmäßig allein von Inländern oder Ausländern erfüllt werden[395]. Es handelt sich um Regelungen, die in Anbetracht der sachlichen Umstände erwarten lassen, dass sie für Nicht-Inländer mit nachteiligen Auswirkungen oder Behinderungen verbunden sind[396]. Das ist die sogenannte materielle oder indirekte Diskriminierung. Die indirekte Diskriminierung hat sich parallel zu der indirekten Diskriminierung im Beschränkungsbegriff bei der Warenverkehrsfreiheit entwickelt. Eine Behinderung der Warenverkehrsfreiheit kann auch dann vorliegen, wenn zwar die Regelungen auf ausländische und inländische Waren gleichmäßig Anwendung finden, sich eine Behinderung aber daraus ergibt, dass Regelungen der Produktqualität getroffen werden. Die ausländischen Anbieter richten ihre Produkte auf die Qualitätsstandards aus, die in ihrem Heimatstaat gelten. Wenn die Produktstandards nun voneinander abweichen, so können die Waren aus dem Staat mit den niedrigeren Standards nicht abgesetzt werden; es

---

[395] EuGH v. 04.04.74, Slg. 1974, 359 Rn. 43/44.

[396] *Kluth,* in: Calliess/Ruffert, EUV/EGV, Art. 50 EGV Rn. 37.

liegt dann eine Behinderung des Exports vor.[397] In der Sache spricht viel dafür, dass die Situation im freien Dienstleistungsverkehr nicht anders als beim Warenverkehr zu sehen ist[398]. Eine mittelbare Diskriminierung im freien Dienstleistungsverkehr liegt dann vor, wenn die in Frage stehende Regelung an Merkmale anknüpft, die scheinbar staatsangehörigkeitsneutral sind und insofern unterschiedslos für In- und Ausländer gelten, im Ergebnis aber ebenfalls ausländische Dienstleistungserbringer benachteiligen[399].

Im Einzelnen ist die Abgrenzung zwischen einer mittelbaren Diskriminierung und einer allgemeinen Beschränkung schwierig[400]. Hierbei ist es nicht möglich, auf die Unterscheidung auf Tatbestandsseite und Rechtsfolgenseite der beschränkenden Norm abzustellen[401]. Nach einer solchen Abgrenzung läge eine mittelbare Diskriminierung immer dann vor, wenn die in Frage stehende, belastende Norm auf der Tatbestandsseite an Merkmale anknüpfte, die in der Regel von EG-Ausländern erfüllt werden und dann die belastende Rechtsfolge auslöst. Auf der anderen Seite handelte es sich nach einer solchen Abgrenzung immer dann um eine allgemeine Beschränkung, wenn eine Norm alle Marktteilnehmer erfasst, auch die gleiche Rechtsfolge anordnet, sich diese Rechtsfolge jedoch nur bei den EG-Ausländern negativ auswirkte. Eine derartige Abgrenzung hätte jedoch zur Folge, dass der Gesetzgeber anhand der Ausgestaltung der Norm, unabhängig von ihren materiellen Wirkungen, sie als Beschränkung oder mittelbare Diskriminierung ausgestalten könnte. Dadurch hätte er selbst in der Hand, welche Rechtfertigungserfordernisse erfüllt werden müssen. Die Abgrenzung zwischen mittelbarer Diskriminierung und allgemeiner Beschränkung setzt jedoch stets eine materielle Bewertung der Norm voraus[402]. Zielt die Regelung regelmäßig und in der Mehrzahl der Fälle auf Dienstleistungserbringer aus anderen Mitgliedstaaten ab, so handelt es sich um eine mittelbare Diskriminierung. Hingegen liegt eine Beschränkung dann vor, wenn sie in unterschiedlicher Intensität typischerweise auch Dienstleistungserbringer trifft, die im Empfangsstaat ansässig sind[403].

---

[397] EuGH v. 20.02.79 Slg. 1979, 649 Rn. 14.

[398] *Jarass*, EuR 1986, 75, 87.

[399] Vgl. *Rolshoven*, „Beschränkungen" des freien Dienstleistungsverkehrs, S. 152f.

[400] *Hailbronner/Nachbaur*, EuZW 1992, 105, 111; *Kluth*, in: Calliess/Ruffert, EUV/EGV, Art. 50 EGV Rn. 57; *Holoubek*, in: Schwarze, EUV/EGV, Art. 49 EGV Rn. 75.

[401] *Hailbronner/Nachbaur*, EuZW 1992, 105, 111f.

[402] *Holoubek*, in: Schwarze, EUV/EGV, Art. 49 EGV Rn. 75.

[403] *Holoubek*, in: Schwarze, EUV/EGV, Art. 49 EGV Rn. 75.

aaa) Anpassungsaufwand

Die Tariftreueerklärungen bewirken, dass alle Auftragnehmer mindestens die gleichen Tariflöhne an ihre Arbeitnehmer bezahlen. Dadurch werden alle Unternehmen, die nicht örtlich tarifgebunden sind, gezwungen, bei Auftragsausführung ihr Lohnzahlungsverhalten zu überprüfen. Sie müssen den maßgeblichen Lohn für den Auftrag feststellen, mit den eigenen Löhnen vergleichen und dann eventuell entsprechend anpassen. Wobei in diesem Falle mit erheblichem Aufwand festzustellen ist, welcher Arbeitnehmer wie lange auf der betreffenden Baustelle gearbeitet hat. Aus diesen Informationen ist dann der richtige Lohn für jeden Arbeitnehmer zu berechnen. Wie bereits festgestellt, unterfallen den örtlich geltenden Tarifverträgen nur diejenigen Unternehmen, die ortsansässig sind. So benachteiligt der Verwaltungsaufwand alle nicht-tariflich gebundenen Bewerber. Das sind zum einen solche, die in Deutschland ansässig sind und zum anderen solche, die aus dem EU-Ausland kommen. Es werden jedoch auch die tariflich gebundenen Auftragnehmer benachteiligt, wenn sie aufgrund ihrer auswärtigen Ansässigkeit den Bindungen des maßgeblichen Tarifvertrages nicht unterliegen. Hiervon sind wiederum Unternehmen betroffen, die sowohl in Deutschland als auch im EU-Ausland ansässig sind. Die Tariftreueerklärung benachteiligt somit nicht allein ausländische Anbieter, sondern auch inländische. Die Dienstleistungsfreiheit verbietet neben den materiellen Diskriminierungen auch lediglich geringfügige Diskriminierungen[404]. Es reicht in diesem Zusammenhang auch aus, wenn die Benachteiligung Ausländer stets und die Inländer nur in bestimmten Fällen betroffen sind. Wenn eine Regelung nicht ausschließlich oder vorwiegend Ausländer betrifft, liegt hingegen keine versteckte Diskriminierung vor[405]. Die Zahl derjenigen Unternehmen, die in dieser Dimension nicht benachteiligt werden, ist vergleichsweise gering, weil es im Vergleich aller potentiell leistungsfähigen Unternehmen nur verhältnismäßig wenige gibt, die ortsansässig und tarifgebunden sind. Aber in dem jeweils konkreten Vergabeverfahren werden sich die ortsansässigen Unternehmen stets bewerben, weil sie eine besondere örtliche Nähe aufweisen. Auswärtige Anbieter hingegen haben eine größere Hemmschwelle, weil sie schon allein wegen des Weges mit zusätzlichen logistischen Problemen und aber auch Kosten konfrontiert sind, die allein aus der Entfernung resultieren. In der Regel liegen besondere Gründe vor, wenn sich ein auswärtiges Unternehmen um einen solchen Auftrag bewirbt. Sei es, dass das Unternehmen eine schlechte Auftragslage hat und Überkapazitäten auslasten will, sei es, dass es über ein besonderes Know-how hinsichtlich der Leistungen bei diesem konkreten Auftrag verfügt oder dass es sonstige Produktions-

---

[404] *Wetzel*, Dienstleistungsfreiheit, S. 70; *Jarass*, EuR 1986, 75, 84.

[405] EuGH v. 24.10.78, Slg. 1978, 1971 Rn. 4 u. 6.

faktoren aufweist, die den auswärtigen Auftrag für das Unternehmen lukrativ machen. Daher werden sich in der Regel auswärtige Unternehmen seltener bewerben. Mithin werden bei einem Vergabeverfahren in der Regel örtlich ansässige Unternehmen mit auswärtigen konkurrieren. EU-ausländische Auftragsbewerber werden somit beim konkreten Vergabeverfahren regelmäßig mit Unternehmen konkurrieren, im Vergleich zu denen sie benachteiligt sind. Insoweit wirkt sich die Tariftreuepflicht als mittelbare Diskriminierung aus, weil Auftragsbewerber aus dem EU-Ausland stets mit zusätzlichen Verwaltungsaufgaben belastet sind, denen ihre deutschen, ortsansässigen Mitbewerber teilweise nicht ausgesetzt sind.

bbb) Lohnaufwand

Der Lohnaufwand ist jedoch in diesem Zusammenhang von wesentlich größerem Interesse für die betroffenen Unternehmen, weil er höhere zusätzliche Kosten verursacht als der Verwaltungsaufwand. Die Kostensituation der meisten auswärtigen und nicht-tarifgebundenen Bewerber verschlechtert sich, während sie beim tarifgebundenen deutschen Anbieter unverändert bleibt. Ob es sich dabei stets um eine Schlechterstellung der Kostensituation für den auswärtigen oder nicht-tarifgebundenen Bewerber gegenüber anderen Aufträgen handelt, lässt sich jedoch nicht generell feststellen, sondern kommt auf die Höhe der Lohnverpflichtungen des konkreten Unternehmens gegenüber seinen einzelnen Arbeitnehmern an. Jedoch ist aufgrund des allgemein hohen Lohnniveaus in Deutschland[406] und der Tatsache, dass Tariflöhne regelmäßig höher liegen als individualvertraglich verhandelte Löhne, davon auszugehen, dass nicht-tarifgebundene Bieter und solche aus dem europäischen Ausland bei Leistungserbringung mit Zahlung der örtlichen Tariflöhne höhere Lohnkosten haben als bei anderweitiger Leistungserbringung. Weil hingegen ortsansässige, tarifgebundene Bewerber stets die gleiche Lohnhöhe zu entrichten haben, könnte es sich bei der Tariftreue um eine Benachteiligung der auswärtigen und nicht-tarifgebundenen Bewerber durch höhere Lohnverpflichtung handeln.

Fraglich ist, ob es sich hierbei um eine Benachteiligung ausländischer Anbieter handelt. Man könnte überlegen, ob die Tariftreueregelung nur eine Gleichstellung zur Folge hat und keine Benachteiligung, denn die ausländischen Anbieter werden nicht gezwungen, mehr als ihre inländischen Mitbewerber zu bezahlen, sondern müssen nur das gleiche bezahlen. Sie bezahlen nur mehr, als sie bei anderen Aufträgen zahlen müssten. Im Grundsatz verbietet die Dienstleistungsfreiheit nicht mitgliedstaatliche Begrenzungen, die der Mitgliedstaat für die

---

[406] Vgl. Eurostat Jahrbuch 2001.

eigenen Angehörigen auch vorsieht[407]. Dagegen wird jedoch angeführt, dass es ausreiche, wenn eine Regelung verhindert, dass ein ausländischer Kostenvorteil in den Wettbewerb eingebracht werden kann[408]. Zwar fordert Art. 3 Abs. 1 lit. g EGV ein System, das den Wettbewerb vor Verfälschungen schütze, was auch die Chancengleichheit der Wirtschaftsteilnehmer umfasse[409]. Wenn gleicher Lohn zu zahlen ist, werden dadurch die Chancen im Wettbewerb angeglichen. Aber bei den niedrigen Löhnen der auswärtigen und nicht-tarifgebundenen Anbieter handelt es sich um Chancenvorteile, die gerade im Wettbewerb entstanden sind. Diese Vorteile werden jedoch nicht durch das Diskriminierungsverbot geschützt. Es handelt sich nicht um eine materielle Diskriminierung, weil diese immer voraussetzt, dass eine belastende Rechtsfolge an Eigenschaften geknüpft wird, die ausschließlich oder vorwiegend von Ausländern erfüllt werden[410]. Jedoch liegt hier keine gegenüber ansässigen, tarifgebundenen Unternehmen belastende Rechtsfolge vor, sondern beide Unternehmensgruppen werden vielmehr gleich behandelt: sie müssen Tariflöhne zahlen. Durch die Tariflohnpflicht ergibt sich nur eine Benachteiligung im Vergleich der Lohnzahlungspflicht auf dem einheimischen Markt und dem Markt in der Bundesrepublik Deutschland unter Tariftreuepflicht. Für eine Diskriminierung ist jedoch die Behandlung der Bewerber auf einem Markt also in einem Mitgliedstaat zu beurteilen[411]. Bei der Kostensituation werden die ausländischen Anbieter jedoch auf dem deutschen Markt nicht höher belastet als die tarifgebundenen Inländer, sondern nur genauso. Damit liegt insoweit keine materielle Diskriminierung vor.

cc) Allgemeines Beschränkungsverbot

Weil für Diskriminierung wie für die faktische oder materielle Schlechterstellung die Benachteiligung grenzüberschreitender Vorgänge kennzeichnend ist[412], stellt die direkte Behinderung grenzüberschreitender Vorgänge, die Verhinderung oder Erschwerung des Zutritts zum Markt eines anderen Mitgliedstaates die offenbar existierende dritte Gruppe der Beschränkungen dar[413]. Eine Anknüpfung an die Staatsangehörigkeit oder den Aufenthaltsort des Dienstleisters

---

407 *Ipsen*, Gemeinschaftsrecht, S. 645.

408 *Knipper*, WuW 1999, 677, 683; *Seifert*, ZFA, 2001, 1, 22.

409 EuGH v. 13.12.91, Slg. 1991, I-5941 Rn. 25.

410 *Bode*, Diskriminierungsverbote, S. 196f.

411 *Troberg*, in: G/T/E, EUV/EGV, Art. 59 EGV Rn. 24.

412 *Jarass*, EuR 2000, 705, 710.

413 *Jarass*, EuR 2000, 705, 711.

ist nicht erforderlich. Diese Maßnahmen können im gleichen Maße auch heimische oder ortsansässige Dienstleistungserbringer treffen. Es solle generell keine sonstigen Beschränkungen des freien Dienstleistungsverkehrs geben[414]. Hierbei handelt es sich ebenfalls um einen Eingriff in den Kernbereich der Grundfreiheiten und ein solcher ist generell als Beschränkung einzustufen, unabhängig davon, ob er zu einer Schlechterbehandlung im Einzelfall führt[415]. Für die Qualifikation als Beschränkung macht es keinen Unterschied, ob die staatliche Maßnahme unmittelbar auf das entsprechende wirtschaftliche Verhalten abzielt oder ob sie sich nur mittelbar auf das Verhalten auswirkt[416]. Es werden auch nicht nur tatsächliche, sondern auch potentielle Effekte erfasst[417]. Diese dürfen jedoch nicht zu indirekt im Hinblick auf den Kausalzusammenhang sein[418].

aaa) Weite Auslegung des allgemeinen Beschränkungsverbotes

Zum Teil wird der Beschränkungsbegriff so weit gefasst, dass jede Behinderung der in den Anwendungsbereich einer Grundfreiheit fallenden Tätigkeit eine Beschränkung darstelle[419]. Eine solche Auslegung ist jedoch zu weit. Die Grundfreiheiten würden dann zu einer Überprüfung aller Hemmnisse des freien Marktes führen, obwohl ihre Funktion auf die Beseitigung der mit den innergemeinschaftlichen Grenzen zusammenhängenden Hemmnisse ausgerichtet ist[420]. Durch die weite Auslegung der Dienstleistungsfreiheit würde diese in die Nähe einer sektoriell begrenzten, grundrechtlichen Gewährleistung der Gewerbefreiheit gerückt[421]. Hemmnisse für die Dienstleistungserbringung sind nach dem EGV durchaus zulässig, unzulässig sind nur solche, die sich auf die grenzüberschreitende Leistungserbringung auswirken. In Anbetracht der Bedenken gegenüber der schon sehr frühen weiten Auslegung der Dienstleistungsfreiheit durch den EuGH, wird zum Teil vertreten, dass ein allgemeines Beschränkungsverbot nur für die Korrespondenzdienstleistungen gelte, während für die sonstigen Fallgruppen nur ein weit verstandenes Beschränkungsverbot Anwendung fän-

---

[414] *Kluth*, in: Calliess/Ruffert, EGV/EUV, Art. 50 Rn. 38.

[415] *Bröhmer*, in: Calliess/Ruffert, EGV/EUV, Art. 43 Rn. 23ff.

[416] *Roth*, in: Dauses, Handbuch des EU-Wirtschaftsrechts, 1993, E. I Rn. 62.

[417] EuGH v. 22.10.98, Slg. 1998, I-6197 Rn. 17.

[418] EuGH v. 14.07.94, Slg. 1994, I-3453 Rn. 24; EuGH v. 05.10.95, Slg. 1995, I-2883 Rn. 41; *Oliver*, CMLRev 1999, 783, 788f.

[419] *Lackhoff*, Die Niederlassungsfreiheit des EGV, 2000, S. 443f.

[420] *Jarass*, EuR 2000, 705, 711.

[421] *Bleckmann*, Europarecht, Rn. 755f.; zum Aspekt der einschränkenden Auslegung des EG-Rechts *GA Lenz*, Schlussantrag Rs. C-415/93, v. 15.12.95, Slg. 1995, I-4921 Ziff. 203ff.

de[422]. Oder zum Teil wird vertreten, dass gegenüber dem Herkunftsstaat die Dienstleistungsfreiheit nur als Diskriminierungsverbot gelte[423]. Dennoch soll hier grundsätzlich ein weiterer Diskriminierungsbegriff zugrunde gelegt werden. Dafür spricht einmal die Funktion, die den Grundfreiheiten im Binnenmarktkonzept zukommt, nämlich die Beseitigung von Hindernissen im freien Waren-, Personen-, Dienstleistungs- und Kapitalverkehr, die Art. 3 lit. c EGV entnommen werden kann[424]. Das Binnenmarktkonzept des EGV geht jedoch auch nicht so weit, dass es einen Markt mit einheitlichen Regelungen fordert, sondern unzulässig sind nur Maßnahmen, die den freien Dienstleistungsverkehr unverhältnismäßig beschränken. Den Mitgliedstaaten bleibt im Rahmen des Subsidiaritätsgrundsatzes ein weitreichender eigener Regelungsspielraum[425]. Zum anderen wird eine solche Auslegung der Dienstleistungsfreiheit auf einen ihr im Hinblick auf die Geltung der Grundrechte im Europarecht zuzubilligenden grundrechtlichen Unterbau getragen[426]. Zu einer Aushöhlung des mitgliedstaatlichen Einflusses kommt es dadurch nicht, weil die Grundfreiheit sich immer noch stets auf ihren grundfreiheitlichen Gewährleistungsinhalt begrenzt und nur dort Geltung entfaltet[427].

bbb) Rechtsprechung *Keck/Mithouard*

Gestützt wird der den nationalen Rechtsordnungen belassene Raum durch die einschränkende Rechtsprechung des Europäischen Gerichtshofes in der Sache *Keck/Mithouard*, die eine einschränkende Auslegung der Grundfreiheiten eingeleitet hat. Der EuGH hat beim freien Warenverkehr eine Schranke für den Anwendungsbereich eingebaut, um eine uferlose Anwendung auf mitgliedstaatliche Regelungen zu unterbinden[428]. Weil die Marktteilnehmer sich immer häufiger auf Art. 28 EGV beriefen, um jedwede Regelung zu beanstanden, die sich negativ auf ihre geschäftliche Freiheit auswirke, seien Bestimmungen, die für

---

422 *Weber*, EWS 1995, 292, 294f.

423 *Randelzhofer/Forsthoff*, in: Grabitz/Hilf, Das Recht der EU, Art. 49/50 EGV Rn. 68; gegenüber dem Herkunftsstaat gelte Art. 49ff. EGV nur als Diskriminierungsverbot. Diese Ansicht wird hier jedoch nicht relevant, weil die Tariftreueerklärungen vom Bestimmungsstaat ausgehen.

424 *Kluth*, in: Calliess/Ruffert, EGV/EUV, Art. 50 Rn. 40.

425 *Kluth*, in: Calliess/Ruffert, EGV/EUV, Art. 50 Rn. 40.

426 *Kluth*, in: Calliess/Ruffert, EGV/EUV, Art. 50 Rn. 41.

427 *Everling*, DB 1990, 1853, 1857.

428 Zur Kritik an der weiten Auslegung beim Warenverkehr mit weiteren Nachweisen *Steindorff*, ZHR 158(1994), 149, 159.

alle Marktteilnehmer gleich gelten und bestimmte Verkaufsmodalitäten beschränken oder verbieten, nicht geeignet, den Handel zwischen den Mitgliedstaaten zu beschränken[429]. Es wird also eine Unterscheidung zwischen vertriebsbezogenen und produktbezogenen Regelungen eingeführt, wobei nur die produktbezogenen zu einer Beschränkung des freien Warenverkehrs im Sinne des EGV führen können, die vertriebsbezogenen unterliegen nur dem Verbot mittelbarer und unmittelbarer Diskriminierungen[430]. Die Parallele der Dienstleistungsfreiheit zur Warenverkehrsfreiheit hat der EuGH schon gezogen, fraglich ist indes, wie die einschränkende Rechtsprechung auf die Dienstleistungsfreiheit zu übertragen ist[431]. Der EuGH hat sich dahingehend geäußert, dass hier die Art des Vertriebes eine Rolle spielen kann, wenn unmittelbar der Zugang zum Markt eines Mitgliedstaates betroffen ist. Entscheidend für die Nichtanwendung der *Keck*-Formel auf den freien Dienstleistungsverkehr war, dass in dem zu entscheidenden Fall nicht das Bestimmungsland, sondern das Ursprungsland der Leistung Urheber der Freiheitseinschränkung war[432]. Diese Unterscheidung kann jedoch nicht wirklich entscheidungserheblich gewesen sein, weil eine Maßnahme nicht nach dem Urheber als vertriebs- oder produktbezogen eingeordnet werden kann[433]. Gedanke der Entscheidung war offenbar, dass vertriebsbezogene Regelungen solche sind, die sich auch nur in einem Staat auswirken. In der Sache ging es hier jedoch um eine Regelung, die sich nicht nur auf den Vertrieb der Finanzdienstleistungen in den Niederlanden, sondern auch in anderen Mitgliedstaaten auswirkte, so dass es sich aus diesem Grund um keine vertriebsbezogene Regelung handelte und eine allgemeine Beschränkung vorlag.

Bei Dienstleistungen stellt sich die Abgrenzung zwischen Vertrieb und Produkt schwerer dar als bei Waren. Vertrieb und Produkt – in diesem Fall die Leistung selbst – gehen häufig ineinander über. Bei Dienstleistungen wird erst der Vertrag geschlossen und dann die Leistung erbracht, während bei Waren meist erst das Produkt hergestellt wird und dann vertrieben wird. Es ließe sich also eine Übertragung dahingehend vornehmen, dass Vorgänge bis zum Vertragsschluss vertriebsbezogen sind und Vorgänge danach produktbezogen. Jedoch scheint dies nicht der treffende Grund zu sein, warum eine einfache Übertragung der Rechtsprechung nicht ohne Weiteres möglich ist. Ein wesentlicher Unter-

---

429 EuGH v. 27.11.93, Slg. 1993, I-6097 Rn. 14, 16.

430 *Kingreen*, Struktur der Grundfreiheiten, S. 57f.

431 Dazu *Rolshoven*, „Beschränkungen“ der Dienstleistungsfreiheit, S. 236ff.; *Kingreen*, Struktur der Grundfreiheiten, S. 62; *Becker*, NJW 1996, 179, 180; *Kort*, JZ 1996, 132, 136f.

432 EuGH v. 10.05.95, Slg. 1995, I-1141 Rn. 38.

433 *Kingreen*, Struktur der Grundfreiheiten, S. 62.

schied zwischen Waren und Dienstleistungen besteht immer nur da, wo ein ständiger grenzüberschreitender Bezug besteht[434]. Bei Waren ist dieser Bezug nach der Einfuhr nicht mehr gegeben, bei Dienstleistungen besteht er häufig fort. Dies liegt daran, dass es bei Waren nur die Qualität des Produktes von der Art seines Vertriebes zu unterscheiden gilt, während bei Dienstleistungen neben der Produktqualität noch weitere Elemente wie etwa auch unternehmens- oder personenbezogene relevant sind[435]. Das Produkt Versicherungspolice hängt trotz besonderer Fairness der Vertragsgestaltung oder der günstigen Prämien entscheidend von der Solvenz des Versicherungsunternehmens ab[436]. Immer dann, wenn bei einer Dienstleistung der ausländische Bezug nicht fortbesteht, ist eine direkte Übertragung der Keck-Rechtsprechung auch möglich. Man kann den Vertrieb der Leistung von der Leistung selbst abgrenzen. Hier ist es dann auch möglich, zwischen vor und nach dem Vertragsschluss zu unterscheiden. Dabei gilt es bei dem Vertragsschluss selbst zu differenzieren. Das „Wie" des Vertragsschlusses, also die Modalitäten seines Abschlusses, gehören noch zum Vertrieb während das „Ob", also der Marktzugang, produktbezogen ist[437]. Dabei dürfen sich vertriebsbezogene Regelungen nur auf die Leistungserbringung in dem Staat auswirken, wo die Leistung erbracht wird, um aus dem Anwendungsbereich des Beschränkungsbegriffs der Dienstleistungsfreiheit ausgenommen zu sein. Damit erfährt der Beschränkungsbegriff durch die Rechtsprechung *Keck* nur eine geringfügige Eingrenzung. Diese Abgrenzung entspricht dem Ansatz des EuGH bei der Warenverkehrsfreiheit, der Regelungen bei Ladenöffnungszeiten und Verkaufsbedingungen aus dem Anwendungsbereich der Warenverkehrsfreiheit herausnehmen wollte[438]. Die Frage, dass ein ausländisches Produkt verkauft werden darf, sollte in jedem Fall weiterhin geschützt sein, jedoch das „Wie" sollte den Mitgliedstaaten überlassen bleiben, wenn es inländische und ausländische Produkte gleich betrifft. Bei der Dienstleistungsfreiheit bleiben nun noch die Dienstleistungen mit dem ständigen ausländischen Bezug übrig. Sie werden neben den produkt- und vertriebsbezogenen Hindernissen noch durch die unternehmensbezogenen Hindernisse beschränkt. Sie gehören nicht zu dem ausgenommenen Bereich der *Keck*-Rechtsprechung und unterfallen auch dem allgemeinen Beschränkungsbegriff[439]. Bei der Dienstleistungsfreiheit gilt es, den

---

[434] *Knobl*, Ein Meilenstein im Europarecht der Bank- und Wertpapierdienstleistungen sowie im Anwendungsbereich der Dienstleistungsfreiheit, in: WBl., Wien, 1995, 309, 312f.

[435] *Troberg*, in: G/T/E, EUV/EGV, Art. 59 EGV Rn. 35.

[436] *Troberg*, in: G/T/E, EUV/EGV, Art. 59 EGV Rn. 35.

[437] *Randelzhofer/Forsthoff*, in: Grabitz/Hilf, Das Recht der EU, Art. 49/50 Rn. 98 grenzen ebenso materiell nach dem Zugang zum Markt ab.

[438] *Everling*, in: GS-Knobbe-Keuk, S. 607, 621.

[439] *Troberg*, in: G/T/E, EUV/EGV, Art. 59 EGV Rn. 35.

beiden Kategorien „produktbezogen“ und „vertriebsbezogen“ noch die dritte Kategorie „unternehmensbezogene“ Beschränkungen hinzuzufügen, die stets allgemeine Beschränkungen der Dienstleistungsfreiheit darstellen.

dd) Tariftreue als allgemeine Beschränkung

Es stellt sich die Frage, ob die unmittelbar durch die höheren Löhne bewirkten Kosten eine allgemeine Beschränkung des freien Dienstleistungsverkehrs darstellen. Die Tariftreuepflicht bei öffentlichen Aufträgen bewirkt, dass der erfolgreiche Auftragnehmer seine Arbeitnehmer nach den deutschen Tariflöhnen bezahlen muss. Das bedeutet für die meisten Auftragnehmer aus dem EU-Ausland, dass sie höhere Löhne zahlen müssen als bei Auftragsausführung in ihrem Heimatstaat, was höhere Kosten verursacht. Diese Aussage gilt uneingeschränkt nur für solche Auftragnehmer, die ihren Arbeitnehmern gegenüber nicht verpflichtet sind, ohnehin höhere Löhne als die örtlich geltenden Tariflöhne zu zahlen. Jedoch liegen die Löhne in der Bundesrepublik Deutschland im EU-Vergleich sehr hoch, so dass diese Aussage für die meisten Vergabeverfahren zutrifft. Eine solche potentielle Benachteiligung der grenzüberschreitenden Erbringung der Leistung reicht jedoch für eine Beschränkung des freien Dienstleistungsverkehrs aus[440]. Die Auftragsbewerber aus dem EU-Ausland sind somit nicht gegenüber den ortsansässigen Mitbewerbern benachteiligt, sondern ohne Vergleichsgruppe aufgrund der Tatsache, dass die Leistung grenzüberschreitend nach Deutschland erbracht wird. Dadurch wird die grenzüberschreitende Leistung schlechter gestellt als die Erbringung der gleichen Leistung im Inland. Das Erfordernis einer Tariftreueerklärung führt mittelbar dazu, dass Auftragsbewerber aus dem EU-Ausland sich eher gegen eine Bewerbung um einen Auftrag mit Tariftreueerfordernis bemühen, weil sich ihre Kostensituation dadurch in den meisten Fällen verschlechtert.

Der Bieter unterliegt jedoch schon im Heimatland der zivilrechtlichen Pflicht, Löhne zu zahlen. Durch die grenzüberschreitende Tätigkeit wird er zusätzlich mit der Pflicht belegt, seinen Arbeitnehmern einen Zuschlag zu zahlen, um die Tariflöhne in Deutschland zu erreichen. Man könnte argumentieren, dass es sich hierbei nicht um eine zusätzliche Pflicht, sondern nur eine graduelle Verstärkung der ohnehin bestehenden Lohnzahlungspflicht handelt. Nach dem EuGH hingegen erfasst die Dienstleistungsfreiheit sämtliche Beschränkungen des Dienstleistungsverkehrs zwischen den Mitgliedstaaten, auch dann, wenn sie unterschiedslos inländische wie ausländische treffen, sofern sie geeignet sind, die Tätigkeit von Dienstleistern, die in einem anderen Mitgliedstaat ansässig sind und dort rechtmäßig ähnliche Dienste erbringen, zu unterbinden (Auslands-

[440] EuGH v. 22.10.98, Slg. 1998, I-6197 Rn. 17.

erbringung nur wegen geringerer Löhne möglich) zu behindern oder weniger attraktiv zu machen[441]. Danach reicht auch eine graduelle Verschlechterung aus.

Offen bleibt die Frage, ob eine Beschränkung eventuell deshalb nicht vorliegt, weil es sich um eine unterschiedslos geltende, vertriebsbezogene Maßnahme handelt. Dafür spricht, dass die Tariftreue sich ausschließlich auf die Erbringung der Leistung im Bestimmungsland auswirkt und die Regelung auch von dem Bestimmungsland getroffen worden ist. Zudem scheinen hier auch Modalitäten des Vertragsschlusses selbst geregelt zu sein. Vertragsschluss nur dann, wenn auch eine Tariftreueerklärung abgegeben wird und auch in Zukunft nur dann, wenn Tariftreue auch eingehalten wird. Trotzdem handelt es sich nicht um eine vertriebsbezogene Maßnahme. Gegenstand der Maßnahme ist die Zahlung von Tariflöhnen und nicht die Abgabe der Tariftreueerklärung. Es geht damit um ein bestimmtes Verhalten bei der Erbringung der Leistung selbst. Verhalten bei Leistungserbringung ist produktbezogen und daher ist die Regelung in erster Linie produkt- und nicht vertriebsbezogen. Wenn man hingegen darauf abstellt, dass hier dennoch der Vertragsschluss selbst beeinflusst werden soll, sei es, dass der Auftraggeber wegen Verstoß gegen eine Tariftreueerklärung den eu-ausländischen Bewerber ausgeschlossen hat oder sei es, dass eu-ausländische Unternehmen sich nicht mehr um die Aufträge bewerben, so handelt es sich dennoch um eine produktbezogene Modalität, weil sie nicht nur das „Wie“ des Vertragsschlusses, sondern bereits das „Ob“ betreffen. Damit ist unabhängig von der Frage, ob eine Übertragung der *Keck/Mithouard* Rechtsprechung auf den freien Dienstleistungsverkehr geboten ist, auch durch die potentielle Bewirkung höherer Löhne bei den eu-ausländischen Auftragnehmern durch die Tariftreuepflicht, eine allgemeine Beschränkung zu bejahen.

ee) Ergebnis

Festzuhalten ist, dass die deutschen Tariftreueklauseln den freien Dienstleistungsverkehr in zweifacher Hinsicht einschränken. Eine mittelbare oder materielle Diskriminierung liegt insofern vor, als dass ausländischen Unternehmen zusätzlicher Verwaltungsaufwand für die Feststellung und Auszahlung der Tariflöhne aufgebürdet wird. Zudem liegt in der Verpflichtung, die in der Regel höheren örtlichen Tariflöhne zu bezahlen, eine allgemeine Beschränkung der Dienstleistungsfreiheit, weil die ausländischen Unternehmen in Folge der grenzüberschreitenden Erbringung höhere Kosten aufgebürdet werden[442]. Sie können

---

[441] EuGH v. 03.02.82, Slg. 1982, 223 Rn. 8; v. 03.12.74, Slg. 1974, 1299 Rn. 10, 12; v. 12.12.96, Slg. 1996, I-6511 Rn. 21.

[442] So im Ergebnis auch *Meyer,* Die Einbeziehung politischer Zielsetzungen bei der öffentlichen Beschaffung, S. 219.

ihren Wettbewerbsvorteil der niedrigeren Lohnkosten nicht in den Wettbewerb eines anderen Mitgliedstaates einbringen.

6. Zulässigkeit der Beschränkung der Dienstleistungsfreiheit

Nach der Rechtsprechung des EuGH müssen nationale Maßnahmen, die die Ausübung der durch den Vertrag garantierten grundlegenden Freiheiten behindern oder weniger attraktiv machen, vier Voraussetzungen erfüllen, um gerechtfertigt, europarechtlich zulässig zu sein: sie müssen in nicht diskriminierender Weise anzuwenden sein, sie müssen sich aus zwingenden Gründen des Allgemeininteresses rechtfertigen lassen, sie müssen zur Zielerreichung geeignet sein und zur Zielerreichung erforderlich[443].

Es ist indes fraglich, ob versteckte Diskriminierungen dieser Schrankensystematik unterfallen oder ebenfalls wie die offenen Diskriminierungen nach Art. 55 i.V.m. Art. 46 EGV gerechtfertigt werden müssen[444]. *Kluth* geht davon aus, dass die Fälle der versteckten Diskriminierungen immer dem allgemeinen Beschränkungsverbot zuzuordnen sind, weil der EuGH in der *Van Binsbergen* Entscheidung eine Residenzpflicht – welche offenbar eine versteckte Diskriminierung darstellt – nicht anhand des absoluten Diskriminierungsverbotes auf seine Vereinbarkeit mit der Dienstleistungsfreiheit überprüft hat, sondern überprüft, ob die Regelung durch zwingende Allgemeininteressen gerechtfertigt sein kann[445]. Dagegen gehen *Classen*[446] und *Weber*[447] von einer Differenzierung anhand der einschlägigen Erbringung der Dienstleistung aus: Werden Korrespondenzdienstleistungen erbracht, so gilt das allgemeine Beschränkungsverbot; bei Grenzübertritt gilt hingegen ein weit verstandenes Diskriminierungsverbot, so dass hier auch versteckte Diskriminierungen nur nach Art. 55 i.V.m. Art. 46 EGV gerechtfertigt werden können. Wenn aber – wie hier – von einem einheitlichen Begriff der Dienstleistung ausgegangen werden soll, so widerspricht das einer solchen Differenzierung. Es ist sinnvoller im Rahmen der Abwägung der höheren Eingriffsintensität bei versteckten Diskriminierungen Rechnung zu tragen. Inländische Maßnahmen, die zu einer faktischen Diskriminierung führen, können daher auch durch das Allgemeininteresse gerechtfertigt sein und dem

---

443 *Kluth,* in: Calliess/Ruffert, EUV/EGV, Art. 50 EGV Rn. 54. Zur ungeklärten Frage der Existenz und Notwendigkeit eines Gesetzesvorbehalts für Beschränkungen der Grundfreiheiten vergleiche *Jarass*, EuR 30 (1995), 202, 222.

444 *Kluth,* in: Calliess/Ruffert, EUV/EGV, Art. 50 EGV Rn. 56.

445 *Kluth,* in: Calliess/Ruffert, EUV/EGV, Art. 50 EGV Rn. 57.

446 *Classen*, EWS 1995, 97, 104f.

447 *Weber*, EWS 1995, 292, 295f.

Verhältnismäßigkeitsgrundsatz entsprechen[448]. Die nationale Maßnahme, die grenzüberschreitende Dienstleistungserbringung beschränkt, muss demnach geeignet sein, die Verwirklichung des mit ihnen verfolgten Zieles zu erreichen und darf nicht über das Maß hinausgehen, welches zur Zielerreichung erforderlich ist[449].

a) Art. 55 i.V.m. Art. 46 EGV – „Ordre public"-Klausel

Diskriminierungen und auch alle sonstigen Beschränkungen können nach Art. 55 i.V.m. Art. 46 Abs. 1 EGV ausnahmsweise zulässig sein, wenn sie aus Gründen der „öffentlichen Ordnung, Sicherheit oder Gesundheit gerechtfertigt sind" (ordre public-Klausel). Außer der Störung der Öffentlichen Ordnung, die jede Gesetzesverletzung schon darstellt, muss eine tatsächliche und hinreichende Gefährdung vorliegen, die ein Grundinteresse der Gesellschaft berührt[450]. Bei der Auftragsvergabe im Rahmen der Vergaberichtlinien geht es ausschließlich um die Steuerung der Wirtschaftsmacht durch Kapital, die der Staat als großer Nachfrager von Leistungen hat und die für den Staat wirtschaftliche Beschaffung von Leistungen. Wenn der Staat nur noch Unternehmen beauftragt, die Tariflöhne zahlen, so geht es um die Förderung bestimmter Auftraggeber oder die Veranlassung der Auftraggeber zu einem bestimmten Verhalten gegenüber ihren Arbeitnehmern. Öffentliche Ordnung, Sicherheit oder die Gesundheit sind jedoch keine durch die Tariftreue verfolgten Ziele. Die festgestellten Beschränkungen der Dienstleistungsfreiheit sind somit nicht durch Art. 55 i.V.m. Art. 46 EGV gerechtfertigt. Daher spielen diese Vorschriften bei dem hier zu beurteilenden vergaberechtlichen Sachverhalt keine Rolle und können nicht für eine Rechtfertigung der vorliegenden Beschränkungen des freien Dienstleistungsverkehrs herangezogen werden.[451]

b) Rechtfertigende Belange des Allgemeininteresses

Mittelbar diskriminierende Beschränkungen dürfen aus Gründen des zwingenden Allgemeininteresses erfolgen und nur, wenn sie für alle in dem Bereich tätigen Personen oder Unternehmen gelten[452]. Die rechtlich gleiche

---

[448] *Jarass*, EuR 1986, 75, 89.

[449] EuGH v. 23.11.99, Slg. 1999, I-8453 Rn. 35; v. 31.03.93, Slg. 1993, I-1663 Rn. 32; v. 30.11.95, Slg. 1995, I-4165 Rn. 37, v. 15.03.01, Slg. 2001, I-2189 Rn. 27ff.

[450] EuGH v. 18.05.82, Slg. 1982, 1665 Rn. 8.

[451] *Kling*, EuZW 2002, 229, 232.

[452] *Seifert*, ZFA 2001, 1, 22.

Betroffenheit aller Auftragsbewerber durch die Tariftreueerklärungen ist bereits festgestellt worden (vergleiche oben). Es stellt sich nunmehr die Frage, welche zwingenden Belange des Allgemeininteresses mit den Vergabegesetzen verfolgt werden. Dabei stellt sich die Frage, ob dabei nur solche Belange in Betracht zu ziehen sind, die der Gesetzgeber mit dem in Frage stehenden Gesetz bewusst bezwecken wollte oder ob das Gesetz objektiv auszulegen ist. Der EuGH stellt die verfolgten Interessen objektiv fest. Dabei sind die Absichten des Gesetzgebers, wie sie bei Debatten erörtert und in Gesetzesbegründungen dargelegt werden, nicht ausschlaggebend, sondern dienen lediglich als Anhaltspunkte[453]. In der Gesetzgebungspolitik laufen die nationalen Interessen den europäischen häufig zuwider. So werden Gesetze mit Zwecken begründet, die den Zielsetzungen des europäischen Rechts entgegenstehen, nur um sie in dem Mitgliedstaat politisch durchzusetzen oder weil sie dem nationalen Wahlvolk gegenüber opportun sind. Bezöge sich der EuGH ausschließlich auf diese Intentionen, so wären diese Gesetze europarechtswidrig. Der EuGH lässt sich jedoch nicht bei der Auslegung der Gesetze auf die vom nationalen Gesetzgeber intendierten Zwecke beschränken, sondern bestimmt den Gesetzeszweck objektiv nach den allgemeinen Auslegungsmethoden. Das entspricht der Auslegung durch den Gesetzesanwender und ist daher der richtige Maßstab. Maßstab müssen die realen Auswirkungen eines Gesetzes sein und nicht diejenigen, die der Gesetzgeber beabsichtigte.

aa) Absichten der Gesetzgeber

Die Länder rechtfertigen die gesetzlichen Regelungen der Tariftreueerklärungen mit der Notwendigkeit, die andernfalls eintretende Arbeitslosigkeit unter den ortsansässigen Bauarbeitern und die daraus entstehenden Folgekosten reduzieren und eine gesunde Struktur regionaler Baufirmen sichern zu müssen[454]. Es gehe ihnen um die Bekämpfung von Lohndumping und dadurch bedingte Arbeitslosigkeit unter den einheimischen Bauarbeitnehmern[455]. Es bestehe eine erhebliche Wettbewerbsverzerrung zu Lasten der einheimischen insbesondere mittelständischen Unternehmen mit deutschen Arbeitnehmern[456]. In Berlin ging es zusätzlich um Bauunternehmen, die ihren Sitz in das Land Brandenburg verlegt haben oder dort neue Niederlassungen gegründet haben[457]. Dieses Verhalten

---

453 EuGH v. 25.10.01, Slg. 2001, I-7831 Rn. 40f.; v. 24.01.02, Slg. 2002, I-787 Rn. 27f.

454 So dargestellt bei *Kempen,* in: FS Däubler, S. 503, 505.

455 *Kreiling,* NZA 2001, 1118.

456 Landtag des Saarlandes, Drucks. 12/150, S. 5; Bayerischer Landtag, Drucks. 14/3498 v. 02.05.00, S. 1, wo zusätzlich auf die bayerischen Arbeitnehmer hingewiesen wird.

457 Vergleiche *von Voigt,* ZVgR 1999, 291.

führte nicht nur zu Kostensenkungen zu Lasten der Arbeitnehmer und Arbeitsplatzverlust, sondern hat auch erhebliche Steuerausfälle im Land Berlin verursacht. Das Vergabegesetz soll die Leistungsfähigkeit der Berliner Bauindustrie fördern[458]. Der Bundesgesetzgeber hatte im Vorfeld zu seiner geplanten Tariftreueregelung ähnliche Motive wie die Länder. Der deutsche Baumarkt sei der offenste in der EU, und daher biete er vor allem ausländischen Billigunternehmern ein weites Betätigungsfeld, wodurch es zu einem enormen Konkurrenzdruck und einem ruinösen Wettbewerb gekommen sei[459]. Die Zahl der Arbeitsplätze mit tarifgerechter Bezahlung sinke stetig[460]. Auf Bundesebene wurde die Tariftreue insbesondere als eine Lösung gesehen, um die deutsche Bauindustrie aus ihrer Krise herauszuführen[461]. Wettbewerb sollte nicht mehr über die Lohnspirale nach unten, sondern über Produktivität und Qualität von Leistungen stattfinden[462]. Aus den geäußerten Absichten lassen sich damit zwei verfolgte Ziele herauskristallisieren: Zum einen geht es um den Schutz der deutschen Bauindustrie, die vor dem ruinösen Wettbewerb durch Billigpreisvergabe geschützt werden soll. Wer aufgrund günstiger Löhne den billigsten Preis machen kann, soll nicht mehr den Auftrag erhalten, sondern die Unternehmen mit dem hohen Lohnniveau. Zum anderen geht es um den Schutz der deutschen Arbeitnehmer. Es sollen ihre Arbeitsplätze erhalten bleiben, und zwar zu den sozialen Standards, die sie derzeit genießen.

bb) Europarechtlich relevante Belange

Die Rechtfertigung einer Beschränkung des freien Dienstleistungsverkehrs kann nicht durch beliebige, vom Gesetzgeber definierte Zwecke des Allgemeinwohls erfolgen, sondern es muss sich um solche handeln, die mit dem Europarecht vereinbar sind. Der EuGH hat bestimmte Ziele als zwingende Belange des Allgemeinwohls anerkannt und andere verworfen. Anerkannt sind Regelungen des Berufs[463], der Schutz des geistigen Eigentums[464], der Schutz der Verbrau-

---

[458] Abgeordnetenhaus von Berlin, Drucks. 13/3726, S. 2.

[459] Abgeordneter *Klaus Wiesehügel*, BT, 14.WP, 234. Sitzung v. 26.04.02, S. 23291 (A).

[460] Abgeordneter *Klaus Wiesehügel*, BT, 14.WP, 234. Sitzung v. 26.04.02, S. 23291 (A).

[461] Abgeordneter *Werner Schulz*, BT, 14.WP, 234. Sitzung v. 26.04.02, S. 23297 (C).

[462] Abgeordneter *Dr. Rainer Wend*, BT, 14.WP, 234. Sitzung v. 26.04.02, S. 23301 (A und C); Abgeordneter *Wolfgang Weiermann*, BT, 14.WP, 234. Sitzung v. 26.04.02, S. 23305 (B).

[463] EuGH v. 18.01.79, Slg. 1979, 35 Rn. 28.

[464] EuGH v. 18.03.80, Slg. 1980, 881 Rn. 15.

cher[465], Belange der Kultur[466] und der Schutz der Arbeitnehmer[467]. Es muss sich bei den rechtfertigenden Belangen des Allgemeininteresses jedoch in jedem Fall um nicht-wirtschaftliche Zielsetzungen handeln[468]. Es sollen keine nationalen Maßnahmen zulässig sein, die den Zweck verfolgen, inländische Unternehmen vor ihrer kostengünstiger arbeitenden eu-ausländischen Konkurrenz zu schützen[469]. Ein Interesse an protektionistischen Maßnahmen kann per definitionem nicht „allgemein“ oder „objektiv“ sein[470] und ist daher als rechtfertigender Belang unzulässig. Daraus folgt, dass der Schutz der deutschen Bauindustrie kein zwingendes Allgemeininteresse darstellt. Der Wettbewerbsdruck, dem die deutschen Anbieter durch die befürchtete Billiglohnkonkurrenz ausgesetzt sind, darf nicht durch marktabschottende Maßnahmen reduziert werden. Die deutschen Unternehmen müssen sich diesen Gefahren im Wettbewerb stellen. Der einseitige Abbau von Wettbewerbsdruck zugunsten der Branche in einem Mitgliedstaat ist eine eindeutig wirtschaftliche Zielsetzung, die als Allgemeinwohlbelang gerade nicht der Rechtfertigung einer Beschränkung dienen kann. Ein solches Ziel läuft dem Binnenmarktkonzept schlicht zuwider[471]. Insoweit verfolgen die Vergabegesetzgeber der Länder Zwecke, die protektionistisch sind und sie sind daher solche, die zur Rechtfertigung einer Beschränkung des freien Dienstleistungsverkehrs nicht geeignet sind.

cc) Sicherung deutscher Arbeitsplätze

Die Vergabegesetze können jedoch anderen Zwecken dienen, welche ihrerseits trotzdem eine Beschränkung des freien Dienstleistungsverkehrs rechtfertigen. Die Vergabegesetzgeber beabsichtigten auch, die Arbeitsplätze von deutschen Bauarbeitnehmern zu sichern und somit die Sozialversicherungsträger vor zusätzlichen Belastungen durch Arbeitslosigkeit zu bewahren. Rechtfertigender Belang des Gemeinwohls könnte die Bekämpfung der regionalen Arbeitslosigkeit sein, die durch ausländische Leistungserbringung stark anwachsen kann.

---

465 EuGH v. 04.12.86, Slg. 1986, 3663 Rn. 20; v. 26.02.91, Slg. 1991, I-709 Rn. 20.

466 EuGH v. 25.07.91, Slg. 1991, I-4069 Rn. 30; v. 26.02.91, Slg. 1991, I-709 Rn. 20; v. 26.02.91, Slg. 1991, I-659 Rn. 17.

467 EuGH v. 17.12.81, Slg. 1981, 3305 Rn. 19; v. 27.03.90, Slg. 1990, I-1417, Rn. 18; v. 28.03.96, Slg. 1996, I-1905 Rn. 16.

468 EuGH v. 25.10.01, Slg. 2001, I-7831 Rn. 39; v. 26.04.88, Slg. 1988, 2085, Rn. 34; v. 05.06.97, Slg. 1997, I-3091 Rn. 23.

469 *Kling*, EuZW 2002, 229, 232.

470 *Troberg*, in: G/T/E EUV/EGV, Art. 59 EGV Rn. 27.

471 *Kling*, EuZW 2002, 233.

Die Verringerung der Arbeitslosigkeit ist von ihrer Bedeutung und Zwecksetzung der Sicherung von Arbeitsplätzen gleichgestellt. Der Schutz von Arbeitsplätzen im Interesse der Arbeitnehmer ist bislang vom EuGH nicht ausdrücklich als zwingendes Allgemeininteresse anerkannt worden. Der Arbeitnehmerschutz umfasst bisher, nach der Rechtsprechung des EuGH, nur den Schutz des einzelnen Arbeitnehmers im Rahmen eines bestehenden Arbeitsverhältnisses und somit das Verhältnis zwischen Arbeitgeber und Arbeitnehmer. Hierzu gehört nicht der Schutz des Arbeitsverhältnisses vor Bedrohungen von Außen. Der EuGH hat sich jedoch auch schon mit der Bekämpfung lokaler Arbeitslosigkeit befasst. So hat der EuGH ein Zusatzkriterium bei der Vergabe öffentlicher Aufträge, welches mit einer Maßnahme zur Bekämpfung der lokalen Arbeitslosigkeit zusammenhing, für zulässig erklärt[472]. Der EuGH nahm bei dieser Entscheidung auf seine vielzitierte *Beentjes*-Entscheidung[473] Bezug, die ebenfalls die Beschäftigung von Langzeitarbeitslosen als vergabefremdes Kriterium als grundsätzlich zulässig erachtet hat. Diese Entscheidungen haben sich jedoch beide lediglich mit der Frage beschäftigt, ob ein besonderes Vergabekriterium eingeführt werden darf, welches Beschäftigungsförderung berücksichtigt. Der EuGH hält ein solches weiteres Kriterium jedoch nur dann für zulässig, wenn es alle anderen Vorschriften des Gemeinschaftsrechts, insbesondere die Verbote aus den Vorschriften über den Dienstleistungsverkehr und das Niederlassungsrecht beachtet. Eine konkrete Prüfung der Grundfreiheiten nahm der EuGH in beiden Entscheidungen nicht vor, sondern er überließ diese Prüfung ausdrücklich den nationalen Gerichten[474]. Der EuGH betont jedoch, dass eine solche Regelung dann unzulässig ist, wenn sie eine Bedingung aufstellt, die nur von einheimischen Bietern erfüllt werden kann oder deren Erfüllung Bietern aus anderen Mitgliedstaaten nur mit größeren Schwierigkeiten möglich ist[475]. Daraus ist zu schließen, dass der EuGH in den vorliegenden Fällen davon ausging, dass die Einführung eines zusätzlichen Vergabekriteriums zur Beschäftigungsförderung nur dann zulässig ist, wenn keine Beschränkung der Grundfreiheiten damit einhergeht. In dem vorliegenden Fall wurden die einheimischen Bieter ebenso wie diejenigen aus dem EU-Ausland mit der gleichen zusätzlichen Anforderung konfrontiert. Das Erfordernis der Beschäftigung von Langzeitarbeitslosen bei dem bestimmten ausgeschriebenen Auftrag erfordert bei ansässigen und eu-ausländischen Bewerbern genau den gleichen Aufwand. Dieses Kriterium wird demnach nicht typischerweise von ortsansässigen erfüllt, so dass keine Schlechterstellung grenzüberschreitender Leistungserbringung festzustellen war, eine Beschränkung mithin

---

[472] EuGH v. 26.09.00, Slg. 2000, I-7445 Rn. 46ff.

[473] EuGH v. 22.09.88, Slg. 1988, 4635, Rn. 28ff.

[474] EuGH v. 22.09.88, Slg. 1988, 4635, Rn. 30; v. 26.09.00, Slg. 2000, I-7445 Rn. 53.

[475] EuGH v. 22.09.88, Slg. 1988, 4635, Rn. 30.

nicht vorlag. Folge in diesem Zusammenhang ist, dass die Beschäftigungsförderung zwar Berücksichtigung finden kann, jedoch nur soweit keine Beschränkung der Dienstleistungsfreiheit vorliegt. Damit lässt sich aus diesen Entscheidungen nicht ableiten, dass die Beschäftigungsförderung ein überragender Belang des Allgemeininteresses ist, welcher eine Beschränkung des freien Dienstleistungsverkehrs rechtfertigen kann. Sondern es ist vielmehr davon auszugehen, dass Beschäftigungsförderung in einem bestimmten Mitgliedstaat oder einer bestimmten Region eines Mitgliedstaates nicht ein Zweck ist, der Beschränkungen des freien Dienstleistungsverkehrs rechtfertigen kann. Denn Beschäftigungsförderung, die eine Beschränkung des freien Dienstleistungsverkehrs darstellt, minimiert die Arbeitsmarktzutrittschancen und schottet die nationalen Arbeitsmärkte ab. Die Arbeitsplatzsicherung durch Abschottung der nationalen Arbeitsmärkte ist mit der Verwirklichung des Binnenmarktes unvereinbar[476]. Arbeitsplatzschutz kann nur dann eine Rolle spielen, wenn er europäisch gedacht ist und nicht lediglich den Schutz deutscher Arbeitsplätze zu Lasten euausländischer Arbeitnehmer bedeutet. Damit handelt es sich bei dem Ziel, deutsche Arbeitsplätze zu erhalten oder zu schaffen um keinen zwingenden Belang des Allgemeinwohls; eine Rechtfertigung ist mit diesem Zweck nicht möglich.

dd) Schutz der Arbeitnehmer

Objektiv kommt hier der nicht explizit vom Gesetzgeber intendierte aber doch angedeutete Schutz der Arbeitnehmer in Betracht. In Abgrenzung von der Beschäftigungsförderung handelt es sich bei den Vorschriften zum Wohle der Arbeitnehmer um Maßnahmen, die die Arbeitnehmer in einem bestehenden Arbeitsverhältnis in erster Linie vor dem Arbeitgeber schützen. Die Vergabegesetze erfassen dabei alle Arbeitnehmer, die im Rahmen öffentlicher Auftragserfüllung auf in Deutschland belegenen Baustellen tätig werden. Der Arbeitnehmerschutz ist nicht nur als rechtfertigendes Interesse des nationalen Gesetzgebers anerkannt, sondern hat bereits durch zahlreiche Urteile des EuGH Kontur gewonnen. Zum Teil wird bereits von „Elemente[n] einer europäischen Wirtschafts- und Sozialverfassung“[477] gesprochen. Klarer Ausgangspunkt nach der Rechtsprechung des EuGH zu Fragen des Arbeitnehmerschutzes sind drei Thesen:

(1) Der Schutz der Arbeitnehmer ist als zwingendes Allgemeininteresse anerkannt[478], und zwar auch in der Form, dass die Arbeitnehmer durch allgemeine

---

476 *Danwitz*, EuZW 2002, 237, 238.

477 *Danwitz*, EuZW 2002, 237.

478 EuGH v. 17.12.81, Slg. 1981, 3305 Rn. 19; v. 27.03.90, Slg. 1990, I-1417 Rn. 18; v. 28.03.96, Slg. 1996, I-1905 Rn. 16.

Rechtsvorschriften oder die Erstreckung bestimmter Mindestvorschriften in Tarifverträgen auf die Arbeitgeber, geschützt werden[479]. Anerkannt sind bisher jedoch nur Mindestlöhne, um einen Unterbietungswettbewerb zu verhindern[480]. Oberhalb der Mindestlöhne soll weiterhin Wettbewerb bestehen, der gerade auch die unterschiedlichen Schutzniveaus des Arbeitnehmerschutzes mit einbezieht.

(2) Zweite Grundthese ist das Verbot der Doppelbelastung. Wenn das nationale Recht bestimmte Sicherheitsleistungen verlangt, so reicht es aus, wenn durch den Dienstleister eine im Heimatland getroffene Regelung eingehalten wird[481]. Wenn im Heimatland Arbeitsschutzbestimmungen getroffen sind, so braucht es nicht noch solcher Bestimmungen in der Bundesrepublik Deutschland.

(3) Die zwingenden Gründe des Allgemeininteresses, die die materiellen Vorschriften einer Regelung rechtfertigen, können auch die zur Sicherstellung ihrer Beachtung erforderlichen Kontrollmaßnahmen rechtfertigen[482].

Anhand dieser Prämissen der Rechtsprechung des EuGH ist nun zu untersuchen, ob die Tariftreueklauseln in den Vergabegesetzen der Länder geeignet und erforderlich sind, um den Arbeitnehmerschutz in den Ländern zu sichern und ob die Beschränkung des freien Dienstleistungsverkehrs im Verhältnis zum Arbeitnehmerschutz angemessen ist.

Die Vergabegesetze müssten dahingehend geeignet sein, dass sie den Arbeitnehmern einen tatsächlichen Vorteil gewähren müssen[483]. Ohne Zweifel kommen die Tariftreueerklärungen den entsandten Arbeitnehmern insofern zugute, als sie dann nach Tariflöhnen bezahlt werden, wenn sie bei der Erfüllung eines öffentlichen Auftrages in dem betreffenden Land tätig werden. Dennoch wird die Geeignetheit der Tariftreue bereits bezweifelt. Die ausländischen Arbeitnehmer kämen erst gar nicht auf den deutschen Arbeitsmarkt, weil ihre Arbeitgeber ihren einzigen wesentlichen vorteilhaften Wettbewerbsparameter gegenüber ihrer deutschen Konkurrenz – den niedrigeren Lohn – nicht einsetzen könnten[484]. Aus diesem Grunde bekämen die ausländischen Arbeitgeber keinen

---

479 EuGH v. 23.11.99, Slg. 1999, I-8453 Rn. 36; v. 27.03.90, Slg. 1990, I-1417 Rn. 18; v. 28.03.96, Slg. 1996, I-1905 Rn. 16.

480 EuGH v. 23.11.99, Slg. 1999, I-8453 Rn. 40ff.; v. 27.03.90, Slg. 1990, I-1417 Rn. 18.

481 EuGH v. 28.03.96, Slg. 1996, I-1905, Rn. 7ff.; siehe auch *Bungert*, Sicherheitsleistung durch Ausländer und europäische Dienstleistungsfreiheit, IstR 1993, 481ff.

482 EuGH v. 27.03.90, Slg. 1990, I-1417 Rn. 18.

483 Statuierung des tatsächlichen Vorteils in EuGH v. 25.10.01, Slg. 2001, I-7831 Rn. 42.

484 *Kling*, EuZW 2002, 234.

Auftrag und könnten keine Arbeitnehmer nach Deutschland entsenden, die in den Genuss des schützenden Tariflohnes kämen. Eine solche Betrachtungsweise ist jedoch unzulässig, weil sie zirkulär ist. Wenn man eine beschränkende Maßnahme mit dem Arbeitnehmerschutz rechtfertigen will, so kann man ihre Eignung für den Arbeitnehmerschutz nicht damit ablehnen, dass durch ihre beschränkende Wirkung für grenzüberschreitende Leistungserbringung keine grenzüberschreitende Leistungserbringung erfolge und daher kein Arbeitnehmerschutz stattfinde. Den Vergabegesetzen geht es jedoch nicht um den Arbeitnehmerschutz entsandter Arbeitnehmer aus dem EU-Ausland, sondern die Vergabegesetze verfolgen lediglich den Schutz der Bauarbeitnehmer, die auf in Deutschland belegenen Baustellen in Erfüllung öffentlicher Aufträge arbeiten. Nur für diese Gruppe von Arbeitnehmern ist der Anwendungsbereich der Vergabegesetze eröffnet, weil die Reichweite dieser Gesetze nur so weit geht. Aus diesem Grund kann die Geeignetheit der Gesetze auch nicht mit dem Argument bezweifelt werden, dass sie nicht alle Arbeitnehmer erfasst, sondern nur diejenigen im Anwendungsbereich der Vergabegesetze. Der Arbeitnehmerschutz kann jedoch nur soweit gehen, wie auch die Regelungsweite des Vergabegesetzgebers geht. Zweifel können hier nur in Bezug auf die bayerische, saarländische und sachsen-anhaltinische Regelung auftauchen, die bei Tiefbauten der Gemeinden, Gemeindeverbände und der juristischen Personen des Öffentlichen Rechts, die der Aufsicht des Landes unterstehen, eine Ausnahme machen und keine Tariftreue verlangen. Hier sahen die Gesetzgeber sich jedoch den Schranken des Bundesrechts, namentlich des nach Art. 31 GG vorgehenden Kartellrechts ausgesetzt, welches ebenfalls die Reichweite der Kompetenzen des Landesgesetzgebers beschränkte. Insgesamt bestehen an der Eignung der landesrechtlichen Vergaberegeln zur Förderung des Arbeitnehmerschutzes keine Bedenken.

Der EuGH hält jedoch nationale Maßnahmen, die dem Arbeitnehmerschutz dienen, dann für unzulässig, wenn der Arbeitnehmerschutz nicht objektiv ersichtlich ist, weil der Mindestlohn von deutschen Unternehmen durch den Abschluss eines Firmentarifvertrages unterschritten werden kann[485]. EU-ausländische Dienstleister könnten hier insoweit benachteiligt sein, als sie mangels Ansässigkeit in Deutschland einen solchen Firmentarifvertrag nicht selbst abschließen können. Es könnte ein objektives Interesse an der Zahlung des tarifvertraglich ausgehandelten und für allgemeinverbindlich erklärten Mindestlohnes fehlen, weil er nicht allen Arbeitnehmern zugute kommt. Diese Benachteiligung ausländischer Unternehmen ist jedoch in der Ausgestaltung der Tariftreueerklärungen in den Ländervergabegesetzen nicht gegeben. Im Rahmen der Auftragsvergabe unterliegt der Auftragsbewerber nur der Verpflichtung, einen be-

485 EuGH v. 24.01.02, Slg. 2002, I-787 Rn. 34.

liebigen, am Ort der Auftragsausführung geltenden Tarifvertrag einzuhalten[486]. Dazu zählt auch ein beliebiger geltender Firmentarifvertrag. Somit besteht keine Privilegierung der ansässigen Firmen, weil ein hier ausgehandelter Firmentarifvertrag für die Erfüllung der Tariftreuepflicht auch für andere Unternehmen ausreicht.

Jedoch könnte man von dieser Rechtsprechung ableiten, dass ein objektives Interesse am Arbeitnehmerschutz voraussetzt, dass auch alle Arbeitnehmer in den Schutz mit einbezogen werden und nicht bestimmte aus dem Schutz herausfallen, sei es – wie im vom EuGH entschiedenen Fall – weil sie einen Firmentarifvertrag haben oder weil sie – wie hier – bei Unternehmen arbeiten, die nicht öffentliche Aufträge erfüllen und daher nicht der Tariftreuepflicht unterliegen. Diese Auslegung könnte man dahingehend zusammenfassen, dass Mindestschutz der Arbeitnehmer nur dasjenige sein kann, was der Gesetzgeber für so wichtig erachtet, dass er es allen in Deutschland tätig werdenden Arbeitnehmern zuteil werden lässt. Eine solche Auslegung bedenkt jedoch nicht, dass im Rahmen des landesrechtlichen Vergaberechts Arbeitnehmerschutz nur so weit gewährt werden kann wie die Erbringung von Bauleistungen bei öffentlichen Aufträgen betroffen ist. Die Regelungsweite des Vergaberechts geht schlicht über den Anwendungsbereich des Vergaberechts nicht hinaus. Im Rahmen der Erbringung der Bauleistungen werden hingegen alle Auftragnehmer gleich behandelt. Somit hilft dieses Argument hier nicht weiter.

Um jedoch einen Ausgleich zwischen dem freien Dienstleistungsverkehr auf der einen Seite und dem Arbeitnehmerschutz auf der anderen Seite zu erreichen, ist nur solcher Arbeitnehmerschutz erforderlich, der einen Mindestschutz für die beschäftigten Arbeitnehmer gewährleistet. Insoweit ist es fraglich, ob die Verpflichtung, Tariflöhne zu zahlen, über einen Mindestschutz hinausgeht und daher nicht mehr erforderlich ist, um Arbeitnehmerschutz zu gewährleisten, sondern vielmehr eine Verletzung der Dienstleistungsfreiheit vorliegt. Es bedarf somit eines Maßstabes, der die Höhe des Mindestschutzes bestimmt, welcher eine Beschränkung des freien Dienstleistungsverkehrs noch rechtfertigen kann. Hierbei handelt es sich um die Grenze, oberhalb der auch unterschiedliche Niveaus an Arbeitnehmerschutz dem Wettbewerb noch zugänglich sein müssen. Mindestlöhne und Tariflöhne werden durch die Tarifpartner in den Tarifverträgen festgelegt. Tariflöhne liegen dabei erheblich über den tarifvertraglich festgelegten Mindestlöhnen[487]. Während die Tariflöhne kraft Tarifbindung gelten, werden die Mindestlöhne für entsandte Arbeitnehmer durch das AEntG (Arbeitnehmerentsendegesetz)[488] gegenüber ihrem Arbeitgeber bei Erbringung von

---

[486] Vergleiche oben § 2 B.I.3.b).

[487] *Bayreuther*, Anmerkung zu EuGH v. 25.10.01, Slg. 2001, I-7831, EuZW 2001, 764, 765.

[488] Gesetz vom 26.2.1996, BGBl. I 1996 v. 29.02.96, S. 227.

Bauleistungen in Deutschland verbindlich. Sie gelten nicht nur bei Bauleistungen für die öffentliche Hand, sondern sie werden bei allen in Deutschland erbrachten Bauleistungen gewährleistet. Insoweit gehen die vergaberechtlichen Mindestanforderungen in ihrer Höhe über dasjenige Maß hinaus, welches die Tarifpartner als Mindestschutz für angemessen halten. Dies spricht bereits dafür, dass es sich hier um mehr als Mindestschutz handelt[489].

Gegen eine Qualifizierung der Tariflöhne als Mindestschutz spricht zudem, dass der Mindestschutz von Arbeitnehmern auf deutschen Baustellen durch das AEntG hergestellt wird. Hier finden sich die Regelungen, die allen Bauarbeitnehmern Schutz nicht nur in Bezug auf ihre Löhne, sondern auch auf die Dauer des Erholungsurlaubes, das Urlaubsentgelt und zusätzliches Urlaubsgeld gewähren[490]. Auch dieses Gesetz war dazu bestimmt, dem Lohndumping auf deutschen Baustellen Einhalt zu gebieten und so den Wettbewerb zwischen deutschen und ausländischen Bauunternehmern wieder herzustellen, indem besonders wettbewerbsrelevante Arbeitsbedingungen den gleichen rechtlichen Regelungen unterliegen[491]. Der EuGH hat die Europarechtskonformität des AEntG in weiten Teilen bejaht[492]. In dieser Entscheidung hat der EuGH eine Beschränkung des freien Dienstleistungsverkehrs zugelassen, weil sie durch den Schutz der Arbeitnehmer als besonderem Belang des Allgemeinwohls geboten ist[493]. In Frage stand § 1 Abs. 3 S. 1 AEntG, der Unternehmen, die Arbeitnehmer auf deutsche Baustellen entsenden, verpflichtet, Beiträge in eine Urlaubskasse einzuzahlen, um die Urlaubsansprüche des Arbeitnehmers auch bei Arbeitgeberwechsel sicherzustellen. Hierbei handelt es sich um einen Schutz, der offenbar über das gesetzliche Mindestmaß hinausgeht. Mindestmaß sind für den Urlaub die Regelungen in § 3 BUrlG als absolute Fixgrenze oder die Regelungen in der Arbeitszeitrichtlinie 93/104/EG[494], die Urlaubskasse geht jedoch darüber hinaus[495]. Der EuGH hat die Zulässigkeit dieses weitergehenden Urlaubsschutzes als Mindestschutz für zulässig erachtet, wenn bestimmte Voraussetzungen erfüllt sind, die von den nationalen Gerichten zu prüfen seien. Zum einen muss die Regelung dem entsandten Arbeitnehmer einen tatsächlichen zusätzlichen Schutz gewäh-

---

489 Insoweit zustimmend *Meyer,* Die Einbeziehung politischer Zielsetzungen bei der öffentlichen Beschaffung, S. 219.

490 *Ulber,* AÜG, § 1 AEntG Rn. 8.

491 *Ulber,* AÜG, § 1 AEntG Rn. 5f.

492 EuGH v. 25.10.01, Slg. 2001, I-7831.

493 EuGH v. 25.10.01, Slg. 2001, I-7831, Rn. 42ff.

494 Arbeitszeitrichtlinie 93/104/EG v. 23.11.1993, Abl. Nr. L 307 v. 13.12.93, S. 18ff.

495 *Bayreuther*, Anmerkung zu EuGH v. 25.10.01, Slg. 2001, I-7831, EuZW 2001, 764.

ren[496]. Dann sieht der EuGH vor, dass zu prüfen ist, ob eine besondere Schutzbedürftigkeit gegeben ist, weil entsandte Arbeitnehmer häufig auch den Arbeitgeber wechseln und drittens, dass die Arbeitnehmer auch tatsächlich in den Genuss des abgeführten Geldes kommen können[497]. Ein Maßstab für die Frage, was Mindestschutz ist und was nicht, lässt sich anhand der Rechtsprechung des EuGH nicht gewinnen. Allerdings wird deutlich, dass es auch ohne Festlegung eine Grenze gibt und bei dessen Bestimmung das Verhältnis zwischen der Intensität der Beschränkung und dem Ausmaß an Schutzbedürftigkeit eine entscheidende Rolle spielt. Hinsichtlich der Lohnhöhe besteht jedoch bei einem wertenden Gesamtvergleich von Entgelten, Steuerlast und Sozialabgaben nicht die Erforderlichkeit, dass auch die entsandten Arbeitnehmer, den am Ort der Arbeitsleistung nach Tarifvertrag geltenden Lohn erhalten[498]. Zudem ist zu bedenken, dass die Beschränkung des freien Dienstleistungsverkehrs durch die Tariftreue sehr intensiv ist, weil der gesamte Wettbewerbsvorteil der eu-ausländischen Bewerber wegreguliert wird[499]. Weiterhin ist sozialer Schutz bereits durch das Schutzregime des Niederlassungsstaates des eigenen Arbeitgebers gegeben und ihnen wird Schutz bereits durch die Mindestlöhne in den Tarifverträgen gewährt. Die Festlegung des erforderlichen Mindestschutzes durch die Tarifvertragsparteien erscheint dabei am sinnvollsten. Zum einen existiert auf diese Weise ein effektiver Arbeitnehmermindestschutz und zum anderen bleibt ein bestimmter Spielraum für den grenzüberschreitenden Wettbewerb erhalten. Es scheint aber auch sinnvoll an dieser Stelle die Grenze des für die Beschränkung des freien Dienstleistungsverkehrs zulässigen Mindestmaßes zu setzen. Zum einen haben die Gewerkschaften stets ein Interesse an der Einhaltung eines erheblichen Abstandes zwischen Tariflohn und Mindestlohn, um ihre Tarifautonomie nicht zu unterhöhlen und zum anderen wird das Arbeitgeberlager auf einen geringen Abstand achten, um die eigene Wettbewerbsposition nicht zu sehr zu gefährden. Erforderlicher Mindestschutz für die Arbeitnehmer auf deutschen Baustellen ist gewährleistet. Die Bezahlung nach Tariflohn geht über den erforderlichen Mindestschutz hinaus. Zum anderen handelt es sich um eine besonders intensive Beschränkung des freien Dienstleistungsverkehrs. Es liegt hier deshalb kein angemessenes Verhältnis zwischen dem angestrebten Arbeitnehmerschutz und der Gewährleistung des freien Dienstleistungsverkehrs vor, weil überhaupt kein Wettbewerb zwischen den Anbietern hinsichtlich der Löhne mehr erfolgt.

---

496 EuGH v. 25.10.01, Slg. 2001, I-7831, Rn. 45.

497 EuGH v. 25.10.01, Slg. 2001, I-7831, Rn. 46 u. 48.

498 *Kling*, EuZW 2002, 229, 235.

499 *Kayser*, Nationale Regelungsspielräume im öffentlichen Auftragswesen und gemeinschaftsrechtliche Grenzen, S. 128.

Damit ist die vorliegende Beschränkung des freien Dienstleistungsverkehrs nicht durch den Arbeitnehmerschutz gerechtfertigt.

ee) Ergebnis

Die deutschen Tariftreueerklärungen sind mit den europarechtlichen Gewährleistungen des freien Dienstleistungsverkehrs nicht vereinbar. Sie verfolgen eine Angleichung der Wettbewerbersituation bei der Vergabe öffentlicher Bauaufträge, die einen Wettbewerb um wesentliche Sozialkostenvorteile ausschließt. Deutsche Bewerber sollen bei der Auftragsvergabe nicht durch ihre hohen Tariflöhne benachteiligt sein. Zusammenfassend lässt sich feststellen, dass sich für die im deutschen Vergaberecht partiell vorgesehenen Tariftreueerklärungen keine zwingenden Allgemeininteressen finden lassen, die zu einer Rechtfertigung führen. Tariftreueerklärungen sind eine protektionistische Maßnahme. Ein Interesse an protektionistischen Maßnahmen ist jedoch per definitionem nicht „allgemein“ oder „objektiv“[500]. Eine Maßnahme, die marktabschottende Ziele verfolgt, insbesondere den Schutz inländischer Unternehmen vor Konkurrenz, ist europarechtswidrig und kann auch nicht mit dem Arbeitnehmerschutz gerechtfertigt werden[501].

II. Arbeitnehmerfreizügigkeit Art. 39ff. EGV

Die Arbeitnehmerfreizügigkeit ist Teil des angestrebten freien Personenverkehrs[502]. Die Mobilität der abhängig in der EU Beschäftigten soll gefördert werden[503]. Den Arbeitnehmern in der EU wird eine freie, von der Staatsangehörigkeit unabhängige Standortwahl für die Ausübung ihrer Tätigkeit gewährleistet[504]. Die Arbeitnehmerfreizügigkeit ist insofern eine zweckgebundene Freiheit, als sie grundsätzlich nur dann Rechte vermittelt, wenn der Arbeitnehmer seinen Heimatstaat zum Zweck der Arbeitsaufnahme in einem anderen Mitgliedstaat verlassen möchte[505]. Es gilt ein spezifischer gemeinschaftsrechtlicher Arbeitnehmerbegriff, damit sich die Mitgliedsstaaten nicht durch eigene Definitionen

---

500 *Troberg,* in: G/T/E EUV/EGV, Art. 59 EGV Rn. 27.

501 EuGH v. 26.04.88, Slg. 1988, 2085, Rn. 34; v. 25.10.01, Slg. 2001, I-7831, Rn. 39; v. 24.01.02, Slg. 2002, I-787 Rn. 25f.

502 *Schneider/Wunderlich,* in: Schwarze EUV/EGV, Art. 39 EGV Rn. 1.

503 *Schneider/Wunderlich,* in: Schwarze EUV/EGV, Art. 39 EGV Rn. 2.

504 *Schneider/Wunderlich,* in: Schwarze EUV/EGV, Art. 39 EGV Rn. 2.

505 *Schneider/Wunderlich,* in: Schwarze EUV/EGV, Art. 39 EGV Rn. 6.

ihren Verpflichtungen aus der Arbeitnehmerfreizügigkeit entziehen[506]. Arbeitnehmer ist, wer während einer bestimmten Zeit für einen anderen nach dessen Weisungen Leistungen erbringt, für die er als Gegenleistung eine Vergütung erhält[507]. Geschützt wird das Recht der Arbeitnehmer aus den Mitgliedstaaten, sich um angebotene Stellen zu bewerben und sich zu diesem Zweck im Hoheitsgebiet eines anderen Mitgliedstaates als seinem eigenen aufzuhalten[508]. Umfasst wird hiervon das Recht der Ausreise aus dem Heimatstaat, die Einreise in den anderen Mitgliedstaat und der dortige Aufenthalt im Rahmen des Beschäftigungsverhältnisses[509] sowie das Recht auf Ausübung der Beschäftigung selbst[510]. Adressat sind somit beide beteiligten Mitgliedstaaten: Der Heimatstaat des Arbeitnehmers und der aufnehmende Staat, in dem der Arbeitgeber ansässig ist. In engen Grenzen ist es auch möglich, dass sich neben dem Arbeitnehmer die Arbeitgeber auf die Arbeitnehmerfreizügigkeit berufen können[511]. So dann, wenn das nationale Recht in diskriminierender Weise die Einstellung von EU-Arbeitnehmern verbietet. Zudem besteht ein Aufenthaltsrecht in dem Aufnahmestaat nach Beendigung der Beschäftigung, das sich jedoch nicht unmittelbar aus dem EGV, sondern aus der entsprechenden Durchführungsverordnung ergibt[512].

Die Tariftreueerklärungen könnten eine Beschränkung der Arbeitnehmerfreizügigkeit darstellen. Sie nehmen Einfluss auf das Arbeitsverhältnis zwischen dem ausländischen Auftragnehmer und seinen Arbeitnehmern, weil bestimmte Vorgaben für die Lohnhöhe ihres Arbeitsverhältnisses gemacht werden, wenn der Arbeitgeber öffentliche Aufträge in Deutschland erbringt. Wenn durch staatliche Maßnahmen Lohnkosten steigen, könnte die Arbeitnehmerfreizügigkeit betroffen sein, weil die Beschäftigung von Arbeitnehmern weniger attraktiv gemacht wird. Jedoch schützt die Arbeitnehmerfreizügigkeit nicht jede Dimension der Beschäftigung von Arbeitnehmern, sondern – wie bei allen Grundfreiheiten – ist ein grenzüberschreitendes Element erforderlich[513]. Die hier in Frage stehenden Arbeitsverhältnisse bestehen zwischen einem eu-ausländischen Unter-

---

506 *Brechmann,* in: Calliess/Ruffert EUV/EGV, Art. 39 EGV Rn. 8.

507 EuGH v. 03.07.86, Slg. 1986, 2121 Rn. 17.

508 *Haller*, Aufenthaltsrecht der Unionsbürger, S. 22.

509 *Wölker,* in: G/T/E, EUV/EGV, Art. 48 EGV Rn. 17ff.

510 *Wölker,* in: G/T/E, EUV/EGV, Art. 48 EGV Rn. 39.

511 EuGH v. 07.05.98, Slg. 1998, I-2521 Rn. 20f.

512 Vergleiche VO (EWG) 1251/70 v. 29.06.70 über das Recht der Arbeitnehmer, nach Beendigung einer Beschäftigung im Hoheitsgebiet eines Mitgliedstaates zu verbleiben, Abl. Nr. L 142 v. 30.06.70, S. 24ff.

513 *Schneider/Wunderlich,* in: Schwarze, EUV/EGV, Art. 39 EGV Rn. 29.

nehmen und Arbeitnehmern, die regelmäßig aus dem selbem Staat stammen. Insofern besteht kein grenzüberschreitendes Element. Sofern der Anbieter EU-Ausländer beschäftigt, nehmen die Tariftreueerklärungen keinen beschränkenden Einfluss auf das Arbeitsverhältnis, weil sie keinerlei unterschiedliche Behandlung der beiden Arbeitnehmergruppen zur Folge haben. Grenzüberschreitend ist hier nur die ausdrückliche oder konkludente Regelung im Arbeitsvertrag, dass der Arbeitnehmer seine Leistungen gegenüber dem Arbeitgeber auch im Ausland erbringen muss. Dieser grenzüberschreitende Bezug kann jedoch für die Anwendbarkeit der Arbeitnehmerfreizügigkeit nicht ausreichen. Die Schutzdimension der Arbeitnehmerfreizügigkeit denkt die Mobilität vom Arbeitnehmer her. Die faktische und rechtliche Durchführung der Entsendung eines Arbeitnehmers fällt in den Verantwortungsbereich des Arbeitgebers. Rechte des Arbeitgebers werden durch die Arbeitnehmerfreizügigkeit insofern nur als ein Reflex gewährt, als der Arbeitgeber Hindernisse bei der Einstellung eines euausländischen Arbeitnehmers geltend machen kann. Das grenzüberschreitende Element muss sich auf das Arbeitsverhältnis selbst beziehen, rein interne Sachverhalte beurteilen sich dagegen ausschließlich nach nationalem Recht[514]. Die Arbeitnehmer folgen lediglich den Weisungen ihres Arbeitgebers und setzen ein inländisches Arbeitsverhältnis fort[515]. Die Entsendung von Arbeitnehmern fällt ausschließlich in den Bereich der Dienstleistungsfreiheit[516]. Arbeitnehmer, die von einem in einem Mitgliedstaat ansässigen Unternehmen beschäftigt und vorübergehend zur Erbringung einer Dienstleistung in einem anderen Mitgliedstaat entsandt werden, verlangen keinen Zutritt zum Arbeitsmarkt dieses zweiten Staates, da sie nach Erfüllung ihrer Aufgabe in ihr Herkunfts- oder Wohnsitzland zurückkehren[517]. Die Abschöpfung von Wirtschaftskraft in dem anderen EU-Mitgliedstaat erfolgt durch den Arbeitgeber und nicht durch den Arbeitnehmer, auch wenn dieser indirekt davon profitiert. Weil die Dienstleistungsfreiheit dem Arbeitgeber in seiner Funktion als Auftragnehmer garantiert, in jedem anderen Mitgliedstaat Leistungen zu erbringen, ist die Entsendung von Arbeitnehmern von der Dienstleistungsfreiheit und nicht der Arbeitnehmerfreizügigkeit

---

514 EuGH v. 28.03.79, Slg. 1979, 1129 Rn. 11; v. 27.10.82, Slg. 1982, 3723 Rn. 16.

515 *Hailbronner*, EWS 1997, 401.

516 *Meyer*, Die Einbeziehung politischer Zielsetzungen bei der öffentlichen Beschaffung, S. 209.

517 EuGH v. 09.08.94, Slg. 1994, I-3805 Rn. 21; v. 27.03.90, Slg. 1990, I-1417 Rn. 15.

erfasst[518]. Damit ist die Arbeitnehmerfreizügigkeit kein rechtlicher Maßstab für die Beurteilung der deutschen Tariftreueerklärungen.

III. Niederlassungsfreiheit

Die Niederlassungsfreiheit der Art. 43ff. EGV gewährt neben der Arbeitnehmerfreizügigkeit auch die freie Standortwahl für die Produktionsfaktoren[519]. Zweck ist, dass die Standortwahl vorwiegend nach ökonomischen Kriterien erfolgen kann; Unternehmer sollen denjenigen Standort wählen können, der ihnen die günstigsten Produktionsfaktoren, Infrastruktur, sozialen und rechtlichen Voraussetzungen für ihre unternehmerischen Ziele bietet[520]. Unternehmen sollen nicht daran gehindert werden, ihren Herkunftsstaat zu verlassen und sich in einem anderen Mitgliedstaat niederzulassen[521]. Sobald ein Unternehmen von der Niederlassungsfreiheit Gebrauch gemacht hat und sich in die Wirtschaft eines anderen Mitgliedstaates eingegliedert hat, kann es von dort aus die Grundfreiheiten der Dienstleistungs- und Warenverkehrsfreiheit wahrnehmen. Die Niederlassungsfreiheit ist unmittelbar geltende Grundfreiheit[522], was sich nunmehr auch im Vertragstext widerspiegelt[523] und dazu führt, dass sich Maßnahmen der Mitgliedstaaten unmittelbar an den Art. 43ff. EGV messen lassen müssen.

1. Sachlicher Anwendungsbereich

Der sachliche Anwendungsbereich der Niederlassungsfreiheit ist gekennzeichnet durch die Begriffe der Niederlassung und der selbständigen Erwerbstätigkeit[524]. Aus dem Anwendungsbereich sind jedoch der Kapitalverkehr, der Verkehrssektor, die Landwirtschaft und nach Art. 45 EGV Tätigkeiten, die dauernd oder zeitweise mit der Ausübung öffentlicher Gewalt verbunden sind, aus-

---

518 *Hailbronner*, EWS 1997, 401; *Selmayr*, ZFA 1996, 615, 635; *Koberski/Sahl/Hold*, AEntG, 1997, § 1 Rn. 157; *Kayser*, Nationale Regelungsspielräume im öffentlichen Auftragswesen und gemeinschaftsrechtliche Grenzen, S. 17f., 127; *Götz*, Öffentliche Beschaffungsmärkte und Europarecht, S. 29.

519 *Troberg*, in: G/T/E EUV/EGV, Vor Art. 52-58 EGV Rn. 1; *Schlag*, in: Schwarze, EUV/EGV, Art. 43 EGV Rn. 1.

520 *Troberg*, in: G/T/E EUV/EGV, Vor Art. 52-58 EGV Rn. 3.

521 *Streinz*, Europarecht Rn. 754.

522 EuGH v. 21.06.74, Slg. 1974, 631 Rn. 29/31.

523 *Schlag*, in: Schwarze, EUV/EGV, Art. 43 EGV Rn. 4.

524 *Bröhmer*, in: Calliess/Ruffert, EUV/EGV, Art. 43 EGV Rn. 9ff.

genommen[525]. Niederlassung meint die Aufnahme und Ausübung selbständiger Erwerbstätigkeit, die Gründung und Leitung von Unternehmen sowie die Gründung von Agenturen, Zweigniederlassungen und Tochtergesellschaften (Art. 43 Abs. 1 S. 2 EGV). Der EuGH definiert den Begriff als die tatsächliche Ausübung einer wirtschaftlichen Tätigkeit mittels einer festen Einrichtung in einem anderen Mitgliedstaat auf unbestimmte Zeit[526]. Es muss sich um eine wirtschaftliche Tätigkeit handeln. Mit der Tätigkeit muss ein Erwerbszweck verfolgt werden, so dass bei reinen Gefälligkeitsleistungen, sowie unentgeltlicher karitativer, religiöser oder kultureller Arbeit ein Erwerbszweck nicht verfolgt wird[527]. Erwerbstätigkeit liegt dann vor, wenn die Tätigkeit dem Erwerb dienen soll und auf eigenes Risiko und eigene Rechnung ausgeübt wird[528].

Das zeitliche Kriterium wird als maßgebliches Abgrenzungskriterium zum freien Dienstleistungsverkehr angeführt. Ebenso gilt die feste örtliche Einrichtung als Hinweis im Rahmen der Gesamtbewertung, ob eine wirtschaftliche Tätigkeit unter die Niederlassungsfreiheit oder den freien Dienstleistungsverkehr fällt. Dabei ist jedoch das Vorliegen einer festen Einrichtung Voraussetzung für das Vorliegen einer Niederlassung, allerdings schließt das Vorliegen einer solchen die Anwendung der Dienstleistungsfreiheit nicht per se aus[529]. Wesentlich ist die Integration in die Volkswirtschaft des Aufnahmemitgliedstaates, in der sich der Wille des Unternehmers oder des Unternehmensträgers zur Niederlassung manifestiert[530].

Im Bereich der Bauaufträge ist erst dann von einer Niederlassung auszugehen, wenn das Unternehmen die Verträge von einem deutschen Büro aus schließt und dort feste Angestellte hat, die zur Ausführung des Auftrages tätig werden. Im Rahmen der Erbringung öffentlicher Aufträge kommt es darauf an, wo die Stelle belegen ist, mit der der Vertrag mit der öffentlichen Hand geschlossen wird und von welchem Ort aus die Leistungserbringung erfolgt oder zumindest wo sie initiiert wird. Ist dieser Ort in Deutschland, so handelt es sich um einen Fall der Niederlassungsfreiheit. Richtet das Unternehmen hingegen am Ort der Leistungserbringung nur ein kleines Büro ein, welches sich ausschließlich um den konkreten Auftrag kümmert, handelt es sich um Dienstleistung. Werden hier hingegen auch Angebote gemacht und die Ausführung anderer

---

525 *Schlag*, in: Schwarze, EUV/EGV, Art. 43 EGV Rn. 11ff.

526 EuGH v. 25.07.91, Slg. 1991, I-3905 Rn. 20.

527 *Randelzhofer/Forsthoff*, in: Grabitz/Hilf, Das Recht der EU, Art. 43 EGV Rn. 16.

528 *Platz*, Niederlassungsfreiheit, S. 12ff.

529 Vergleiche oben § 4 A.I.1.f); *Schlag*, in: Schwarze, EUV/EGV, Art. 43 EGV Rn. 17.

530 Vergleiche dazu oben unter § 4 A.I.1.f) die ausführliche Abgrenzung.

Aufträge geplant und koordiniert, handelt es sich um eine Niederlassung im Sinne der Niederlassungsfreiheit.

Der Schutz der Niederlassungsfreiheit umfasst nicht nur den Zugang zur beruflichen Tätigkeit, sondern auch die anschließende Ausübung der aufgenommenen Tätigkeit[531]. So fällt in den Gewährleistungsgehalt der Niederlassungsfreiheit nicht nur die Errichtung eines Bauunternehmens und die Aufnahme bauunternehmerischer Tätigkeiten, sondern auch der Betrieb. Geschützt ist damit auch der Vertragsschluss mit einem Auftraggeber und die spätere Ausführung der Bauarbeiten.

2. Persönlicher Anwendungsbereich

In den persönlichen Anwendungsbereich der Dienstleistungsfreiheit fallen natürliche Personen und Gesellschaften[532]. Natürliche Personen können sich auf das Niederlassungsrecht berufen, wenn sie wenigstens die Staatsangehörigkeit eines Mitgliedstaates haben[533]. Gesellschaften müssen hingegen nach dem Recht eines Mitgliedstaates gegründet worden sein und ihren satzungsmäßigen Sitz, ihre Hauptverwaltung oder ihre Hauptniederlassung in einem Mitgliedstaat haben[534]. Dabei gelten die oben bei der Dienstleistungsfreiheit aufgestellten Voraussetzungen für die Gesellschaften[535].

Der EGV unterscheidet zwischen der primären Niederlassungsfreiheit (Art. 43 S. 1) und der sekundären Niederlassungsfreiheit (Art. 43 S. 2). Bei der primären Niederlassung geht es um die Aufnahme einer selbständigen Tätigkeit in einem Mitgliedstaat. Entweder wird hierbei eine Tätigkeit neu aufgenommen, oder es liegt ein Übersiedlungsvorgang vor, bei dem nach der Neuaufnahme der Tätigkeit im Herkunftsstaat keine oder nur eine vom neuen Haupthaus abhängige Betriebsstätte verbleibt[536]. Hingegen wird bei der sekundären Niederlassungsfreiheit das Recht gewährleistet, eine Zweigniederlassung zu gründen – also eine Betriebseinheit, die von einem bestehenden Haupthaus abhängig ist[537]. Auf ers-

---

531 EuGH v. 18.06.85 Slg. 1985, 1819 Rn. 16; *Knobbe-Keuk*, DB 1990, 2573, 2575.

532 Art. 48 EGV.

533 *Randelzhofer/Forsthoff*, in: Grabitz/Hilf, Das Recht der EU, Art. 43 EGV Rn. 8.

534 *Randelzhofer/Forsthoff*, in: Grabitz/Hilf, Das Recht der EU, Art. 43 EGV Rn. 11.

535 Vergleiche oben § 4 A.I.2 zu den juristischen Personen und sonstigen Gesellschaften.

536 *Schlag*, in: Schwarze, EUV/EGV, Art. 43 EGV Rn. 29; *Troberg*, in: G/T/E, EU/EG-Vertrag, Band 1, Art. 52 EGV Rn. 14.

537 *Schlag*, in: Schwarze, EUV/EGV, Art. 43 EGV Rn. 29 *Troberg*, in: G/T/E, EU/EG-Vertrag, Band 1, Art. 52 EGV Rn. 14; *Knobbe-Keuk*, DB 1990, 2573, 2581.

tere kann sich berufen, wer als natürliche Person das Recht der freien Niederlassung aus der Staatsangehörigkeit zu einem anderen Mitgliedstaat ableitet als dem Aufnahmestaat[538] oder solche Gesellschaften, die bisher ihr Recht auf freie Niederlassung von der Zugehörigkeit zu einem anderen Mitgliedstaat abgeleitet haben und den Unternehmenssitz in einen anderen Mitgliedstaat verlagern wollen. Die sekundäre Niederlassungsfreiheit hingegen setzt voraus, dass die Ansässigkeit der bisherigen unternehmerischen Tätigkeit in einem anderen als dem Aufnahmemitgliedstaat der Zweigniederlassung stattgefunden hat. Die Zweigniederlassungen können rechtlich selbständige Einheiten sein oder rechtlich unselbständige Einrichtungen[539]. Das Erfordernis der Ansässigkeit oder Angehörigkeit zu einem anderen Staat als dem, in dem nun unternehmerische Tätigkeit entfaltet werden soll, stellt das grenzüberschreitende Moment dar, welches im Rahmen der Niederlassungsfreiheit – ebenso wie bei den anderen Grundfreiheiten – zwingende Voraussetzung ist[540].

3. Inländergleichbehandlung

Die Niederlassungsfreiheit gewährt ein gegenüber Art. 12 Abs. 1 EGV spezielles Diskriminierungsverbot. Es ist spezieller, weil hiervon auch Inländerdiskriminierungen erfasst sind, die darauf beruhen, dass ein Freiheitsberechtigter von einer Grundfreiheit Gebrauch gemacht hat[541]. Die diskriminierende Behandlung von Angehörigen anderer Mitgliedstaaten bei der Gründung und dem Betrieb ihrer Unternehmen ist unzulässig[542]. Diskriminierung bedeutet die rechtliche Schlechterbehandlung eines zu beurteilenden Sachverhaltes mit Gemeinschaftsbezug gegenüber einem reinen Inlandssachverhalt[543]. Eine Maßnahme muss nicht an die Staatsangehörigkeit oder die Herkunft aus einem anderen Mitgliedstaat anknüpfen, sondern die Niederlassungsfreiheit erfasst auch indirekte

538 *Schlag*, in: Schwarze, EUV/EGV, Art. 43 EGV Rn. 29.

539 *Bröhmer*, in: Calliess/Ruffert, EUV/EGV, Art. 43 EGV Rn. 17.

540 *Bröhmer*, in: Calliess/Ruffert, EUV/EGV, Art. 43 EGV Rn. 6.

541 Das gilt insbesondere für Inländer, die im Ausland bestimmte Diplome oder Qualifikationen erworben haben und dann in ihren Heimatstaat zurückkehren. EuGH v. 03.10.89, Slg. 1990, I-3551 Rn. 11, 13; v. 31.03.93, Slg. 1993, I-1663 Rn. 23.

542 *Jarass*, EuR 1986, 75, 90.

543 *Bröhmer*, in: Calliess/Ruffert, EUV/EGV, Art. 43 EGV Rn. 19; *Troberg*, in: G/T/E, EU/EG-Vertrag, Band 1, Art. 52 EGV Rn. 36.

Diskriminierungen; es reichen schon Belastungen im beruflichen Umfeld des Rechtsträgers der Niederlassungsfreiheit aus[544].

Die Tariftreueerklärungen in den Ländervergabegesetzen behandeln die interessierten Unternehmen grundsätzlich gleich. Die Tariftreueerklärungen differenzieren nicht hinsichtlich der Nationalität der Arbeitgeber, weil unabhängig von dem Niederlassungsort, im Minimum die gleichen Tariflöhne bei der Erbringung öffentlicher Aufträge gezahlt werden müssen[545]. Sie werden alle zur Zahlung von gleichen Tariflöhnen verpflichtet. Der Vorgang des Niederlassens ist hiervon nicht berührt. Die Aufnahme oder Verlagerung bauunternehmerischer Tätigkeit ist nicht betroffen. Betroffen ist allein der Zugang zu Bauaufträgen, die von der öffentlichen Hand vergeben werden. Es handelt sich um die Ausübung der Tätigkeit eines Unternehmens, das sich in der Bundesrepublik niedergelassen hat. Die Tätigkeit in Deutschland als solche wird hierdurch nicht in Frage gestellt. Es ist lediglich im Rahmen der Ausübung der Zugang zu bestimmten Aufträgen betroffen. Die Niederlassungsfreiheit verlangt bei der Berufsausübung lediglich, dass die ausländischen Marktbürger mit den inländischen gleich behandelt werden[546].

Fraglich ist, ob die Tariftreueerklärungen zur Folge haben, dass Unternehmen, die von ihrer Niederlassungsfreiheit Gebrauch gemacht haben, anders belastet werden als deutsche Unternehmen, die keinen grenzüberschreitenden Bezug aufweisen und sich daher nicht auf die Niederlassungsfreiheit berufen können. Soweit Unternehmen, die unter die Niederlassungsfreiheit fallen, deutsche Arbeitnehmer beschäftigen oder Arbeitnehmer nach deutschen arbeitsvertraglichen Regelungen beschäftigen, liegt keine Belastung im Verhältnis zu deutschen Unternehmen vor. Sie fragen ihre Arbeitskräfte unter den gleichen Bedingungen auf dem Arbeitsmarkt nach. Das heißt, sie können ihre Arbeitnehmer – mit oder ohne Mitgliedschaft in einem Arbeitgeberverband – nach Tarif entlohnen, selbst einen Firmentarifvertrag abschließen oder ohne tarifliche Bindung den Lohn frei in jedem einzelnen Individualarbeitsvertrag aushandeln. Wenn sie eine Tariftreuepflicht nach den Ländervergabegesetzen erfüllen müssen, sind sie den gleichen Belastungen ausgesetzt wie andere deutsche Unternehmen auch, die nicht

---

544 EuGH v. 12.02.72, Slg. 1972, 153 Rn. 11; v. 27.06.96, Slg. 1996, I-3089 Rn. 36 38; v. 27.11.97, Slg. 1997, I-6689 Rn. 44; v. 23.05.96, Slg. 1996, I-2617 Rn. 17ff.; vergleiche auch *Bröhmer*, in: Calliess/Ruffert, EUV/EGV, Art. 43 EGV Rn. 20; *Troberg*, in: G/T/E, EU/EG-Vertrag, Band 1, Art. 52 EGV Rn. 37.

545 *Kayser*, Nationale Regelungsspielräume im öffentlichen Auftragswesen und europarechtliche Grenzen, S. 127.

546 *Kayser*, Nationale Regelungsspielräume im öffentlichen Auftragswesen und europarechtliche Grenzen, S. 18.

gerade nach dem örtlich geltenden Tarifvertrag ihre Arbeitnehmer bezahlen[547]. Die Ländervergabegesetze erzeugen insoweit keine Belastungen für Unternehmen, die sich grenzüberschreitend in Deutschland „niedergelassen" haben und sich auf die Niederlassungsfreiheit berufen können. Soweit die Unternehmen hingegen selbst Zweigniederlassung eines anderen Unternehmens aus dem EG-Ausland sind oder sie selbst noch eine Zweigniederlassung im EG-Ausland unterhalten, trifft diese Sichtweise partiell nicht mehr zu. Natürlich dann, wenn bei einem öffentlichen Auftrag das Unternehmen beabsichtigt, Arbeitnehmer zu entsenden, die bei dieser Stelle im EG-Ausland beschäftigt sind, so entsteht dem Unternehmen aufgrund seiner grenzüberschreitenden Struktur der Lohnanpassungsaufwand und wird mit höheren Löhnen belastet. Hierbei handelt es sich jedoch nicht um Vorgänge, die in den Anwendungsbereich der Niederlassungsfreiheit fallen, sondern es handelt sich um die Dienstleistungsfreiheit der Stelle im Ausland. Somit ist in dieser Konstellation die aktive Dienstleistungsfreiheit der auswärtigen Stelle oder die passive Dienstleistungsfreiheit der deutschen Niederlassung betroffen. Auch insoweit handelt es sich um eine Gleichbehandlung. Wenn ein deutsches Unternehmen eine Zweigniederlassung oder ein anderes Unternehmen im EU-Ausland einschaltet, um bestimmte Leistungen von diesem ausführen zu lassen oder von dort einfach nur Arbeitskräfte für den Auftrag entsenden lässt, unterliegt es den gleichen Belastungen wie Unternehmen, die sich auf die Niederlassungsfreiheit berufen können. Eine Diskriminierung direkter oder indirekter Art liegt durch die Ländervergabegesetze nicht vor. Insoweit ist die Niederlassungsfreiheit auch nicht betroffen.

4. Beschränkungsverbot

Die Niederlassungsfreiheit wird nunmehr auch als Beschränkungsverbot und nicht nur als Diskriminierungsverbot ausgelegt[548]. Die Anerkennung des allgemeinen Beschränkungsverbotes im Rahmen der Niederlassungsfreiheit durch den EuGH[549] hat wesentlich länger gedauert als bei der Dienstleistungsfreiheit,

---

[547] Siehe dazu oben § 4 A.I.1.b).

[548] *Kingreen*, Struktur der Grundfreiheiten, S. 64; EuGH v. 12.07.84, Slg. 1984, 2971 Rn. 18f.

[549] EuGH v. 12.07.84, Slg. 1984, 2971 Rn. 18ff.; v. 13.03.93, Slg. 1993, I-1663 Rn. 32; v. 30.11.95, Slg. 1995, I-4165 Rn. 31ff.

ist aber nunmehr – nach überwiegender Auffassung – anerkannt[550], wird jedoch enger ausgelegt als bei den anderen Grundfreiheiten. Das liegt daran, dass eine bessere Behandlung der in die Wirtschaft des Aufnahmelandes eingegliederten EG-Ausländer als die der Inländer bei der ständigen Ausübung der Tätigkeit nicht in Betracht kommt[551]. Da auf zeitlich begrenzte Tätigkeiten eines Dienstleistungserbringers nicht jede auf eine Dauertätigkeit ausgerichtete Regelung angewandt werden muss[552], besteht insoweit ein entscheidender Unterschied zwischen dem Beschränkungsbegriff der Dienstleistungsfreiheit und dem der freien Niederlassung. Wer sich auf Dauer in die Wirtschaft eines anderen Mitgliedstaates eingliedert, der unterwirft sich auch zugleich seiner Rechtsordnung, daher ist das eigentliche Problem der Niederlassung die Aufnahme und der Zutritt zu dem Markt, während die Ausübung innerstaatlichen Regelungen folgt[553]. Damit korrespondiert auf der Kehrseite der oben gemachte Ansatz, dass die Beschränkungsmotivation durch den Aufnahmestaat bei Unternehmen wesentlich geringer ist als bei Dienstleistungen und Waren. Der Staat profitiert durch Abgaben und Beschäftigungsförderung[554]. Daher hat der EuGH den allgemeinen Beschränkungsbegriff auch noch nicht so weit ausgelegt wie bei der Dienstleistungsfreiheit und dem Warenverkehr[555]. Daraus folgert *Everling*, dass jede Vorschrift, die allgemein im Wirtschafts- und Rechtsverkehr eines Mitgliedstaates gilt, eine dauernde Anforderung an die Berufsausübung darstellt und keinen Bezug zur Eingliederung von Erwerbstätigen in die Wirtschaft des Aufnahmestaates hat, nicht unter das Beschränkungsverbot falle[556]. Ähnlich formuliert *Bröhmer*, der mitgliedstaatliche Maßnahmen dann nicht dem Verbot des Art. 43 EGV unterwirft, wenn sie weder unmittelbar noch mittelbar an die Staatsangehörigkeit anknüpfen, das heißt dann, wenn die Maßnahmen Inländer und EG-Ausländer tatbestandlich und in ihren Auswirkungen in gleichem Maße betreffen[557]. *Troberg* unterscheidet zwischen dem Zugang zu einer Tätigkeit und der

---

550 *Knobbe-Keuk*, DB 1990, 2573, 2577; *Lackhoff*, Niederlassungsfreiheit, 2000; *Schlag*, in: Schwarze EGV/EUV, Art. 43 EGV Rn. 45; *Bröhmer*, in: Calliess/Ruffert, EUV/EGV, Art. 43 EGV Rn. 29; *Troberg*, in: G/T/E, EU/EG-Vertrag, Band 1, Art. 52 EGV Rn. 60; *Eberhartinger*, EWS 1997, 43, 48; nunmehr auch *Everling*, in: GS-Knobbe-Keuk, S. 607, 625.

551 *Everling*, in: GS-Knobbe-Keuk, S. 607, 625.

552 EuGH v. 17.12.81, Slg. 1981, 3305 Rn. 16.

553 *Everling*, in: GS-Knobbe-Keuk, S. 607, 617.

554 Vergleiche oben § 4 A.I.

555 *Bröhmer*, in: Calliess/Ruffert, EUV/EGV, Art. 43 EGV Rn. 31.

556 *Everling*, in: GS-Knobbe-Keuk, S. 607, 621.

557 *Bröhmer*, in: Calliess/Ruffert, EUV/EGV, Art. 43 EGV Rn. 32.

Ausübung, wobei letztere nicht dem Beschränkungsverbot unterfallen solle[558]. Einer einschränkenden Auslegung des allgemeinen Beschränkungsbegriffs im Rahmen der Niederlassungsfreiheit ist zuzustimmen. Bei Niederlassung sollen die Vorschriften des Niederlassungsstaates gelten. Die Niederlassungsfreiheit gewährt eben nur die Freiheit des Produktionsfaktors und nicht den Zugang des Produktes auf dem entsprechenden Markt. Nur so kann der föderalen Struktur der Gemeinschaft und dem Subsidiaritätsprinzip Rechnung getragen werden[559]. Die Abgrenzung ist jedoch bisher nicht von besonderer Klarheit geprägt, wozu nicht zuletzt der EuGH mit seiner Rechtsprechung beigetragen hat. Jedoch ist eine einschränkende Auslegung im Sinne der *Keck*-Rechtsprechung nicht erforderlich, weil die Niederlassungsfreiheit von vorneherein noch nicht so weit ausgelegt worden ist wie die Warenverkehrs- oder Dienstleistungsfreiheit. Als Ergebnis bleibt festzuhalten, dass EG-Ausländer durch die Niederlassungsfreiheit nicht besser gestellt werden dürfen als die Inländer. Diese Frage ist im Rahmen der Anwendung der Dienstleistungsfreiheit anders zu beurteilen, weil sie den Zulassungsvoraussetzungen in ihrem Heimatstaat unterliegen, die partiell besser sein können[560].

Die Tariftreueerklärungen in den Ländervergabegesetzen betreffen lediglich die Ausübung der Tätigkeit des in Deutschland niedergelassenen Bauunternehmers. Im Rahmen der Niederlassungsfreiheit wird durch die Tariftreueerklärungen nicht der Zugang zu einer Tätigkeit beschränkt, sondern lediglich ihre Ausübung. Zugang ist hierbei auf den Niederlassungsvorgang als solchen zu beziehen, also Erlaubnisse, Erlangung der Rechtsfähigkeit, Möglichkeit des Grundstückerwerbs und die Anerkennung von Diplomen und Abschlüssen. Die Möglichkeit an bestimmte Aufträge zu kommen oder die Einhaltung von bestimmten Löhnen gehört zu dem Bereich der Ausübung der Tätigkeit. Die Tariftreueerklärungen haben somit einen dauernden Bezug zu der Berufsausübung. Sie betreffen In- und Ausländer in gleichem Maße, wenn sie in Deutschland niedergelassen sind. Demnach liegt durch die Tariftreueerklärungen keine allgemeine Beschränkung der Niederlassungsfreiheit vor.

IV. Zusammenfassung

Die unmittelbare Anwendbarkeit der Dienstleistungsfreiheit und der Niederlassungsfreiheit ist im Grundsatz allgemein anerkannt[561]. Das EG-Recht hat ge-

---

558 *Troberg*, in: G/T/E, EU/EG-Vertrag, Band 1, Art. 52 EGV Rn. 59.

559 *Everling*, in: GS-Knobbe-Keuk, S. 607, 620.

560 Vergleich dazu oben § 4 A.I.5.b)cc).

561 *Jarass*, EuR 1986, 75, 76; EuGH v. 18.01.79, Slg. 1979, 35 Rn. 24.

genüber dem deutschen Recht grundsätzlich Vorrang und führt bei unmittelbarer Anwendbarkeit einer Vertragsnorm dazu, dass entgegenstehendes deutsches Recht unanwendbar ist[562]. In den Grundfreiheiten liegt eine Beschränkung der Regelungsmöglichkeiten des nationalen Gesetzgebers[563]. Jedoch sind sowohl der EuGH als auch das BVerfG verpflichtet, sich um „Konkordanz beider Rechtsordnungen in ihrer Rechtsprechung zu bemühen“[564].

Die Tariftreuepflicht stellt eine Beschränkung des freien Dienstleistungsverkehrs dar. Der Schutzbereich der Arbeitnehmerfreizügigkeit ist nicht eröffnet, jedoch fallen bauunternehmerische Tätigkeiten, die von der Tariftreuepflicht erfasst werden unter den Tatbestand der Niederlassungsfreiheit. Dennoch wird die Niederlassungsfreiheit durch die Tariftreuepflicht nicht beschränkt. Eine Rechtfertigung der Beschränkungen durch die Tariftreuepflicht ist nicht möglich. Zwingender Grund des Allgemeininteresses könnte höchstens der Schutz der Arbeitnehmer sein. Jedoch wird durch die Tariftreuepflicht in den Ländervergabegesetzen kein arbeitsrechtlicher Mindestschutz gewährt, sondern ein Schutz, der darüber hinausgeht. Mithin steht bei der Tariftreuepflicht die marktabschottende Wirkung der Ländervergabegesetze im Vordergrund. Ein Verstoß gegen die Dienstleistungsfreiheit liegt vor.

Der Anwendungsbereich der Ländervergabegesetze deckt sich nicht mit dem der Vergaberichtlinien. Auf der einen Seite erfassen sie nicht alle Auftragnehmer im Sinne der Koordinierungsrichtlinien und auf der anderen Seite finden sie auf alle Vergaben Anwendung und zwar unabhängig vom Erreichen der Schwellenwerte der Koordinierungsrichtlinien und der bundesrechtlichen Vorschriften im GWB und der Vergabeverordnung. Die Grundfreiheiten gelten jedoch für jedes staatliche Handeln, so dass die Ländervergabegesetze für jeden Fall, in dem sie das Erfordernis der Tariftreue vorschreiben oder erlauben, gegen die Dienstleistungsfreiheit verstoßen. Ebenso verstößt bereits jede Vergabe mit Tariftreueerfordernis gegen die Dienstleistungsfreiheit.

---

[562] *Jarass*, EuR 1986, 75, 76; *Bleckmann*, Europarecht, Rn 1196.

[563] *Jarass*, EuR 1986, 75, 76.

[564] BVerfGE 37, 271, 278; *Ress*, in: Rüther/Pawlik (Hrsg.), Der Beitrag des Rechts zum europäischen Einigungsprozess, S. 43, 46.

B. Das Beihilfeverbot

Die Tätigkeit der Europäischen Gemeinschaft umfasst nach Maßgabe des EG-Vertrages nach Art. 3 Abs. 1 lit. g die Schaffung eines Systems, das den Wettbewerb innerhalb des Binnenmarktes vor Verfälschungen schützt. Die Grundfreiheiten dienen dabei der Schaffung des Binnenmarktes, indem sie vor Beschränkungen der grenzüberschreitenden Erbringung von Leistungen schützen[565]. Wettbewerb droht dadurch beschränkt zu werden, dass Leistungserbringung durch ausländische Anbieter erschwert wird und inländische Anbieter dadurch einen Wettbewerbsvorteil haben. Die Kehrseite der Medaille jenes Binnenmarktkonzepts ist das Beihilferecht: Leistungserbringung durch Inländer kann auch dadurch gefördert werden, dass der Staat heimische Unternehmen aktiv durch Geld oder sonstige Leistungen unterstützt[566], auch wenn solche Maßnahmen kostspieliger sind als einfache gesetzliche oder verwaltungsrechtliche Beschränkungsmaßnahmen gegenüber auswärtigen Unternehmen[567]. Unkontrollierte Vergabe mitgliedstaatlicher Beihilfen gefährdet den Wettbewerbsmechanismus und mithin die Statik des Binnenmarktgebäudes[568]. Daher ordnet Art. 87 Abs. 1 EGV das grundsätzliche Verbot mitgliedstaatlicher Beihilfen an. Ausgangspunkt für jede Auslegungsfrage der Art. 87ff. EGV ist somit das Ziel des Art. 3 Abs. 1 lit. g EGV, den Wettbewerb innerhalb des Binnenmarktes vor Verfälschungen zu schützen[569]. Dieser Maßstab ist jedoch nicht alleiniger Auslegungsmaßstab, sondern es gilt auch die harmonische und nachhaltige Entwicklung des Wirtschaftslebens sowie den wirtschaftlichen und sozialen Zusammenhalt zu unterstützen[570]. Eine Beihilfe ist nur dann nach dem EGV unzulässig, wenn sie den Wettbewerb verfälscht oder zu verfälschen droht und soweit sie den Handel zwischen den Mitgliedstaaten beeinträchtigt (Art. 87 Abs. 1 EGV).

Wenn eine Maßnahme Beihilfe im Sinne von Art. 87 EGV ist, dann unterliegt sie bestimmten Beschränkungen. Grundsätzlich sind Beihilfen verboten, soweit nicht eine Verbotsausnahme nach Art. 87 Abs. 1 oder Abs. 2 EGV greift. Beim Ausnahmetatbestand nach Abs. 2 ist die Kommission dabei verpflichtet,

---

565 Vergleiche oben § 4 A.

566 Es entstehen Absatz- und Wettbewerbsvorteile, *Seidel*, Das Beihilfenrecht der Europäischen Gemeinschaft, in: Ress/Will, S. 5, 10.

567 *Cremer*, in: Calliess/Ruffert, EUV/EGV, Art. 87 EGV Rn. 2.

568 *Börner*, Zur Vereinbarkeit des Claes-Planes mit dem EWG-Vertrag, in: KSE (Kölner Schriften zum Europarecht) Bd. 32, 1984, 137, 142ff.

569 *Seidel*, Das Beihilfenrecht der Europäischen Gemeinschaft, in: Ress/Will, S. 5, 9.

570 *Thiesing*, in: G/T/E (3. Aufl.) EWG-Vertrag, Vor. Art. 92-94 Rn. 6; *Cremer*, in: Calliess/Ruffert, EUV/EGV, Art. 87 EGV Rn. 2.

die Beihilfe zu genehmigen[571], während ihr bei Abs. 3 ein Ermessen eingeräumt wird[572]. Zudem sind die Mitgliedstaaten verpflichtet, alle Beihilfen bei der Kommission anzumelden, die seit dem Inkrafttreten des EWG-Vertrages am 1. Januar geplant wurden[573]. Nach Art. 88 Abs. 3 EGV besteht ein Durchführungsverbot, bis die Kommission abschließend über die Beihilfe entschieden hat. Dieses Verbot hat unmittelbare Wirkung, so dass der Konkurrent des Begünstigten sich vor den nationalen Behörden und den nationalen Gerichten darauf berufen darf[574]. Für die Anfechtung der jeweiligen Vergabeentscheidung wird das bedeutsam, wenn die Vergabegesetze, die Tariftreueerklärungen vorsehen, als unzulässige Beihilfen einzuordnen sind.

Die Frage nach dem Beihilfeverbot stellt sich im öffentlichen Beschaffungswesen neu. Hier werden staatliche Gelder für Leistungen ausgegeben, die der Staat bei der Erfüllung seiner Aufgaben benötigt. In der Nachfrage und Bezahlung einer Leistung zu einem marktüblichen Preis ist kein Beihilfeelement zu erblicken, weil es dadurch zu keinem Wettbewerbsvorteil beim Auftragnehmer kommt[575]. Wenn jedoch neben den vergaberechtlichen Zwecken, eine gute Leistung zu einem wirtschaftlichen Preis zu erhalten, weitere Zwecke mit der Vergabe eines Auftrages verfolgt werden, so kann in einer Steigerung der Auftragskosten ein Beihilfeelement liegen, weil der Auftraggeber ein höheres Entgelt erhält als zur eigentlichen Leistungserbringung erforderlich. Mit diesem höheren Entgelt muss der Auftragsbewerber auch kalkulieren, damit er die vergabefremden Zwecke erfüllen kann. Es stellt sich für die Tariftreueerklärungen die Frage, ob Auftragsvergaben unter ihrer Bedingung europarechtlich unzulässige Beihilfen darstellen. Die Fraktionen im Bundestag gehen davon aus, dass Tariftreueverpflichtungen der Auftragnehmer die Kosten für öffentliche Bauaufträge um 5% steigern werden[576]. Genau hierin könnte eine unzulässige Beihilfe gesehen werden, die die Tariftreuegesetze unzulässig macht. Die Einordnung als Beihilfe der einzelnen Vergaben ist jedoch nicht unproblematisch. Zum einen hat jeder Auftragsbewerber die Möglichkeit, sich um den Auftrag zu bewerben und somit den Zuschlag nicht nur für den Auftrag, sondern auch für die höhere Vergütung

---

571 *Geiger*, EGV/EUV, Art. 87 EGV Rn. 15.

572 *Cremer*, in: Calliess/Ruffert, EUV/EGV, Art. 87 EGV Rn. 24.

573 Für Mitgliedstaaten, die nach diesem Datum Mitglied geworden sind, gilt der Tag des Beitritts, *v. Wallenberg*, in: Grabitz/Hilf, Das Recht der Europäischen Union, Art. 93 EGV Rn. 49.

574 EuGH v. 11.06.92, Slg. 1992, I-3899 Rn. 26.

575 *Bartosch*, EuZW 2001, 229, 231.

576 Vergabe öffentlicher Aufträge an die Tariftreue der Unternehmen knüpfen, in: Blickpunkt Bundestag, Heft 12, 2001, S. 57.

zu bekommen. Die anderen Kosten neben der Lohnhöhe und die Kalkulation der benötigten Arbeitszeit sind nach wie vor dem freien Wettbewerb und der Angebotskalkulation durch den Bewerber unterworfen. Den Zuschlag bekommt immer noch das darunter wirtschaftlichste Angebot. Zudem wird das zusätzliche Kostenelement an die Arbeitnehmer des Auftragnehmers weitergegeben und verbleibt nicht bei dem Unternehmen. Es stellt sich insoweit die Frage nach der wettbewerbsverfälschenden Wirkung der höheren Auftragskosten.

I. Anwendbarkeit der Beihilferegeln

Die Anwendung von Art. 87 EGV auf die Verfolgung von Sekundärzwecken im Vergabeverfahren ist nicht unumstritten und ist vom EuGH bislang offengelassen worden[577]. Probleme bereitete zunächst eine Beihilfedefinition des EuGH aus dem Jahr 1977, die von einem „unentgeltlichen Vorteil" spricht[578]. Bei der Vergabe ist der zugewandte Vorteil jedoch nicht unentgeltlich, weil er stets an die Erbringung einer Gegenleistung geknüpft ist. Wenn der Vorteil jedoch über dem Marktwert der Gegenleistung liegt, kann man den überschießenden Teil als unentgeltlich ansehen[579], oder man kann den Begriff der Unentgeltlichkeit so auslegen, dass es darauf ankommt, ob die Gegenleistung marktmäßig erbracht wird oder nicht[580]. Eine Gegenleistung schließt somit die Beihilfeeigenschaft nicht aus. Der EuGH hatte bei der Entscheidung auch lediglich geprüft, ob der streitige Vorteil tatsächlich unentgeltlich war, und es spricht viel dafür, dass er nur die Formulierung des vorlegenden italienischen Gerichts aufgenommen hat[581]. So geht nun das EuG davon aus, dass die Verpflichtung zu gegenseitigen Leistungen nicht die Eigenschaft einer Maßnahme als Beihilfe ausschließt. Es wendet das Prinzip des marktwirtschaftlich handelnden Wirtschaftsteilnehmers auf das öffentliche Beschaffungswesen an[582]. Damit ist die Fragestellung nach dem Beihilfeelement einer Auftragsvergabe eröffnet. Der EuGH hat das Beihilferecht im Vergabeverfahren bisher nicht geprüft, sondern diese Frage offengelassen[583]. In dem entschiedenen Fall lag ein Verstoß gegen Art. 28 EGV

---

577 *Benedict*, Sekundärzwecke, S. 245.

578 EuGH v. 22.03.77, Slg. 1977, 595 Rn. 22.

579 *Lefèvre*, Staatliche Ausfuhrförderung, S. 115; *Hoischen*, Die Beihilfenregelung in Art. 92 EWGV, S. 52f.

580 *Rengeling*, KSE 32, 28; *Müller-Graff*, ZHR 152 (1988), S. 403, 419f.

581 *Schernthanner*, Beihilfeaufsichtsrecht, S. 30.

582 EuG v. 28.01.99, Slg. 1999, II-139 Rn. 71.

583 *Benedict*, Sekundärzwecke, S. 246f.

vor, und die Maßnahme war aus diesem Grunde europarechtswidrig[584], so dass die Frage nach der Beihilfe für das Ergebnis in dem Fall offen bleiben konnte.

II. Verhältnis zu den Grundfreiheiten

Ungeklärt geblieben ist dadurch auch die Frage, ob der EuGH die Prüfung der Beihilfe offen lassen konnte oder musste. Die Ursache der Überschneidung von Beihilferecht und Grundfreiheiten liegt an der weiten Auslegung des Beschränkungsbegriffes durch den EuGH. Nach der heute geltenden *Dassonville*-Formel zu den Beschränkungen im freien Warenverkehr ist jede staatliche Maßnahme eine Maßnahme gleicher Wirkung, die geeignet ist, den innergemeinschaftlichen Handel unmittelbar oder mittelbar, tatsächlich oder potentiell zu behindern[585]. Ebenso sind alle Maßnahmen, die direkt oder indirekt die grenzüberschreitende Erbringung von Dienstleistungen tatsächlich oder nur potentiell behindern, Beschränkungen der Dienstleistungsfreiheit[586]. Die Vergabe einer Beihilfe verbessert die Absatzchance des Begünstigten und verschlechtert zugleich die Chancen des nichtsubventionierten Wettbewerbers[587]. Begrifflich fällt daher die Gewährung von Beihilfen regelmäßig, wenn nicht stets, unter die Grundfreiheiten[588]. Die weite Auslegung hat zur Folge, dass tatbestandlich eine Beihilfe zugleich eine Grundfreiheitsbeschränkung ist. Dadurch wird das Konkurrenzverhältnis zwischen diesen Regelungsbereichen relevant. Es stellt sich das Problem, ob das Beihilferecht neben den Grundfreiheiten Anwendung findet oder inwieweit das Beihilferecht die Anwendbarkeit der Grundfreiheiten sperrt. Bei einer Sperrung der Grundfreiheiten könnte eine grundfreiheitswidrige Maßnahme europarechtlich zulässig werden, wenn sie zugleich Beihilfe ist und eine Genehmigung durch die Kommission vorliegt. Die Frage selbst wird hauptsächlich anhand der Warenverkehrsfreiheit diskutiert, jedoch sind die Untersuchungsergebnisse auf die bei den Tariftreueerklärungen relevante Dienstleistungsfreiheit übertragbar, weil die Vorschriften über den freien Dienstleistungsverkehr genau wie die Warenverkehrsfreiheit ein Beschränkungsverbot enthal-

---

584 EuGH v. 20.03.90, Slg. 1990, I-889 Rn. 20f.

585 EuGH v. 11.07.74, Slg. 1974, 837, 847; v. 30.10.74, Slg. 1974, 1123 Rn. 8ff.; v. 14.07.76, Slg. 1979, 1279 Rn. 55; v. 23.01.75, Slg. 1975, 47 Rn. 33/34; v. 08.07.75, Slg. 1975, 843 Rn. 3; v. 20.05.76, Slg. 1976, 613 Rn. 14/18.

586 Vergleiche dazu oben § 4 A.

587 Vergleiche *Ose*, Beihilfen und Maßnahmen gleicher Wirkung, S. 35; *Ullrich*, EWS 1991, 1, 5.

588 *Cremer*, EuR 31 (1996), 225, 226; *Scheuing*, Les aides financières, S. 288; *Flynn*, E.L.Rev. 1987, 124, 135f.; *Stehmann/Martin*, E.L.Rev. 1991, 216, 228f.

ten[589]. Ansonsten gelten für die Dienstleistungsfreiheit und die Warenverkehrsfreiheit die dogmatischen Grundsätze der Grundfreiheiten und die gleichen Verfahrensvorschriften für ihre Durchsetzung.

Der EuGH hat sich bereits mehrfach zu dem Problem im Rahmen der Warenverkehrsfreiheit geäußert, sich dabei jedoch nicht eindeutig festgelegt[590]. Es lassen sich zwei Lösungen aus der Rechtsprechung herausarbeiten. Zum einen den Weg in der Rechtssache *Iannelli*[591]. Danach ist eine Beihilfe, die lediglich infolge der Begünstigung bestimmter einheimischer Unternehmen oder Produkte geeignet ist, die Einfuhr ähnlicher oder konkurrierender Erzeugnisse aus den übrigen Mitgliedstaaten zumindest mittelbar zu beeinträchtigen, für sich nicht ausreichend, um eine Beihilfe als solche einer Maßnahme mit gleicher Wirkung wie einer mengenmäßigen Beschränkung im Sinne von Art. 30 gleichzustellen[592]. Die Art. 87f. EGV seien insoweit die spezifischen Vertragsvorschriften. Die Tragweite dieser Vorschriften und die spezifische Zuständigkeitsverteilung im EGV hinsichtlich der Beihilfenkontrolle durch die Kommission und die Kontrolle der Einhaltung der Grundfreiheiten durch den EuGH würden sonst in Frage gestellt[593]. Die Beihilfenvorschriften hätten somit Anwendungsvorrang vor den Grundfreiheiten. Nach dem EuGH ist jedoch eine Überprüfung anhand der Grundfreiheiten dann zusätzlich möglich, wenn es sich um Modalitäten einer Beihilfe handelt, die zur Erreichung des Beihilfenzwecks oder zu ihrem Funktionieren nicht unerlässlich sind[594]. Jene Modalitäten sind Bestimmungen, die zu einschränkenden Wirkungen führen können, welche über die mit der Beihilfe als solche verbundene Abschottung des Marktes gegenüber Erzeugnissen nicht begünstigter Unternehmen hinausgehen (severability test)[595]. Der Verstoß einer solchen Modalität gegen eine Grundfreiheit macht jedoch nicht die Beihilfe als solche unzulässig, sondern nur der abtrennbare Bestandteil der Beihilfenregelung darf als mit EG-Recht unvereinbar erklärt werden[596]. Danach gilt ein klares Vorrangverhältnis des Beihilferechts als spezieller Materie, das die Grundfreiheiten verdrängt, jedoch nur soweit wie es sich nicht um eine Beihilfenmodalität – also einen spezifischen Teil, der über die Abschottungswirkung durch den ge-

---

589 *Cremer*, EuR 31 (1996), 225, 226.

590 Ausführliche Auseinandersetzung mit dem Problem *Meyer*, Die Einbeziehung politischer Zielsetzungen bei der öffentlichen Beschaffung, S. 148ff.

591 EuGH v. 22.03.77, Slg. 1977, 557.

592 EuGH v. 22.03.77, Slg. 1977, 557 Rn. 9/10.

593 EuGH v. 22.03.77, Slg. 1977, 557 Rn. 11/12.

594 EuGH v. 22.03.77, Slg. 1977, 557 Rn. 14.

595 *Cremer*, EuR 31 (1996), 225, 228.

596 *Martin/Stehmann*, E.L.Rev. 1991, 216, 222ff.

währten Vorteil hinausgeht – handelt. Damit wird die wirtschaftspolitisch in bestimmten Bereichen gewünschte Vergabe von Beihilfen nach den Art. 87f. EGV gewährleistet und ihr Anwendungsbereich nicht durch die Grundfreiheiten erheblich verkleinert. Bei einer Anwendung der Grundfreiheiten käme es nämlich zu erheblichen Rechtfertigungsproblemen der Beschränkungen durch Beihilfen anhand der überragenden Gemeinwohlinteressen[597].

Das Konzept des klaren Vorrangverhältnisses hat der EuGH jedoch mittlerweile verwässert[598] und einen anderen Lösungsansatz eingeführt. In einigen Fällen hat er Art. 28 EGV angewandt, obwohl zuvor festgestellt wurde, dass die Art. 87f. EGV anwendbar sein könnten, ohne zu prüfen, ob es sich um eine Beihilfe handelt[599]. Der Vorrang der Beihilferegelungen scheint in jenen Entscheidungen nicht mehr zu gelten. Als Begründung wird angeführt, dass die Vorschriften über den freien Warenverkehr sowie die Vorschriften über staatliche Beihilfen das Ziel verfolgen, den freien Warenverkehr zwischen den Mitgliedstaaten unter normalen Wettbewerbsbedingungen sicherzustellen[600]. Trotz dieser Formulierung hat der EuGH bis jetzt noch nicht für Klarheit gesorgt[601]. Vielmehr misst der EuGH nicht jede Maßnahme, die als staatliche Beihilfe im Sinne von Art. 87 zu qualifizieren ist, am Maßstab der Grundfreiheiten, auch wenn sie begrifflich unter diese fallen. Nur dann, wenn die Qualifizierung als staatliche Beihilfe Probleme aufwirft – also „möglicherweise" als Beihilfe zu qualifizieren ist –, konzentriert sich der Gerichtshof auf die Grundfreiheit als vorrangigen und damit alleinigen Prüfungsmaßstab[602]. Diese Differenzierung kann als gefestigte Rechtsprechung angesehen werden[603]. Dogmatisch bleibt diese Lösung unbefriedigend, weil trotz eines angeblichen Anwendungsvorrangs der Beihilferegelungen in manchen Fällen die Grundfreiheiten entscheidungserheblich sind.

Ullrich schlägt in dieser Hinsicht vor, die Beihilferegelungen und die Grundfreiheiten nebeneinander anzuwenden. Dabei genössen die Grundfreiheiten Vorrang gegenüber den Subventionsaufsichtsregeln insofern, als ein Verstoß gegen die Grundfreiheiten die Genehmigung einer Beihilfe ausschlösse[604]. Jedoch will

---

597 *Ullrich*, EWS 1991, 1, 7.

598 *Flynn*, E.L.Rev. 1987, 124, 135.

599 EuGH v. 24.11.82, Slg. 1982, 4005 Rn. 18f.; v. 05.06.86, Slg. 1986, 1759, Rn. 19; v. 20.03.90, Slg. 1990, 889 Rn. 21.

600 EuGH v. 20.03.90, Slg. 1990, 889 Rn. 20; v. 07.05.85, Slg. 1985, 1339 Rn. 13; v. 05.06.86, Slg. 1986, 1759 Rn. 19; v. 16.05.91, Slg. 1991, I-2457, 2. LS.

601 *Oliver*, Free Movement of Goods in the European Community, 1996, S. 85.

602 *Cremer*, EuR 31 (1996), 225, 231.

603 *Cremer*, EuR 31 (1996), 225, 231.

604 *Ullrich*, EWS 1991, 1, 5.

er weder die Beihilferegelungen leer laufen lassen noch wirtschaftpolitisch motivierte Beihilfen schlechthin als unzulässig eingestuft sehen[605]. So weist er zum einen darauf hin, dass die Anwendungsbereiche der Art. 87f. und Art. 30ff. EGV sich nicht immer überschneiden. Damit fielen nicht unternehmens- oder branchenspezifische Subventionen nicht unter Art. 87f. EGV, während bestimmte Subventionssysteme nicht von den Freiverkehrsvorschriften erfasst würden, obwohl sie teilweise spezifische Wettbewerbswirkungen hervorriefen[606]. Zum anderen weist er auf die Möglichkeit hin, Beschränkungen der Grundfreiheiten nach Art. 87 Abs. 3 lit. c EGV zu rechtfertigen[607]. Unbefriedigend gelöst bleibt indes die Frage, wer für die Genehmigung bzw. Überprüfung nach diesem Konzept zuständig ist[608].

Strenger geht *Seifert* vor, der bei Tariftreueerklärungen die Anwendbarkeit der Beihilferegelungen ausgeschlossen hält, weil insoweit die Dienstleistungsfreiheit Vorrang habe[609]. Er bezieht sich dabei auf *Ehlers*, der den Anwendungsbereich der Art. 87f. EGV nur eröffnet sieht, wenn keine Verletzung der Grundfreiheiten vorliegt[610]. Maßgebliches Argument ist, dass die Grundfreiheiten unmittelbar anwendbar sind und dadurch ein Verbot festschreiben. Gegen Verstöße muss die Kommission ein Vertragsverletzungsverfahren nach Art. 226 EGV einleiten. Bei unrechtmäßigen staatlichen Beihilfen hingegen muss die Kommission erst nach Art. 88 Abs. 2 S. 1 EGV entscheiden, dass die Beihilfe aufzuheben oder umzugestalten ist. Erst wenn der Mitgliedstaat der Entscheidung nicht (fristgerecht) nachkommt, kann die Kommission, jedoch ohne die in Art. 226 EGV vorgeschriebene Stellungnahme, den Gerichtshof anrufen[611]. Aus dem Umstand der unterschiedlichen Verfahrensvorschriften sei deutlich zu entnehmen, dass das Verhältnis der Normenkomplexe nicht kumulativ, sondern alternativ sei[612]. Es gilt uneingeschränkt der zweite Lösungsansatz des EuGH. Weil durch das Tariftreueerfordernis ein Verstoß gegen die Dienstleistungsfreiheit gegeben ist, käme eine Prüfung der Beihilferegeln nicht mehr in Betracht.

Dagegen verschärft *Cremer* den ersten Lösungsweg des EuGH und geht von einem uneingeschränkten Vorrang der Beihilferegelungen aus. Wenn eine staat-

---

605 *Ullrich*, EWS 1991, 1, 7.

606 *Ullrich*, EWS 1991, 1, 7.

607 *Ullrich*, EWS 1991, 1, 7.

608 *Cremer*, EuR 31 (1996), 225, 234f.

609 *Seifert*, ZFA 2001, 1, 25.

610 *Ehlers*, WuW 1999, 685, 689.

611 *Ehlers*, WuW 1999, 685, 689.

612 *Ehlers*, WuW 1999, 685, 689.

liche Beihilfe vorliege, so komme auch für die funktional abtrennbaren Modalitäten lediglich eine Überprüfung anhand der Beihilfevorschriften in Betracht[613]. So wird das Zuständigkeitsgefüge zwischen Kommission und EuGH nicht unnötig verkompliziert und das Abgrenzungsproblem zwischen der Beihilfe als solcher und der abtrennbaren Modalität, was bisher nur ansatzweise klar umrissen sei, nicht unnötig verschärft[614]. Zudem werde die strenge und unbedingte Anwendbarkeit der Grundfreiheiten dem Bedürfnis nach kompensatorischen Maßnahmen zur Überwindung wirtschaftlicher Divergenzen innerhalb der Gemeinschaft nicht gerecht[615].

Es stellt sich somit in dieser Untersuchung das Problem, ob das Erfordernis einer Tariftreueerklärung unter den staatlichen Beihilfebegriff fällt. Hier soll dem ersten Lösungsansatz des EuGH gefolgt werden. Danach sind die Beihilfenvorschriften spezifisch für die Beurteilung von Begünstigungen durch den Staat einschlägig[616]. Werden darüber hinaus beschränkende Wirkungen ausgelöst, die über einen finanziellen Vorteil hinausgehen, so sind hierfür die Grundfreiheiten einschlägig. Insoweit ist auch die Genehmigung durch die Kommission im Notifizierungsverfahren auf die wettbewerbsverzerrende Wirkung durch das Begünstigungselement beschränkt. Die Genehmigungs- und Überprüfungsverfahren sind hierdurch hinreichend voneinander abgegrenzt, und es müssen nicht die Genehmigungsvorschriften für die Beihilfen in der Grundfreiheitsprüfung fruchtbar gemacht werden. Bei den Tariftreueerklärungen kann das Beihilfenelement, welches zu einer Wettbewerbsverzerrung führen kann, höchstens in den höheren Auftragskosten erblickt werden. Insoweit sind hier die Beihilfevorschriften anwendbar und darauf bezieht sich auch ein eventuelles Genehmigungsverfahren durch die Europäische Kommission. Der Vorteil, den ein tariftreuer Bewerber gegenüber anderen interessierten Unternehmen einbringt, fällt in den Anwendungsbereich des freien Dienstleistungsverkehrs.

---

613 *Cremer*, EuR 31 (1996), 225, 236f.

614 *Cremer*, EuR 31 (1996), 225, 237.

615 *Martin/Stehmann*, E.L.Rev. 1991, 216, 228ff.

616 So wohl auch *Meyer*, Die Einbeziehung politischer Zielsetzungen bei der öffentlichen Beschaffung, S. 174f., 164f., die jedoch eine Anwendung bei den Tariftreueklauseln ablehnt, weil es sich zum einen nur um eine Angleichung der Wettbewerbsbedingungen handele und sich zum anderen eine vermehrte Auftragserteilung an Berliner Unternehmen als Bevorzugung nicht nachweisen lasse.

III. Der Beihilfebegriff

Der Beihilfebegriff des EGV ist nach allgemeiner Ansicht weit auszulegen[617]. Nach der Rechtsprechung des Gerichtshofes ist eine Beihilfe eine mitgliedstaatliche Maßnahme, die speziell als Mittel zur Verfolgung bestimmter Ziele dient, die in der Regel nicht ohne fremde Hilfe erreicht werden können[618]. Deshalb umfasst der Beihilfebegriff nicht nur positive Leistungen, sondern auch Maßnahmen, die in verschiedener Form die Belastungen verringern, welche ein Unternehmen normalerweise – also im Wettbewerb – zu tragen habe[619]. Der Begriff der Beihilfe im EWGV oder jetzt EGV ist umfassender als der Begriff der Subvention, der nur Geld- und Sachleistungen beinhaltet und noch im sechs Jahre älteren EGKS-Vertrag verwendet wurde[620]. Die weite Auslegung des Begriffes geht so weit, dass behauptet wird, dass eine alle zu beanstandende Fälle erfassende Begriffsbestimmung nicht zu finden sei und jeder Versuch, den Begriff der Beihilfe zu bestimmen, darauf hinauslaufe, ihn einzuengen[621]. Getragen wird dieser Gedanke davon, dass bei einer festen Definition die Mitgliedstaaten andere Mittel fänden, heimische Unternehmen durch positive Leistungen zu begünstigen[622]. Eine weite Auslegung, die dem Zweck der Beihilfenvorschrift gerecht wird, muss jedoch nicht definitionslos und damit uferlos sein. Wenn sich die Auslegung des Begriffes an seinem Zweck orientiert, dann ist er auch eingrenzbar, ohne den Mitgliedstaaten neue Subventionsarten zu eröffnen. Die Definition muss demnach auch die Subsumtion außergewöhnlicher und neuer Subventionstatbestände erfassen, um die Kontrollpolitik der Kommission auf alle Gefahren für das Binnenmarktprojekt auszudehnen. Damit ist auch zu erklären, warum die Kommission in ihrer Antwort auf eine Anfrage des Abgeordneten *Burgbacher* keine ins Einzelne gehende Begriffsbestimmung vornahm, sondern

---

[617] EuGH v. 23.02.61, Slg. 1961, 1, 42; *Rengeling*, Das Beihilfenrecht der Europäischen Gemeinschaften, in: KSE Bd. 32, 1984, S. 23, 26; *Lefèvre*, Staatliche Ausfuhrförderung, S. 112; *Cremer*, in: Calliess/Ruffert, EUV/EGV, Art. 87 EGV Rn. 7; *v. Wallenberg*, in: Grabitz/Hilf, Das Recht der EU, Art. 92 EGV Rn. 5; *Bär-Bouyssière* in: Schwarze EUV/EGV, Art. 87 EGV Rn. 1.

[618] EuGH v. 23.02.61, Slg. 1961, 42f.

[619] EuGH v. 01.12.98, Slg. 1998, I-7909 Rn. 34; v. 23.02.61, Slg. 1961, 3, 43; v. 15.03.94, Slg. 1994, I-877 Rn. 13.

[620] *Lefèvre*, Staatliche Ausfuhrförderung und das Verbot wettbewerbsverfälschender Beihilfen im EWG-Vertrag, S. 112.

[621] *Obernolte*, Das EWG-Beihilfenverbot in der Praxis, Europäische Wirtschaft 1961, S. 388, 389; *Scheuing*, Les aides financières, S. 268

[622] *Lefèvre*, Staatliche Ausfuhrförderung und das Verbot wettbewerbsverfälschender Beihilfen im EWG-Vertrag, S. 113; *Obernolte*, Das EWG-Beihilfenverbot in der Praxis, Europäische Wirtschaft 1961, S. 388, 389.

einen weitgespannten Katalog von typischen unter den Beihilfebegriff fallenden Maßnahmen der Mitgliedstaaten aufstellte[623]:

> „Unbeschadet der ausschließlichen Zuständigkeit des Gerichtshofs für eine authentische Auslegung der Vorschriften des Vertrages ist die Kommission der Meinung, dass staatliche oder aus staatlichen Mitteln gewährte Beihilfen gleich welcher Art (Zuschüsse, Befreiung von Steuern und Abgaben, Zinszuschüsse, Übernahme von Bürgschaften zu besonders günstigen Bedingungen, unentgeltliche oder besonders preiswerte Überlassung von Gebäuden oder Grundstücken, Lieferung von Gütern oder Dienstleistungen zu Vorzugsbedingungen, Übernahme von Verlusten oder jede andere Maßnahme gleicher Wirkung) an jedes Unternehmen oder jeden Produktionszweig grundsätzlich unter die Vorschriften der Art. 92 bis 94 des Vertrages [heute: 87-89 EGV] fallen, gleich, ob die Begünstigten öffentliche oder private Unternehmen sind."

Damals war die Auslegung des Beihilfebegriffs noch an ihrem juristischen Anfang, es gab kaum Meinungen zu diesem Thema und es fehlte nach *Obernolte* daher auch an den für die Juristen stets so ergiebigen Meinungsstreits, der „die Geister belebt und die Beredsamkeit auf beiden Seiten der Auseinandersetzung in Wort und Schrift zu schönster Blüte treiben kann"[624]. Mittlerweile haben der EuGH und die Kommission den Beihilfebegriff mit mehr Inhalt gefüllt und mit Hilfe der Literatur sind Kriterien für die Einordnung einer staatlichen Maßnahme als Beihilfe herausgearbeitet worden.

1. Staatliche oder aus staatlichen Mitteln gewährte Beihilfen

Sachlich werden von den Beihilferegeln nur Vergünstigungen, die in den Mitgliedstaaten vergeben werden, erfasst[625]. Zur Bestimmung, ob eine Vergünstigung als Beihilfe eingestuft werden kann, lassen sich drei Kriterien benennen: Es handelt sich um das Kriterium der öffentlichen Mittelbelastung, das Wirkungskriterium und das Freiwilligkeitskriterium.

a) Kriterium der öffentlichen Mittelbelastung

Es muss sich demnach um eine mitgliedstaatliche Maßnahme handeln. Der Beihilfebegriff erfasst nur solche Zuwendungen, die durch den Staat, durch

---

623 EG Abl. Nr. 125 v. 17.08.63, S. 2235.

624 *Obernolte*, Das EWG-Beihilfenverbot in der Praxis, Europäische Wirtschaft 1961, S. 388.

625 *Cremer*, in: Calliess/Ruffert, EUV/EGV, Art. 87 EGV Rn. 3.

staatliche Institutionen oder aus staatlichen Mitteln gewährt werden[626]. Es handelt sich hierbei im Grunde um zwei Ansatzpunkte, die eine Zurechnung auslösen. Wenn die zuwendende Stelle der Staat oder eine staatliche Institution ist, so ist das ein hinreichender Anhaltspunkt ebenso wie wenn die Maßnahme aus staatlichen Mitteln finanziert, aber von anderen privaten oder öffentlichen Institutionen bewilligt wird[627].

Zum einen handelt es sich um den Bund und die Länder[628]. Am Anfang der Entwicklung des Beihilferechts wurden die Gemeinden nicht erfasst gesehen, weil davon ausgegangen wurde, dass die Finanzmittel der Gemeinden keine staatlichen Mittel mehr seien, sondern zur Erfüllung der kommunalen Aufgaben verwendet werden und der Staat keinen Einfluss mehr auf ihre Verwendung habe. Zudem stünde das kommunale Selbstverwaltungsrecht einer europarechtlichen Kontrolle entgegen und die kommunalen Beihilfen hätten wegen ihrer lokalen Begrenztheit lediglich Auswirkungen auf die Binnenwirtschaft des betreffenden Staates[629]. Die Zurechnung kommunaler Maßnahmen zum Bund als Träger der mitgliedstaatlichen Pflichten des Europarechts hat sich jedoch mittlerweile einhellig durchgesetzt[630] und die wettbewerbsverfälschende Wirkung auch kommunaler Maßnahmen ist unbestritten[631]. Folglich sind Kommunen oder sogar staatlich kontrollierte Unternehmen vom Beihilfeverbot erfasste Körperschaften[632]. Ebenso vom Staat errichtete oder beauftragte öffentliche oder private Einrichtungen, in denen eine staatliche Einflussnahme über die Bestellung der Leitungsorgane oder Vetorechte erfolgt[633]. Die Belastung des öffentlichen Haushalts ist nicht die notwendige Folge einer beihilferelevanten Maßnahme[634]. Es reicht aus, wenn sie zu einer zusätzlichen Belastung für den Staat oder für eine für diesen Zweck benannte oder errichtete Einrichtung führt. Die Belastung

---

626 EuGH v. 17.03.93, Slg. 1993, I-887 Rn. 19; v. 24.01.78, Slg. 1978, 25 Rn. 23/25.

627 *Hoischen*, Die Beihilfenregelung in Art. 92 EWGV, S. 32f.

628 EuGH v. 14.10.87, Slg. 1987, 4013 Rn. 17.

629 *Obernolte*, Das EWG-Beihilfenverbot in der Praxis, Europäische Wirtschaft 1961, S. 392.

630 *Koenig/Haratsch*, Europarecht Rn. 120; noch ausschließlich für die Länder, *Ipsen*, in: FS-Hallstein, S. 248, 260ff.

631 *Mederer*, in: G/T/E EU-/EG-Vertrag, Art. 92 EGV Rn. 13.

632 EuG v. 12.12.96, Slg. 1996, II-2109 Rn. 68; *Bonkamp*, Bedeutung des gemeinschaftsrechtlichen Beihilfeverbotes, S. 95.

633 EuGH v. 02.02.88, Slg. 1988, 219 Rn. 36; *Cremer*, in: Calliess/Ruffert, EUV/EGV, Art. 87 EGV Rn. 10; vorausgesetzt und nicht mehr extra erwähnt bei *Geiger*, EUV/EGV, Art. 87 EGV Rn. 11.

634 *Bär-Bouyssière*, in: Schwarze EUV/EGV, Art. 87 EGV Rn. 32.

kann auch in Form eines Einnahmeverzichts geschehen[635] oder in der Möglichkeit der Mittelbelastung durch eine Garantieerklärung bestehen[636]. Es reicht jedoch nicht aus, dass die Begünstigung auf staatliches Handeln zurückführbar ist[637].

Bei der Vergabe eines Auftrages entsteht mit dem Zuschlag der Anspruch des Auftragnehmers auf die vereinbarte Vergütung. Bei der Bindung der Auftragsvergabe an Tariftreueerklärungen lässt sich die Vergütung aufteilen in den Kostenanteil für die Auftragserfüllung und in denjenigen Anteil für die Mehrkosten, die durch die Zahlung von Tariflöhnen entstehen. Das Kriterium der öffentlichen Mittelbelastung stellt jedoch nur die Zurechnung zum Staat her, so dass es auf diese Unterscheidung hier noch nicht ankommt. Wesentlich ist, dass der Anspruch zu einer Belastung führt. Fraglich ist somit lediglich, welche Auftraggeber bei der Vergabe als solche Stellen angesehen werden, die dem Beihilfeverbot unterfallen. Die Vergabegesetze binden ausschließlich Auftraggeber, deren Handeln dem Staat zurechenbar ist. Sie gelten für die jeweiligen Länder, die Kommunen oder sonstige öffentlich-rechtliche Einrichtungen. Private sind nur erfasst, wenn eine besondere Einflussnahme gegeben ist oder sie durch die Gebietskörperschaften finanziert werden. Es sind nicht solche Auftraggeber erfasst, die als Sektorenauftraggeber dem Vergaberecht unterfallen, jedoch ansonsten dem privatrechtlichen Bereich zuzurechnen sind. Somit gelten die Beihilfebestimmungen für alle Auftraggeber, die bei der Vergabe von Bauleistungen an die durch die Ländervergabegesetze angeordnete Pflicht zur Verknüpfung einer Auftragsvergabe an den Nachweis einer Tariftreueerklärung gebunden oder dazu berechtigt sind[638].

b) Kriterium der Wirkung

Die Kehrseite der staatlichen Mittelbelastung ist die von einer Begünstigung ausgehende Wirkung auf der Seite des Begünstigten. Diese steht bei der Einordnung einer Maßnahme als Beihilfe im Vordergrund[639]. Die Maßnahme muss, gleichgültig in welcher Form sie ergeht, Belastungen verringern, die ein Unter-

---

635 Schlussanträge von *GA Capotori* v. 13.12.77, Slg. 1978, 25, 42f.

636 *Geiger*, EUV/EGV, Art. 87 EGV Rn. 8.

637 *Cremer*, in: Calliess/Ruffert, EUV/EGV, Art. 87 EGV Rn. 10.

638 Vergleiche oben § 2 B.I.4. zum Anwendungsbereich der Tariftreuegesetze.

639 *Cremer*, in: Calliess/Ruffert, EUV/EGV, Art. 87 EGV Rn. 7.

nehmen normalerweise zu tragen hat[640]. Oder anders ausgedrückt sind in beliebiger Form gewährte Zuwendungen erfasst, die keine marktgerechte Gegenleistung für eine von diesem Wirtschaftsteilnehmer erbrachte Leistung darstellen[641]. Die zusätzliche Vergünstigung korrespondiert mit der zusätzlichen Mittelbelastung auf Seiten der staatlichen Mehrbelastung. Die fehlende Festlegung auf eine bestimmte Form der Mittelvergabe ergibt sich aus der Formulierung „gleich welcher Art“ in Art. 87 Abs. 1 EGV und soll verhindern, dass der Staat durch die Wahl einer bestimmten Form das Beihilfeverbot umgeht[642]. Demnach ist auch die Form der Auftragsvergabe erfasst. Entscheidend ist, dass keine marktgerechte Gegenleistung für die staatliche Zuwendung erbracht wird, damit es sich um eine Beihilfe handelt[643]. Die Beurteilung der Marktgerechtigkeit der Gegenleistung erfolgt anhand des „private-investor-Tests“, der das staatliche Verhalten mit dem eines umsichtigen Privatanlegers unter den gegebenen Umständen vergleicht[644]. Dabei ist dem Staat jedoch ein Beurteilungsspielraum eingeräumt. Er ist nicht auf den Börsenkurs oder kurzfristige Renditen als Gradmesser unternehmerischer Entscheidungen festgelegt, sondern darf auch längerfristige, strategische Überlegungen und Rentabilitätsrechnungen zur Grundlage seiner Entscheidung machen[645]. Jedoch ist es nicht relevant, ob die Vereinbarung von nicht marktangemessenen Konditionen aus sozialen, kulturellen oder sonstigen Gründen getroffen wird[646].

Staatliche Leistung ist hier die Vergütung während die Gegenleistung das erstellte Bauwerk ist. Maßgeblich ist demnach, zu welchen Konditionen ein umsichtiger Privatanleger das Bauwerk nachgefragt hätte. Bei gleichem Nutzen wird ein Privatanleger stets das preislich günstigere Angebot wählen. Aus dem

---

640 EuGH v. 11.07.96, Slg. 1996, I-3547 Rn. 58; v. 15.03.94, Slg. 1994, I-877 Rn. 13; v. 22.03.77, Slg. 1977, 595 Rn. 22; v. 07.06.88, Slg. 1988, 2869 Rn. 8; v. 27.03.80, Slg. 1980, 1205 Rn. 30; *Knopf*, Europarecht und kommunale Selbstverwaltung, DVBl. 1980, 106, 107.

641 *Lefèvre*, Staatliche Ausfuhrförderung und das Verbot wettbewerbsverfälschender Beihilfen im EWG-Vertrag, S. 113f.; *Hoischen*, Die Beihilfenregelung in Art. 92 EWGV, S. 38f.; *Müller-Graff*, ZHR 152 (1988), 403, 418; *Bach*, Wettbewerbsrechtliche Schranken für staatliche Maßnahmen nach europäischem Gemeinschaftsrecht, S. 7; *Niemeyer*, Recent Developments in EC State Aid Law, EuZW 1993, 273; *Mederer*, in: G/T/E, EU-/EG-Vertrag, Art. 92 EGV Rn. 5f.

642 *Mederer*, in: G/T/E EU-/EG-Vertrag, Art. 92 EGV Rn. 7.

643 Vergleiche oben § 4 B.III.2.

644 EuGH v. 21.03.91, Slg. 1991, I-1433 Rn. 21f.; EuG v. 12.12.96, Slg. 1996, II-2109 Rn. 70f.; *Mederer*, in: G/T/E, EU-/EG-Vertrag, Art. 92 EGV Rn. 6.

645 EuGH v. 21.03.91, Slg. 1991, I-1433 Rn. 21f.; v. 24.10.96, Slg. 1996, I-5151 Rn. 36.

646 *Bartosch*, in: FAZ vom 17. Oktober 2001.

Umstand der Zahlung von Tariflöhnen ergibt sich kein zusätzlicher Nutzen. Der Nutzen ist in Form der Leistungsbeschreibung, gemachten Zeitvorgaben und Qualitätsanforderungen an das Bauwerk in der Ausschreibung festgelegt. Qualitätsanforderungen an den Auftragnehmer werden bereits durch das vergaberechtliche Regime festgeschrieben. Tariflöhne haben damit keinen nutzensteigernden Effekt. Wenn der Vergleich jedoch nutzenneutral ist, so kommt es ausschließlich auf den Preis bzw. das wirtschaftlichste Angebot an. Die vergaberechtlichen Vorschriften im Europarecht stellen somit grundsätzlich sicher, dass der Preis für eine Bauleistung im Wettbewerb der Bewerber untereinander im Rahmen des Verfahrens festgelegt wird. Unter dieser Annahme ist bei dieser Untersuchung davon auszugehen, dass eine Vergabe ohne Tariftreueerfordernis die Bestimmung einer marktgerechten Gegenleistung zum Ergebnis hat. Insoweit die bei der Vergabe angewandten Vergaberegelungen die Bestimmung einer marktgerechten Gegenleistung verfälschen, sind sie unabhängig von dieser Untersuchung an den Beihilfevorschriften zu messen.

Jedoch kommt es nicht bei jeder Vergabe unter Anwendung des Tariftreuekriteriums zu einer staatlichen Mehrbelastung, die auf Seiten des Auftragnehmers zu einer beihilferechtlichen Vergünstigung führt. Ob es zu einer Mehrbelastung für die staatliche Stelle kommt, hängt von den einzelnen Bewerbern und ihrem Verhältnis untereinander ab. Zur Verdeutlichung der hier erfolgenden Differenzierung vergleiche den Anhang zu dieser Arbeit[647]:

1.) Interessieren[648] sich für den Auftrag ausschließlich Unternehmen, die ohnehin die geforderten Tariflöhne zahlen[649], so erfolgt die Preisbildung unabhängig von den zusätzlichen Kosten durch Tariflöhne, weil die konkrete Leistung auf dem Markt nur von entsprechend tarifgebundenen Unternehmen angeboten wird. Die staatliche Stelle hat keine andere Wahl, als die Leistung zu Tariflöhnen in Anspruch zu nehmen, weil keine anderen Alternativen bestehen. In dieser Fallkonstellation entspricht der Vergabepreis dem Marktpreis und eine zusätzliche Mittelbelastung ist nicht gegeben. Der private Auftraggeber, dem es auf die Zahlung von Tariflöhnen nicht ankommt, wäre auch gezwungen, die Leistung zu einem Preis einzukaufen, dem Tariflöhne zugrunde liegen. Die konkrete Vergabe ist nicht als Beihilfe einzustufen.

2.) Wenn sich für den Auftrag jedoch auch Unternehmen interessieren, die unter dem geforderten Tarif ihre Arbeitnehmer entlohnen, so kommt es auf die

---

647 Anhang II.

648 Zur Interessentengruppe gehören solche Unternehmen, die sich ohne das Erfordernis der Tariftreue um den Auftrag bewerben würden.

649 Hierzu gehören auch solche, die übertariflich oder nach einem höheren Tarif als gefordert zahlen.

Kostenstruktur der Bewerber an, denn beide Bewerbergruppen sind gezwungen, bei der Auftragserfüllung die geforderten Tariflöhne zu zahlen. Die Kostenstruktur ist maßgeblich für das für den Auftrag abzugebende Angebot[650]. Dabei ist jedoch von der Annahme auszugehen, dass alle Bewerber von der gleichen Stundenzahl bei ihrer Kalkulation ausgehen. Eine solche Betrachtungsweise entspricht zwar nicht den tatsächlichen Gegebenheiten, ist jedoch zu Untersuchungszwecken geboten, um eine Vergleichbarkeit herzustellen. Zudem führt sie nicht zu einer Ergebnisverschiebung, weil die benötigte Arbeitsstundenzahl ein Produktivitätsfaktor des Unternehmens ist, welcher dem Wettbewerb unterliegt und somit unabhängig von der jeweiligen Lohnhöhe durch das Unternehmen mit Rationalisierungsmaßnahmen verbessert werden kann. Weisen die Interessenten aus den zwei Bewerbergruppen unabhängig von der Lohnhöhe die gleiche Kostenstruktur auf, so liegt das Angebot des tariflich ungebundenen Bewerbers unter dem des Gebundenen und ihm wäre der Zuschlag zu erteilen. Bei Tariftreuepflicht hingegen verteuert sich sein Angebot um die Tariflöhne und die Angebote beider Bewerbergruppen wären gleich. Der Zuschlag verteuert sich für den Auftraggeber um den Tariflohn, so dass dann eine Mehrbelastung der öffentlichen Hand vorliegt und eine Entlastung beim Auftragnehmer bewirkt wird. Der private Investor würde auf den nicht tarifgebundenen Bewerber zurückgreifen. Somit löst das Tariftreueerfordernis eine Mehrbelastung aus.

3.) Wenn die Kostenstruktur der Bewerber so ist, dass der tarifgebundene Bewerber neben den Tariflöhnen auch noch höhere Kosten hat, so führt das Erfordernis der Tariftreue zu einer Erhöhung des Angebotes auf Seiten des nicht-tarifgebundenen Bewerbers. Dieser bleibt zwar mit seinem Angebot unter dem des tarifgebundenen Bewerbers, jedoch wird der Auftrag teurer. Der private Investor würde in diesem Fall erneut den nicht-tarifgebundenen Bewerber wählen. Somit liegt eine Mehrbelastung vor.

4.) Wenn hingegen die Kostenstruktur der Bewerber derart ungleich ist, dass der Tariflöhne zahlende Unternehmer seine Tariflöhne durch die davon unabhängigen Kosten kompensieren kann oder sogar darunter liegt, dann wären die Angebote bei Tariftreuepflicht entweder gleich oder das des tarifgebundenen läge sogar darunter. Bei Vergabe unter Beachtung der Tariftreuepflicht hingegen würde sich nur das Angebot des tarifungebundenen Bieters erhöhen und der ohnehin Tariftreue erhielte den Zuschlag. Der Vergabepreis läge jedoch genau so hoch wie ohne Tariftreueerfordernis. Es handelt sich dann genau um die marktgerechte Gegenleistung. Eine beihilferelevante Mehrbelastung liegt nicht vor. Dennoch haben sich die Zuschlagschancen des tarifgebundenen Bewerbers ver-

---

650 Angebote unterhalb der Selbstkosten, die betriebswirtschaftlich unter Umständen Sinn machen können, sollen hier außer Betracht bleiben, weil es durch sie nicht zu einer Mehrbelastung des Staates kommt.

bessert, weil seine Kostenstruktur durch das Vergabegesetz einseitig gefördert wird. Jedoch droht hier das Beihilferecht konturenlos neben den Grundfreiheiten zu stehen. Wenn es an der finanziellen Mehrbelastung für den Staat fehlt, reichen die Grundfreiheiten zur Erreichung der Ziele nach Art. 3 Abs. 1 lit. g EGV aus. Die kostenneutrale Benachteiligung bestimmter Anbietergruppen gehört in den Anwendungsbereich der Dienstleistungsfreiheit. Es kommt hier gerade nicht zu dem oben dargestellten Konkurrenzproblem zwischen Beihilferecht und den Grundfreiheiten, weil das Beihilferecht tatbestandlich nicht einschlägig ist und alleiniger Prüfungsmaßstab die Dienstleistungsfreiheit ist. Zudem liegt in der vorliegenden Fallkonstellation keine einseitige Bevorzugung des tariftreuen Bewerbers vor. Denn dieser hat sich seinen Wettbewerbsvorteil auf legitime Weise verschafft. Hinsichtlich der Kostenfaktoren, durch die er seinen ursprünglichen Nachteil aufgrund der Tariflöhne kompensiert, handelt er unter den gleichen Bedingungen wie seine tarifungebundenen Mitbewerber. Ihnen steht es ebenso offen diese Rationalisierungspotentiale aufzuspüren und zu realisieren, damit er im Wettbewerb um den Auftrag seine Chancen trotz des Tariftreueerfordernisses wieder herstellt. Damit ist eine Vergabe bei dieser Bewerberkonstellation ebenfalls beihilferechtlich nicht relevant.

5.) Entscheidend ist jedoch die fünfte Konstellation. Der örtlich tarifgebundene Unternehmer hat zwar eine günstigere Kostenstruktur als der tarifungebundene. Wegen seiner günstigeren Löhne ist dieser jedoch in der Lage, den örtlich tarifgebundenen Unternehmer zu unterbieten. Durch die Tariftreuepflicht verteuert sich sein Angebot jedoch um die Tariflohnhöhe wohingegen das Angebot des örtlich tarifgebundenen Unternehmens wiederum gleich bleibt. Entscheidend ist aber, dass dieses Angebot nun unter demjenigen des tariflich nicht gebundenen Unternehmens liegt. Es kommt zu einer Auftragsverteuerung durch die Tarifreue und eine Bevorzugung der ohnehin tariflich gebundenen Unternehmen.

Insgesamt führt die Vergabe in drei Konstellationen zu einer Verteuerung des Auftrages durch das Tariftreueerfordernis. Jeweils dann, wenn tarifgebundene und nicht tariflich gebundene Bewerber sich gleichzeitig um den Auftrag bewerben und entweder beide ohne die Lohnkosten die gleiche Kostenstruktur haben oder der tarifungebundene eine niedrigere Kostenstruktur als der Tarifgebundene hat. Ebenso dann, wenn der tarifgebundene niedrigere Kosten außer den Löhnen hat und sein Angebot erst dadurch günstiger als diejenigen der anderen Anbieter wird, dass Tariftreue gefordert wird.

Es stellt sich höchstens die Frage, ob langfristige Überlegungen zu einer Steigerung des Wertes der Gegenleistung für den Auftraggeber durch die höheren Kosten durch das Tariftreueerfordernis führen können. Dies kommt höchstens in der Konstellation der gleichen Kostenstruktur bei tarifgebundenen und nicht-tarifgebundenen Bewerbern in Betracht, weil es dann zu einer Förderung der erstgenannten kommt. Die Förderung ansässiger Unternehmen ist hier die

Folge, so dass dadurch auch in Zukunft die Leistungserbringung durch ortsnahe Unternehmen sichergestellt bleiben kann. Das kann insbesondere dann relevant werden, wenn der Auftraggeber bei anderen Aufträgen auf diese Unternehmen angewiesen ist. Das könnte bei kleineren Aufträgen der Fall sein, bei denen eine Leistungserbringung für auswärtige Anbieter mit niedrigeren Löhnen aufgrund der Anfahrtswege nicht lukrativ erscheint. Gegen eine solche Überlegung sprechen jedoch gewichtige Argumente. Zunächst ist es fraglich, ob ein privater Investor auf eine solche Überlegung Rücksicht nähme. Zudem wird sich ein Angebotsmarkt für gerade diese kleineren Aufträge bilden, weil sie für auswärtige nicht lukrativ und dementsprechend ortsansässige Anbieter gute Chancen beim Zuschlag hätten. Unternehmenseinheiten für größere Aufträge würden unnötig an einem unwirtschaftlichen Standort aufrechterhalten. Wichtiger ist jedoch, dass das Binnenmarktkonzept, dem auch das Beihilferegime dient, eine solche regionale Förderung gerade verhindern will. Die Betrachtungsweise ist auf den einzelnen Begünstigungsvorgang beschränkt. Insoweit ist eine Einschränkung bei der langfristigen Beurteilung der Wirtschaftlichkeit geboten.

Damit lösen die Vergabegesetze in bestimmten Konstellationen eine Mehrbelastung beim Staat aus und erfüllen das Wirkungskriterium.

c) Freiwilligkeitskriterium

Die Zuwendung des wirtschaftlichen Vorteils muss freiwillig erfolgen[651]. Diese zunächst pauschale Aussage bedarf der Präzisierung, denn das begünstigende Element bei der Auftragsvergabe an tariftreue Unternehmen erfolgt aufgrund gesetzlicher Vorgaben für die Vergabestelle – von Freiwilligkeit kann demnach ohne Weiteres nicht gesprochen werden. Es geht hier aber um den Ausschluss von Zuwendungen, die aufgrund von Schadensersatzansprüchen[652], Ansprüchen auf Erstattung zu Unrecht erhobener Leistungen[653] oder Ansprüchen auf Entschädigung wegen Enteignung[654] geleistet werden. Entscheidend ist hier das kompensatorische Element der gewährten Leistung, welches für erlittene Nachteile des Empfängers gewährt wird. Während die Zuwendung durch Vergabe auf einer freien Entscheidung des Vergabegesetzgebers beruht, so liegen den hier auszuschließenden Zuwendungen zwar auch gesetzgeberische Entscheidungen zugrunde, jedoch besteht bei den nicht beihilferelevanten Ansprü-

---

651 *Bär-Bouyssière*, in: Schwarze EUV/EGV, Art. 87 EGV Rn. 17;

652 EuGH v. 27.09.88, Slg. 1988, 5515 Rn. 23.

653 EuGH v. 27.03.80, Slg. 1980, 1205 Rn. 29ff.; v. 10.07.80, Slg. 1980, 2545 Rn. 14f.; v. 10.07.80, Slg. 1980, 2559 Rn. 15.

654 Abl. EG v. 10.07.98 Nr. C 215, S. 7, 12.

chen eine bestimmte Bindung des Gesetzgebers, die sich aus dem Gerechtigkeitsgrundsatz, dem Grundrecht auf Eigentum oder direkt aus dem Europarecht bei der Rückgewährung europarechtlich unzulässiger Zahlungen ergibt. Unfreiwillige Zuwendungen sind solche, die sich aus der Erfüllung einer allgemeinen Rechtspflicht ergeben[655]. Bei einer solchen Konkretisierung ist am Kriterium der Freiwilligkeit festzuhalten. Für die hier in Frage stehenden Vergabegesetze gilt, dass sie das Freiwilligkeitskriterium erfüllen und es der Einordnung als Beihilfe nicht im Wege steht.

2. Begünstigung bestimmter Unternehmen oder Produktionszweige

Neben der Wirkung der Maßnahme als Belastungsverringerung für den Begünstigten, muss die Begünstigung bestimmten Unternehmen oder Produktionszweigen zukommen[656]. Diese Voraussetzung ergibt sich schon aus dem Wortlaut von Art. 87 Abs. 1 EGV[657]. Der Vermögensvorteil muss an ein berufs- oder branchentypisches Merkmal geknüpft sein[658]. Es gehört zum Beihilfebegriff, dass es sich um eine Sonderunterstützung handeln muss. Eine solche liegt dann nicht vor, wenn sie in wettbewerbsneutraler Weise zugunsten aller Marktteilnehmer eines Mitgliedstaates ergeht[659]. Dies ergibt sich daraus, dass der Wettbewerb der Mitgliedstaaten hinsichtlich ihrer allgemein wirkenden Maßnahmen der Wirtschaftspolitik oder ihrer Infrastruktur unkontrolliert bleiben soll und das Beihilferecht nur Wettbewerbsverzerrungen durch Sonderunterstützungen erfassen will[660]. So fallen allgemeine Steuersenkungsprogramme für Unternehmen, Zuschüsse für die Einstellung von Langzeitarbeitslosen oder die Gewährung von beschleunigten Abschreibungen für bestimmte Investitionen, die von allen Unternehmen unabhängig von ihrer Größe, ihrer Branchenzugehörigkeit und ihrem Standort beansprucht werden können, nicht unter den Beihilfebegriff, weil sie von allen Wirtschaftsteilnehmern in Anspruch genommen werden können[661].

---

655 *Müller-Graff*, ZHR 152 (1988), 403, 423.

656 *Cremer*, in: Calliess/Ruffert, EUV/EGV, Art. 87 EGV Rn. 8; v. Wallenberg in: Grabitz/Hilf, Das Recht der Europäischen Union, Art. 92 EGV Rn. 9.

657 *Hoischen*, Die Beihilfenregelung in Art. 92 EWGV, S. 35.

658 *Hoischen*, Die Beihilfenregelung in Art. 92 EWGV, S. 35.

659 *Mederer*, in: G/T/E, EU-/EG-Vertrag, Art. 92 EGV Rn. 20.

660 *Mederer*, in: G/T/E, EU-/EG-Vertrag, Art. 92 EGV Rn. 20; *Müller-Heidelberg*, Schutzklauseln, S. 280; *Scheuing*, Les aides, S. 276; *Hochbaum*, S. 187; *Steindorff*, WuW 1957, 633, 639; *Hoischen*, Die Beihilfenregelung in Art. 92 EWGV, S. 35; *Koenig/Kühling*, NJW 2000, 1065, 1068.

661 *V. Wallenberg*, in: Grabitz/Hilf, Das Recht der Europäischen Union, Art. 92 EGV Rn. 21.

Unternehmen oder Produktionszweige sind in diesem Zusammenhang eine einheitliche, einem selbständigen Rechtssubjekt zugeordnete Zusammenfassung personeller, materieller und immaterieller Faktoren, mit welcher auf Dauer ein bestimmter wirtschaftlicher Zweck verfolgt wird[662]. Entscheidend ist somit die Rechtssubjektivität und die auf Dauer angelegte wirtschaftliche Tätigkeit, die auf die Erzielung von Einnahmen ausgerichtet ist und sich nicht nur im Endverbrauch erschöpfen darf[663]. Die Rechtssubjektivität erfasst nicht nur juristische, sondern auch natürliche Personen des Privatrechts, weil auch die Gewährung von Zuschüssen an natürliche Personen den Zweck verfolgen kann, inländische Produkte gegenüber ausländischen konkurrenzfähig zu machen.[664] Auf den Rechtsträger der Unternehmenstätigkeit kommt es nicht an. Ausgeschlossen werden nur solche Zuwendungen, die an private Haushalte gehen oder die als Sozialsubventionen, einkommens- oder vermögensorientierte Verbrauchersubventionen, Maßnahmen zur Vermögensumverteilung oder die als Einkommenstransfers eingestuft werden können, wenn es sich bei den Betroffenen nicht um wirtschaftliche Unternehmen handelt.[665] Entscheidend ist hier nicht mehr nur die entlastende Wirkung beim Empfänger, sondern auch, dass die entlastende Wirkung bei einem Rechtsträger eintritt, der auf einem bestimmten Produktmarkt tätig wird.

Es ist an dieser Stelle genau zu prüfen, wo der Vermögensvorteil eintritt[666] und ob diese Stelle Unternehmen oder Produktionszweig im oben konkretisierten Sinne ist. Die Vergabegesetze führen zu einer beihilferelevanten Mehrbelastung, wenn tarifungebundene Interessenten die gleichen oder geringere Kosten ohne die Tariflöhne als tarifgebundene Unternehmen haben. Dennoch werden von diesen Vergünstigungen zum einen nur Unternehmen der Bauindustrie erfasst und zum anderen nur solche, die öffentliche Aufträge erfüllen. Es handelt sich somit um bestimmte Unternehmen oder Produktionszweige. Problematisch ist hier allerdings, dass der Entlastung der bestimmten Unternehmens- oder Produktionszweige jeweils die Belastung durch die Zahlung von Tariflöhnen gegenübersteht. Weil der Vergabe eine verwaltungsverfahrensmäßig gesteuerte Wettbewerbsentscheidung zugrunde liegt, entspricht der beihilferelevante Entlastungsbetrag dem durch die Tariflöhne entstandenen Mehrbetrag. Ein Unternehmen, welches ansonsten unter Tarif seine Arbeitnehmer entlohnt, wird bei seiner Angebotskalkulation diesen Betrag zu seinem sonst üblichen Angebot aufschla-

---

662 *Mederer*, in: G/T/E, EU-/EG-Vertrag, Art. 92 EGV Rn. 21.

663 *Müller-Graff*, ZHR 152 (1988), 403, 427.

664 Vergleiche dazu *Hoischen*, Die Beihilfenregelung in Art. 92 EWGV, S. 33f.

665 *Seidel*, in: KSE Band 32, S. 55, 60.

666 *Hoischen*, Die Beihilfenregelung in Art. 92 EWGV, S. 35.

gen. Es führt dann genau diesen Betrag an seine Arbeitnehmer ab. Der Vermögensvorteil tritt somit bei den Arbeitnehmern ein. Staatliche Zuwendungen an private Haushalte und Vereine und allgemeine Wirtschaftsfördermaßnahmen der Mitgliedstaaten, die das Selektivitätskriterium nicht erfüllen, unterfallen jedoch nicht dem Beihilfeverbot[667]. Es reicht nicht aus, dass die Arbeitnehmer bei einem bestimmten Unternehmen oder Produktionszweig beschäftigt sind. Zuwendungen an Private sind nur dann beihilferechtlich relevant, wenn ihr Bezug mit der Förderung bestimmter Unternehmen oder Produktionszweige verbunden ist, wie solche zum Ankauf von Steinkohle zum Nachteil anderer Energieträger oder beim Kauf abgasarmer PKW[668]. Der Arbeitnehmer kann jedoch über sein Einkommen frei verfügen. Die Maßnahme ist somit in dieser Konstellation nicht im beihilferechtlichen Sinne selektiv.

Fraglich ist indes, ob diese Frage anders zu beurteilen ist bei Unternehmen, die ohnehin verpflichtet sind, Tariflöhne zu zahlen. Voraussetzung ist die Vergabe des Auftrages an das tarifgebundene Unternehmen. Zu einer Mehrbelastung beim Staat führen nur die Interessentenkonstellationen 2.), 3.) und 5.)[669]. Der Zuschlag nach dem deutschen Vergaberecht wird nach § 97 Abs. 5 GWB nicht auf das Angebot mit dem niedrigsten Preis, sondern auf das wirtschaftlichste Angebot erteilt. Entscheidend ist die günstigste Relation zwischen dem verfolgten Zweck und den dafür einzusetzenden Finanzmitteln[670]. Der Preis ist dabei ein ganz wesentliches aber nicht das allein ausschlaggebende Kriterium[671]. Preislich kann der tarifgebundene Bewerber nur in der Konstellation unter 2.) und 5.) mithalten. In der 3. Konstellation ist zwar der Zuschlag auf das höhere Angebot des tarifgebundenen Bieters wegen des Kriteriums des wirtschaftlichsten Angebotes nicht ausgeschlossen, jedoch eher unwahrscheinlich. Das Tariftreueerfordernis hat dennoch zur Folge, dass sich der Preisabstand zwischen dem preislich niedrigeren Angebot des nicht-tarifgebundenen zu dem preislich höheren Angebot des tarifgebundenen Anbieters verringert. Folge ist dadurch, dass die Wirtschaftlichkeit des Angebotes günstiger zu beurteilen ist. Damit kann es in den Konstellationen 2.) und 3.) bei staatlicher Mehrbelastung zu einem Zuschlag auf ein Angebot des tarifgebundenen Bieters kommen. Wesentlich klarer ist die Zuschlagsentscheidung in der Konstellation 5.). Hier kommt es zu einer Auftragsverteuerung und der Zuschlag wird von dem tariflich nicht ge-

---

667 *Nieder-Eichholz*, Die Subventionsordnung, S. 129.

668 *Seidel*, in: KSE Band 32, S. 55, 60f.

669 Vergleiche oben § 4 B.III.1.b).

670 *Müller-Wrede*, in: Ingenstau/ Korbion, VOB, § 97 Rn. 14; *Bechtold*, GWB, § 97 Rn. 30.

671 *Bechtold*, GWB, § 97 Rn. 33.

bundenen Unternehmen auf das örtlich-tariflich gebundene Unternehmen gerade durch die Tariftreuepflicht gelenkt.

Jedoch führen alle diese Unternehmen genau wie die nicht-tarifgebundenen Bewerber den Begünstigungsanteil ihrer Vergütung an ihre Arbeitnehmer ab. Ein Vermögensvorteil tritt bei dem Unternehmen nicht ein. Wenn eine Maßnahme sich jedoch als Ausnahme zu dem allgemeinen System darstellt, zu dem sie gehört[672] und in der Ausnahme ein Vorteil liegt[673], ist die einseitige Bevorzugung eines Unternehmens im öffentlichen Auftrags- und Beschaffungswesen ohne triftigen Grund als eine staatliche Beihilfe zu qualifizieren[674]. Die Begünstigung ist bei den tarifgebundenen Unternehmen in dem Auftragszuschlag selbst zu erblicken. Es ist dann nicht allein die betragsmäßige Mehrbelastung, die dem erfolgreichen Unternehmen zukommt, sondern der Auftrag selbst als wirtschaftlicher Vorteil. Es liegt demnach eine Begünstigung bei diesem Unternehmen vor, so dass es sich um die Begünstigung bei einem Unternehmen in der Bauindustrie handelt – und zwar einem solchen, das Tariflöhne zahlt.

Damit ist festzuhalten, dass die Vergabegesetze Unternehmen selektiv bevorzugen, die Tariflöhne zahlen. Im Einzelfall kommt es zwar nur dann zu einer beihilferelevanten Vergabe, wenn sich tarifgebundene und nicht-tarifgebundene Unternehmen um den Auftrag bewerben und ersteres Unternehmen erst durch die Tariftreueverpflichtung in die Lage versetzt wird, den Zuschlag zu erhalten, jedoch lösen die Vergabegesetze diese Wirkung aus und sind somit als Beihilfen im Sinne von Art. 87 Abs. 1 EGV einzuordnen.

3. Wettbewerbsverfälschung

Die Qualifizierung einer Maßnahme als Beihilfe reicht jedoch noch nicht aus, um den Anwendungsbereich der Art. 87ff. EGV zu eröffnen. Vielmehr muss sie zudem den Wettbewerb verfälschen oder zu verfälschen drohen. Wettbewerbsverfälschend ist eine Maßnahme nur, wenn sie die Stellung des Begünstigten oder eines dritten Unternehmens auf einem bestimmten Markt zu Lasten ihrer potentiellen Konkurrenten verbessert[675]. Dazu wird die Konkurrenzlage auf dem betroffenen Markt vor und nach der beabsichtigten Subventionierung ver-

---

[672] Schlussanträge GA *Darmon*, v. 17.03.92, Slg. 1993, I-887, 916.

[673] *Mederer*, in: G/T/E, EU-/EG-Vertrag, Art. 92 EGV Rn. 20

[674] *Mederer*, in: G/T/E, EU-/EG-Vertrag, Art. 92 EGV Rn. 6.

[675] *Cremer*, in: Calliess/Ruffert, EUV/EGV, Art. 87 EGV Rn. 12; *Bär-Bouyssière*, in: Schwarze, EUV/EGV, Art. 87 EGV Rn. 33.

glichen[676]. Verbreitet ist die Auffassung, nach der jeder Beihilfegewährung eine wettbewerbsverfälschende Wirkung innewohnt[677]. Jede Zuwendung eines finanziellen Vorteils an ein Unternehmen verbessert dessen Situation im Wettbewerb[678] und jede Beihilfe verbessert die Situation des gewährenden Mitgliedstaates im Wettbewerb um Wirtschaftsstandorte und Beschäftigung[679]. Auf den Marktanteil des begünstigten Unternehmens kommt es in der Regel nicht an[680]. Jedoch wird eingeschränkt, dass es in bestimmten Fällen nicht zu einer Wettbewerbsverfälschung kommt, insbesondere dann, wenn es kein in der EU mit dem begünstigten Unternehmen konkurrierendes Unternehmen gebe[681]. Der EuGH hat sich indessen nicht dieser Auffassung angeschlossen, sondern verlangt, dass die mögliche Wettbewerbsverfälschung zu begründen sei[682], wozu es der Erstellung einer Marktanalyse bedürfe[683]. Auch wenn die Auffassung des EuGH aufwändiger erscheint, so sind abgesehen von der staatlichen Forschungsförderung keine Konstellationen erkennbar, in denen die beiden Auffassungen zu unterschiedlichen Ergebnissen gelangen[684]. Damit ist es so, dass eine staatliche Beihilfe nur dann nicht zu einer Wettbewerbsverfälschung führt, wenn der Begünstigte auf dem entsprechenden Markt (zumindest in der EU) Monopolist ist, und es auch keinen potentiellen Wettbewerber gibt[685].

Vom EuGH bisher nicht entschieden, aber in der Literatur umstritten ist die Frage, ob eine Art. 87 Abs. 1 EGV unterliegende Beihilfe eine bestimmte Intensität oder Spürbarkeit der Wettbewerbsverfälschung beziehungsweise Handels-

---

676 EuGH v. 02.07.74, Slg. 1974, 709 Rn. 36/40; v. 17.09.80, Slg. 1980, 2671 Rn. 11; *Mederer*, in: G/T/E, EU-/EG-Vertrag, Art. 92 EGV Rn. 31.

677 Kommission zu EuGH v. 24.02.87, Slg. 1987, 871, 878; Schlussanträge GA *F. Capotori*, v. 18.06.80, Slg. 1980, 2671, 2693, 2698f.; Schlussanträge GA *L.-P. Warner*, v. 15.05.74, Slg. 1974, 709, 722, 729; GA *C.O. Lenz*, Schlussanträge v. 16.04.86, Slg. 1986, 2263, 2264; *Thiesing*, in: G/B/T/E, EWGV, 3. Auflage 1983, Art. 92 Rn. 31; *Cremer*, in: Calliess/Ruffert, EUV/EGV, Art. 87 EGV Rn. 12; *Bär-Bouyssière*, in: Schwarze, EUV/EGV, Art. 87 EGV Rn. 38.

678 EuGH v. 17.09.80, Slg. 1980, 2671 Rn. 11; v. 21.03.90, Slg. 1990, I-959 Rn. 40.

679 *Bär-Bouyssière*, in: Schwarze, EUV/EGV, Art. 87 EGV Rn. 38.

680 EuGH v. 24.02.87, Slg. 1987, 901 Rn. 9; v. 11.11.87, Slg. 1987, 4393 Rn. 23; v. 21.03.90, Slg. 1990, 959 Rn. 43.

681 Schlussanträge *GA F. Capotori*, v. 18.06.80, Slg. 1980, 2671, 2693, 2698.

682 EuGH v. 13.03.85, Slg. 1985, 809 Rn. 24; v. 14.10.87, Slg. 1987, 4013 Rn. 18; v. 17.09.80, Slg. 1980, 2671 Rn. 11.

683 EuGH v. 13.03.85, Slg. 1985, 809 Rn. 24.

684 *Cremer*, in: Calliess/Ruffert, EUV/EGV, Art. 87 EGV Rn. 13.

685 *Cremer*, Forschungssubventionen im Lichte des EGV, S. 34.

beeinträchtigung aufweisen muss[686]. Im Gegensatz zu Art. 81 EGV, der Bagatellfälle nicht erfasst, ist beim Beihilfeverbot ein strengerer Maßstab anzulegen als bei den Unternehmen. Die Mitgliedstaaten sind nach Art. 10 EGV verpflichtet, der Gemeinschaft die Erfüllung ihrer Aufgaben zu erleichtern, so dass es auf die Spürbarkeit als strengerem Maßstab nicht ankommen kann[687].

Für die Vergabegesetze, die ein Tariftreueerfordernis vorsehen, sind Fälle denkbar, in denen ein Bauunternehmen für bestimmte Spezialaufträge ein Monopol hat, welches eine Wettbewerbverfälschung ausschließt. In der Regel ist es jedoch so, dass hauptsächlich Fälle erfasst werden, bei denen auf dem betroffenen Markt mehrere Anbieter zu finden sind, so dass das Tariftreueerfordernis den Wettbewerb verfälscht oder zu verfälschen droht.

4. Zwischenstaatliche Handelsbeeinträchtigung

Zuletzt sind wettbewerbsverfälschende Beihilfen nur erfasst, soweit sie den Handel zwischen den Mitgliedstaaten beeinträchtigen. Die Ein- oder Ausfuhr von Gütern muss durch die Beihilfe erleichtert oder erschwert werden[688], wobei die bloße Möglichkeit bereits ausreicht[689]. Der Handel beschreibt jedoch nicht nur den Austausch von Waren im Sinne der Warenverkehrsfreiheit, sondern auch den freien Dienstleistungsverkehr[690]. Auswirkungen auf den rein innerstaatlichen Handel werden aus den Beihilfevorschriften ausgeklammert[691]. Die Vergabegesetze begünstigen tarifgebundene deutsche Bauunternehmen. Der Dienstleistungsmarkt für Bauaufträge in Deutschland ist jedoch kein rein innerstaatlicher, sondern vielmehr interessieren sich auch ausländische Anbieter für Aufträge. Die Möglichkeit der zwischenstaatlichen Handelsbeeinträchtigung ist somit gegeben.

---

686 Für ein Spürbarkeitsmerkmal *Wenig*, in: G/T/E, Art. 92 EWGV Rn. 21; *Püttner/Spannowsky*, Das Verhältnis der europäischen Regionalpolitik zur deutschen Regionalpolitik, 1986, S. 162f.; *Evans/Martin*, Socially Acceptable Distortion of Competition: Community Policy on State Aid, ELRev. 1991, 79, 85; dagegen: *v. Wallenberg*, in: Grabitz/Hilf, Das Recht der EU, Art. 92 EGV Rn. 27; *Lefèvre*, Staatliche Ausfuhrförderung, S. 125f.; *Thiesing*, in: G/B/T/E, EWGV, 3. Auflage, Art. 92 Rn. 36; *Modlich*, Nationale Infrastrukturmaßnahmen und Art. 92 Abs. 1 EGV, S. 86f.

687 *Thiesing*, in: G/B/T/E, EWGV, 3. Auflage, Art. 92 Rn. 36.

688 *Bär-Bouyssière*, in: Schwarze, EUV/EGV, Art. 87 EGV Rn. 39.

689 EuGH v. 17.09.80, Slg. 1980, 2671 Rn. 11.

690 *Geiger*, EUV/EGV, Art. 87 EGV Rn. 14.

691 *Cremer*, in: Calliess/Ruffert, EUV/EGV, Art. 87 EGV Rn. 16.

IV. Konkretisierung durch Rechtsakte der Kommission

Dem Streit um die Beihilfenintensität wird durch die Verordnung (EG) Nr. 69/2001 der Kommission vom 12.01.01[692] seine Schärfe genommen. Danach finden auf „De-minimis"-Beihilfen die Art. 87f. EGV keine Anwendung, so dass nach Art. 2 VO (EG) Nr. 69/2001 die Anmeldepflicht nach Art. 88 Abs. 3 EGV entfällt. Die Kommission hat dabei von der Ermächtigung nach Art. 2 der VO (EG) 994/98[693] Gebrauch gemacht und festgelegt, dass in Anbetracht der Entwicklung und Funktionsweise des Gemeinsamen Marktes diese Beihilfen nicht alle Tatbestandsmerkmale des Art. 87 Abs. 1 EGV erfüllen. Nach Art. 1 VO (EG) 69/2001 gilt die Verordnung für bestimmte Wirtschaftsbereiche wie Verkehr, exportorientierte Tätigkeiten und nicht für Beihilfen, die von der Verwendung heimischer Erzeugnisse zu Lasten von Importwaren abhängig gemacht werden. Im Bausektor ist sie jedoch anwendbar. Die Verordnung stellt alle Beihilfen von der Anwendung der Art. 87f. EGV frei, die nach Art. 2 an ein Unternehmen gewährt werden und die bezogen auf einen Zeitraum von 3 Jahren € 100.000,- nicht überschreiten. Der Schwellenwert gilt für Barzuwendungen. Wenn die Beihilfe in anderer Form als in Geld gewährt wird, gilt stattdessen das Bruttosubventionsäquivalent. Für die Berechnung des Bruttosubventionsäquivalents verweist die Verordnung auf die Mitteilung der Kommission über „De-minimis"-Beihilfen[694] und das Erläuterungsschreiben der Kommission vom 23. März 1993[695]. Jedoch werden hier nur Berechnungsmöglichkeiten für die geläufigsten anderen Formen der Beihilfengewährung gegeben – wie zinsgünstigen Darlehen, Steuervergünstigungen und Kreditbürgschaften. Subventionsäquivalent ist stets die Differenz zu dem, was das Unternehmen üblicherweise an Zinsen, Steuern oder Prämien hätte zahlen müssen. Bei Krediten und Kreditbürgschaften kann auch der Risikofaktor der Ausfallwahrscheinlichkeit Berücksichtigung finden, wenn die Rückzahlung des Kredites unwahrscheinlich beziehungsweise der Bürgschaftsfall wahrscheinlich ist. Im schlimmsten Fall entspricht dann die Darlehens- oder Bürgschaftssumme dem Subventionsbetrag.

---

692 Verordnung (EG) Nr. 69/2001 der Kommission vom 12.01.01 über die Anwendung der Artikel 87 und 88 EG-Vertrag auf „De-minimis"-Beihilfen, Abl. EG Nr. L 10 v. 13.01.01, S. 30ff.

693 Verordnung (EG) Nr. 994/98 des Rates vom 7. Mai 1998 über die Anwendung der Artikel 92 und 93 des Vertrages zur Gründung der Europäischen Gemeinschaft auf bestimmte Gruppen horizontaler Beihilfen, Abl. Nr. L 142 v. 14.05.98, S. 1.

694 Mitteilung der Kommission über „De-minimis"-Beihilfen, Abl Nr. C 68 v. 06.03.96, S. 9-10.

695 Erläuterungsschreiben vom 23.03.93, D/06878.

Für Beihilfen durch die Vergabe öffentlicher Aufträge gibt es keine Vorgaben für die Berechnung des Bruttosubventionsäquivalents. Man könnte hier auf den für den Beihilfebegriff konstitutiven Mehrbelastungsbetrag für den Staat abstellen, der der Begünstigung bei einem tarifgebundenen Unternehmen entspricht. Jedoch greift diese Betrachtungsweise zu kurz, weil die Begünstigung nicht nur in diesem Mehrbetrag liegt, sondern auch in der Wiederherstellung der Wettbewerbsfähigkeit von tarifgebundenen Unternehmen im Vergleich zu solchen, die keine Tariflöhne zahlen. Die Begünstigung liegt dann auch in der bevorzugten Auftragsvergabe. Das Unternehmen erhält einen Auftrag, mit dem es Gewinne erwirtschaften kann. Daher gilt es das Bruttosubventionsäquivalent differenziert zu bestimmen: Die Kosten, welche nicht zu dem Mehrbetrag wegen der Tariflöhne gehören und nicht zum kalkulatorischen Gewinn zählen, können nicht zum Bruttosubventionsäquivalent gehören, weil diese das ausführende Unternehmen real zu tragen hat. Dagegen gehören der Mehrbelastungsbetrag wegen der Löhne und der kalkulatorische Gewinn dann zum Subventionselement, wenn das Unternehmen wegen der Tariftreueverpflichtung den Auftrag erteilt bekommen hat.

Konkretere Angaben zur Anwendbarkeit der „De-minimis"-Beihilfen-Verordnung können an dieser Stelle nicht gemacht werden, weil ihre Anwendbarkeit zum einen von der Höhe der Auftragssumme abhängt und zum anderen von dem konkret bevorzugten tariftreuen Unternehmen. Relevant ist, wie viele Beihilfen und in welcher Höhe das Unternehmen bereits vom Staat in den letzten drei Jahren erhalten hat. Hier lässt sich nur feststellen, dass die Verordnung nicht zu einer generellen beihilferechtlichen Zulässigkeit der Tariftreueverpflichtung der öffentlichen Hand führt, sondern die beihilferechtliche Zulässigkeit im Einzelfall der Vergabe anhand der Verordnung zu prüfen ist. Es ist jedoch zu beachten, dass es sich nun um eine Verordnung handelt, so dass die Vorschriften in den Mitgliedstaaten unmittelbare Anwendung finden. Bisher galt dies nur für das Durchführungsverbot nach Art. 88 Abs. 3 EGV[696]. Falls die Vergabestelle bei einer geplanten Zuschlagserteilung zu der Auffassung gelangt, dass es sich nach den oben erarbeiteten Maßstäben um eine Beihilfe handelt, so muss sie prüfen, ob der konkrete Auftrag schon ein Bruttosubventionsäquivalent über € 100.000 enthält oder ob dem gewählten Auftraggeber mit dem Zuschlag in den letzten drei Jahren insgesamt Beihilfen über € 100.000 bewilligt worden sind. Wenn sie beide Fragen verneint, so kann sie ohne Notifizierungsverfahren aus beihilferechtlicher Sicht den Zuschlag erteilen.

[696] *Bartosch*, NJW 2001, 921, 923.

V. Mit dem Gemeinsamen Markt vereinbare Beihilfen nach Art. 87 Abs. 2 EGV

Soweit die Tariftreuegesetze Beihilfen nach Art. 87 Abs. 1 EGV sind, können sie nach Abs. 2 mit dem Gemeinsamen Markt vereinbar sein. Es handelt sich um Beihilfen, die beim Vorliegen der Tatbestandsvoraussetzungen durch die Kommission genehmigt werden müssen. Die Kommission hat insoweit kein Ermessen[697]. Art. 87 Abs. 2 lit. a und b EGV erfassen Beihilfen sozialer Art an Verbraucher und Katastrophenbeihilfen. Soweit die Vergabegesetze Beihilfen darstellen, unterfallen sie nicht diesen beiden Gruppen. Zu denken ist höchstens an Art. 87 Abs. 2 lit. c EGV, der Beihilfen für die Wirtschaft in bestimmten Teilen Deutschland vorsieht, soweit dadurch wirtschaftliche Nachteile ausgeglichen werden, die durch die Teilung Deutschlands entstanden sind. Diese Vorschrift findet jedoch nur auf die unmittelbar teilungsbedingten Nachteile Anwendung und nicht solche durch die Aufhebung der Teilung[698]. Die Tariftreuegesetze wirken jedoch nicht selektiv für bestimmte benachteiligte Gebiete, sondern gelten für das gesamte räumliche Regelungsgebiet der jeweiligen Gesetzgeber. Höchstens für das Saarland und Berlin, wo ein teilungsbedingter Nachteil anerkannt war[699], könnte diese Ausnahme wirksam werden. Jedoch lässt sich heute der Kausalzusammenhang zwischen wirtschaftlichem Nachteil in einem ganzen Bundesland und der Teilung Deutschlands nicht mehr nachweisen[700]. Damit lassen sich Vergaben nach den Tariftreuegesetzen nicht nach Art. 87 Abs. 2 lit. c EGV genehmigen.

VI. Mit dem Gemeinsamen Markt vereinbare Beihilfen nach Art. 87 Abs. 3 EGV

Die Freistellung von Beihilfen nach Art. 87 Abs. 3 EGV setzt ein zweistufiges Prüfungsverfahren voraus. Wenn die Voraussetzungen des Art. 87 Abs. 3 EGV vorliegen, ist der Kommission ein Rechtsfolgeermessen eröffnet. Die Tatbestände des Art. 87 Abs. 3 EGV enthalten jedoch bereits wertausfüllungsbedürftige Rechtsbegriffe[701]. Die Kommission hat sich durch sogenannte Leitlinien und Gemeinschaftsrahmen in ihrer Ermessensausübung selbst gebunden[702]. Der

---

697 EuGH v. 17.09.80, Slg. 1980, 2671 Rn. 17.

698 *Mederer*, in: G/T/E, EU-/EG-Vertrag, Art. 92 EGV Rn. 63.

699 *Cremer*, in: Calliess/Ruffert, EUV/EGV, Art. 87 EGV Rn. 22f.

700 *Koenig/Kühling*, Grundfragen des EG-Beihilfenrechts, NJW 2000, 1065, 1070.

701 EuGH v. 16.05.00, Slg. 2000, I-3271 Rn. 25.

702 *Koenig/Kühling*, DVBl. 2000, 1025, 1026.

Gleichheitsgrundsatz und der Grundsatz des Vertrauensschutzes bewirken eine Bindung des Ermessens an vorhergegangene Entscheidungen[703]. Zudem gelten in diesem Bereich nunmehr die Verordnung 70/2001[704] für staatliche Beihilfen an kleinere und mittlere Unternehmen und die Verordnung 68/2001[705] für Ausbildungsbeihilfen. Hierbei entsteht jedoch die Besonderheit, dass diese Verordnungen unmittelbar durch die Mitgliedstaaten anwendbares Recht sind. Die Anmeldeverpflichtung und das Durchführungsverbot bis zur abschließenden Genehmigung durch die Kommission entfallen indes dadurch nicht[706]. Im Folgenden werden nur diejenigen Ausnahmeregelungen erörtert, die für die Beihilfen durch die Tariftreueverpflichtungen relevant werden könnten.

1. Art. 87 Abs. 3 lit. a EGV

Nach Art. 87 Abs. 3 lit. a EGV kann die Kommission Beihilfen zur Förderung der wirtschaftlichen Entwicklung von Gebieten, in denen die Lebenshaltung außergewöhnlich niedrig ist oder eine erhebliche Unterbeschäftigung herrscht, als mit dem Gemeinsamen Markt vereinbar ansehen. Maßstab ist dabei das Gemeinschaftsniveau[707], und es muss sich um ein erheblich unterentwickeltes Gebiet handeln[708]. Nach der neuen Leitlinie für Regionalbeihilfen[709] sind das Gebiete, in denen das Bruttosozialprodukt pro Kopf der Bevölkerung gemessen an Kaufkraftstandards weniger als 75% des Gemeinschaftsdurchschnitts erreicht. Dabei muss die Kommission dennoch mögliche negative Auswirkungen auf die Wirtschaftszweige in den anderen Mitgliedstaaten im Rahmen des Verhältnismäßigkeitsgrundsatzes berücksichtigen[710]. Wichtig bleibt demnach eine Prüfung des Einzelfalles. In der Bundesrepublik Deutschland gelten derzeit le-

---

703 Vergleiche *Jestaedt/Häsemeyer*, EuZW 1995, 787ff.

704 Verordnung (EG) Nr. 70/2001 der Kommission vom 12.01.01 über die Anwendung der Artikel 87 und 88 EG-Vertrag auf staatliche Beihilfen an kleinere und mittlere Unternehmen, Abl. Nr. 10 v. 13.01.01, S. 33ff.

705 Verordnung (EG) Nr. 68/2001 der Kommission vom 12.01.01 über die Anwendung der Artikel 87 und 88 EG-Vertrag auf Ausbildungsbeihilfen, Abl.Nr. 10 v. 13.01.01, S. 20ff.

706 *Bartosch*, NJW 2001, 921, 923.

707 EuGH v. 17.09.80, Slg. 1980, 2671 Rn. 25; v. 14.10.87, Slg. 1987, 4013 Rn. 19.

708 *Rolfes*, Regionale Wirtschaftsförderung und EWG-Vertrag, S. 145ff.

709 Abl. v. 10.03.98, Nr. C 74, S. 9.

710 *Bär-Bouyssière* in: Schwarze, EUV/EGV, Art. 87 EGV Rn. 53.

diglich die neuen Bundesländer als Fördergebiete[711]. Vor diesem Hintergrund scheint eine Genehmigung der deutschen Tariftreueregelungen nach Art. 87 Abs. 3 lit. a EGV ausgeschlossen. Zum einen gelten sie in ganzen Bundesländern. Eine gezielte Förderung unterentwickelter Regionen ist nicht intendiert. Zum anderen sind sie in Bezug auf die neuen Bundesländer nicht ausreichend zielgenau, weil Bauunternehmen aus den neuen Bundesländern niedrigere Tariflöhne als solche aus den alten Bundesländern haben. Insoweit werden sie im Wettbewerb um Aufträge in den alten Bundesländern benachteiligt. Umgekehrt haben die Unternehmen aus den alten Bundesländern in den neuen Ländern den Vorteil, dass sie bei höherer Produktivität die Tariftreuepflicht wegen ihres höheren Lohnniveaus ohnehin erfüllen. Dadurch wird die Bevorzugung ortsansässiger Unternehmen in Sachsen-Anhalt partiell wieder aufgehoben.

2. Art. 87 Abs. 3 lit. b 2. Alt. EGV

Die Kommission kann nach Art. 87 Abs. 3 lit. b 2. Alt. EGV Beihilfen zur Behebung einer beträchtlichen Störung des Wirtschaftslebens in einem Mitgliedstaat genehmigen. Voraussetzung ist eine allgemeine krisenhafte Störung im Wirtschaftsleben eines Mitgliedstaates oder jedenfalls mehrerer Regionen oder Wirtschaftszweigen[712]. Eine spezifische Störung des Arbeitsmarktes oder der Konjunktur in einem Wirtschaftszweig reicht nicht aus. Diese Vorschrift wird von der Kommission sehr zurückhaltend angewandt[713]. Der Bundesrepublik Deutschland geht es indes um eine Förderung der heimischen Bauindustrie. Auch wenn dieser Wirtschaftszweig sich in einer Krise befindet, so ist davon nicht das Wirtschaftsleben der Bundesrepublik in seiner Gesamtheit betroffen. Eine Genehmigung ist somit nach Art. 87 Abs. 3 lit. b 2. Alt. EGV ausgeschlossen.

3. Art. 87 Abs. 3 lit. c EGV

Nach Art. 87 Abs. 3 lit. c EGV kann die Kommission Beihilfen zur Förderung der Entwicklung gewisser Wirtschaftszweige oder Wirtschaftsgebiete genehmigen, soweit sie die Handelsbedingungen nicht in einer Weise verändern,

---

[711] *Bär-Bouyssière* in: Schwarze, EUV/EGV, Art. 87 EGV Rn. 53; *Cremer*, in: Calliess/Ruffert, EUV/EGV, Art. 87 EGV Fn. 230; Entscheidung der Kommission betreffend Thüringen vom 21.12.96, Abl. Nr. L 114 v. 05.05.94, S. 21.

[712] *Wenig*, in: G/T/E, Kommentar zum EWG-Vertrag (4.A.), Art. 92 Rn. 60; *v. Wallenberg*, in: Grabitz/Hilf, Das Recht der EU, Art. 92 Rn. 51.

[713] 21. Bericht der Kommission über die Wettbewerbspolitik 1991/1992, Ziff. 251.

die dem gemeinsamen Interesse zuwiderläuft. Diese Ermessensnorm hat tatsächlich den größten Anwendungsbereich für die Genehmigung von Beihilfen. Voraussetzung ist, dass eine im Gemeinschaftsinteresse liegende Entwicklung durch die Beihilfe gefördert wird, sie zur Zielerreichung notwendig ist[714] und die Handelsbedingungen nicht in einer Weise verändert, die dem gemeinsamen Interesse zuwiderläuft[715]. Unterschieden wird zwischen Wirtschaftsgebieten und Wirtschaftszweigen. Im Gegensatz zu lit. a muss das Wirtschaftsgebiet nicht im Vergleich zum Unionsdurchschnitt unterentwickelt sein, sondern bezogen auf den betroffenen Mitgliedstaat[716], wobei die wirtschaftlichen und sozialen Wertungen berücksichtigt werden müssen, die auf die gesamte Union bezogen sind[717]. Jedoch ist auch hier die Förderung eines bestimmten Wirtschaftsgebietes durch die Tariftreueverpflichtungen nicht intendiert, weil sie für ganze Bundesländer gelten oder eben für das ganze Bundesgebiet. Begünstigt sind immer die ortsansässigen tarifgebundenen Unternehmen. Im Einzelfall kann eine Vergabe in einem unterentwickelten Gebiet gerechtfertigt sein, aber nicht die Tariftreuegesetze als wirtschaftspolitische Maßnahme insgesamt.

Die Beihilfen könnten indes der Förderung und Entwicklung der deutschen Bauindustrie dienen, welche durch eine schlechte Konjunktur und verstärkte Konkurrenz unter wettbewerblichen Druck geraten ist. Jedoch muss das staatliche Interesse an der Beihilfegewährung zur Förderung eines bestimmten Wirtschaftszweiges das gemeinschaftliche Interesse an dem Verbot der Beihilfegewährung wegen der damit verbundenen wettbewerbsschädigenden Wirkung übersteigen[718]. Das nationale Interesse überwiegt, wenn durch die Beihilfegewährung die Umstrukturierung eines kranken Wirtschaftszweiges in einen lebensfähigen Wirtschaftszweig erreicht werden soll, wobei Art und Umfang der Beihilfen lediglich den Charakter von Stützungsmaßnahmen, aber nicht von Erhaltungsmaßnahmen haben dürfen[719]. Reine Betriebsbeihilfen, die im Gegensatz zu Investitionsbeihilfen lediglich laufende Tätigkeiten des Unternehmens fördern und dadurch die Betriebskosten senken, sind grundsätzlich unzulässig[720]. Förderungswürdige Entwicklungen erfassen Beihilfen zum Kapazitätsabbau durch Rationalisierung, zur Produktionsumstellung und zur Schließung von Betrie-

---

714 *Rolfes*, Regionale Wirtschaftsförderung und EWG-Vertrag, S. 155.

715 Vergleiche *F.-H. Wenig*, in: G/T/E, EUV/EGV, 4. Auflage, Art. 92 Rn. 65.

716 *V. Wallenberg*, in: Grabitz/Hilf, Das Recht der EU, Art. 92 Rn. 52.

717 *Mederer*, in: G/T/E, EUV/EGV, Art. 92 EGV Rn. 79.

718 *Hoischen*, Die Beihilfenregelung in Art. 92 EWGV, S. 84.

719 *Hoischen*, Die Beihilfenregelung in Art. 92 EWGV, S. 84.

720 EuGH v. 15.05.97, Slg. 1995, I-2507 Rn. 55.

ben[721]. Bei rein statuserhaltenden Maßnahmen fehlt es am Merkmal der Entwicklung[722]. Die Tariftreueverpflichtungen im Rahmen der öffentlichen Auftragsvergabe setzen jedoch keine Entwicklung zu ihrer Anwendbarkeit voraus, sondern sind auf eine langfristige, bei jeder Vergabe erfolgende Begünstigung der ortsansässigen tarifgebundenen Unternehmen ausgerichtet. Jedes Mal dann, wenn eine Auftragsvergabe beihilferechtlich relevant ist, tritt die Vergünstigung ein. Nur im Einzelfall, wenn das einzelne Unternehmen sich in einer Krise oder einem Umstrukturierungsprozess befindet, könnte das Merkmal erfüllt werden. Eine generelle beihilferechtliche Zulässigkeit der Vergabegesetze kommt jedoch nicht in Betracht.

4. Staatliche Beihilfen an kleine und mittlere Unternehmen

Art. 87 Abs. 3 lit. c EGV gilt auch als Auffangtatbestand für die Genehmigung horizontaler Beihilfen, die ohne Rücksicht auf den Standort oder die Sektorzugehörigkeit des begünstigten Unternehmens gewährt werden[723]. Auch wenn Art. 87 EGV streng genommen keinen Ausnahmetatbestand für diese Beihilfen vorsieht, so trägt die Kommission vom EuGH unbeanstandet[724] so dem legitimen Interesse der Mitgliedstaaten an der Gewährung solcher Beihilfen Rechnung[725]. Hierzu gehören insbesondere die Beihilfen an kleinere und mittlere Unternehmen, die der Förderung des Mittelstandes dienen. Die Genehmigungsvoraussetzungen für jene Beihilfen hat die Kommission in der Verordnung (EG) 70/2001 über die Anwendung der Artikel 87 und 88 EG-Vertrag auf staatliche Beihilfen an kleine und mittlere Unternehmen[726] festgelegt. Für den Fall, dass es sich bei dem im Vergabeverfahren ausgewählten Unternehmen um ein kleines oder mittleres Unternehmen im Sinne der VO 70/2001 handelt, kommt jedoch eine Genehmigung nach dieser Verordnung nicht in Betracht. Die VO 70/2001 erfasst nach Art. 4 Investitionsbeihilfen, nach Art. 5 Beihilfen für Beratung und sonstige Unternehmensdienstleistungen und -tätigkeiten sowie nach Art. 6 Bei-

---

721 Schlussanträge GA *Slynn*, v. 16.01.85, Slg. 1985, 809, 815.

722 EuGH v. 14.02.90, Slg. 1990, I-307 Rn. 54; v. 08.03.88, Slg. 1988, 1573 Rn. 27f.

723 *Bär-Bouyssière,* in: Schwarze, EUV/EGV, Art. 87 EGV Rn. 56.

724 EuGH v. 17.09.80, Slg. 1980, 2671 Rn. 22; v. 13.07.88, Slg. 1988, 4067 Rn. 7.

725 *Bär-Bouyssière,* in: Schwarze, EUV/EGV, Art. 87 EGV Rn. 56.

726 Verordnung (EG) Nr. 70/2001 der Kommission vom 12. Januar 2001 über die Anwendung der Artikel 87 und 88 EG-Vertrag auf staatliche Beihilfen an kleine und mittlere Unternehmen, Abl. Nr. L 10 v. 13.01.01, S. 33; vergleiche zu der Verordnung *Koenig/Kühling*, Beihilfen an kleinere und mittlere Unternehmen (KMU) unter Berücksichtigung der geplanten EG-Verordnung für KMU, DVBl. 2000, 1025.

hilfen für größere Vorhaben. Die Begünstigung durch den Zuschlag eines öffentlichen Bauauftrages dient hingegen der Finanzierung der allgemeinen Unternehmenstätigkeit, so dass selbst im Einzelfall eine Genehmigung der konkreten Vergabe nach dieser Verordnung auch ausgeschlossen ist.

5. Beschäftigungsbeihilfen

Ansonsten könnten höchstens noch die Leitlinien der Kommission für die Gewährung von Beschäftigungsbeihilfen für die Vergabe unter der Tariftreue voraussetzung relevant werden[727]. Die Kommission unterscheidet zwischen Beihilfen zur Schaffung von Arbeitsplätzen, die sie grundsätzlich befürwortet und solchen zur Erhaltung von Arbeitsplätzen, denen sie grundsätzlich ablehnend gegenüber eingestellt ist. Nach Nr. 22 der Leitlinie sind diese nur zulässig, wenn sie entweder unter Art. 87 Abs. 3 lit. a oder c EGV fallen, was jedoch bei den Tariftreueverpflichtungen gerade nicht der Fall ist oder es sie im Rahmen der Rettung, Umstrukturierung oder Umstellung eines Unternehmens in Schwierigkeiten zur Erhaltung der Arbeitsplätze gewährt werden. Davon ist jedoch bei der generellen Anwendbarkeit der Vergabegesetze nicht auszugehen. Eine Genehmigung kann auch hier höchstens bei einer konkreten Vergabe an ein solches Unternehmen erteilt werden.

VII. Ergebnis

Die Vergabegesetze der Länder und des Bundes verstoßen gegen das Verbot des Art. 87 Abs. 1 und lassen sich nicht nach Art. 87 Abs. 2 oder 3 EGV als gesamte Maßnahme mit dem Gemeinsamen Markt als vereinbar erklären. In bestimmten Fällen stellt eine Vergabe nach den Vergabegesetzen eine Beihilfe nach Art. 87 Abs. 1 EGV dar, und es besteht keine Möglichkeit, die Vergabegesetze insgesamt durch die Kommission als mit dem Gemeinsamen Markt vereinbar zu genehmigen. Dennoch kann eine konkrete Vergabe unter dem Tariftreueerfordernis beihilferechtskonform sein. Das ist einmal der Fall, wenn es sich nicht um eine Beihilfe handelt. So, wenn sich ausschließlich ohnehin tariftreue Unternehmen für den Auftrag interessieren oder die Interessenten eine solche Kostenstruktur aufweisen, dass es nicht zu einer Auftragsverteuerung kommt. Soweit es sich doch um eine beihilferechtlich relevante Maßnahme handelt, kann die Vergabe nach der VO 69/2001 über „De-minimis"-Beihilfen aus dem Anwendungsbereich der Art. 87f. EGV ausgenommen sein. Das hängt jedoch zum einen vom Auftragsvolumen ab und zum anderen davon, in welcher

---

[727] Leitlinien für Beschäftigungsbeihilfen, Abl. Nr. C 334 v. 12.12.95, S. 4.

Höhe das begünstigte Unternehmen bereits Beihilfen erhalten hat. Wenn die Art. 87f. EGV dennoch Anwendung finden, so bedarf es einer Notifizierung durch die Kommission. Ein positiver Ausgang ist dann entscheidend vom Standort des Unternehmens und seiner wirtschaftlichen Situation abhängig.

Die Ländervergabegesetze müssten zur beihilferechtlichen Vereinbarkeit der einzelnen Vergaben stärker differenzieren. Im Rahmen des Ausschreibungsverfahrens müsste bereits festgestellt werden, ob es zu einer beihilferelevanten Mehrbelastung durch die Vergabe nach der Tariftreue bei dem konkreten Unternehmen kommt. Die Gesetze müssten der Vergabestelle die Möglichkeit eröffnen, dann bei der konkreten Vergabe auf die Tariftreue gegebenenfalls zu verzichten oder im Fall einer Beihilfe zu prüfen, ob die Beihilfe nach der „De-minimis"-Verordnung zulässig ist, oder andernfalls ein Beihilfegenehmigungsverfahren bei der Europäischen Kommission einleiten. Offensichtlich ist, dass es hierdurch zu einer erheblichen Komplizierung des Vergabeverfahrens käme. Insbesondere wäre ein vorgeschaltetes Verfahren zur Ermittlung der potentiell interessierten Unternehmen erforderlich, um festzustellen, ob bei der Vergabe nach Tariftreuepflicht überhaupt der Beihilfetatbestand erfüllt wird, weil es hierzu nicht nur auf die Bewerber ankommt, sondern auf die gesamte Marktstruktur, die nicht nur von den Bewerbern, sondern gerade auch durch diejenigen Unternehmen bestimmt wird, die sich gerade nicht beworben haben.

§ 5 Sekundärrecht

A. Zweck der Koordinierungsrichtlinien

Die Verträge über die Gründung der Europäischen Gemeinschaft enthalten keine speziellen Regelungen über die Vergabe öffentlicher Aufträge. Hier gelten ausschließlich die allgemeinen Grundsätze der Verträge, wie die Beihilfen- und Wettbewerbsvorschriften, die Grundfreiheiten und das Diskriminierungsverbot[728]. Die wichtigste europäische Rechtsquelle für das öffentliche Auftragswesen sind die sekundärrechtlichen Richtlinien, die auf Grundlage der Art. 47 Abs. 2, 55, 95 EGV erlassen worden sind. Das sind die Baukoordinierungsrichtlinie (BKR)[729], die Lieferkoordinierungsrichtlinie (LKR)[730], die Dienstleistungskoordinierungsrichtlinie (DKR)[731] und die Sektorenkoordinierungsrichtlinie (SKR) [732], sowie die Rechtsmittelrichtlinien[733]. Das einheitliche Ziel der Koordinierungsrichtlinien ist die Entstehung eines echten Wettbewerbes auf den Nachfragemärkten, die durch öffentliche Stellen bedient werden[734]. Die Regelungen in den Vergaberichtlinien dienen der Öffnung der jeweiligen nationalen Beschaffungsmärkte in den Mitgliedstaaten[735]. Von der zunehmenden Liberalisierung der Märkte wird eine Steigerung der Wettbewerbsintensität auch im inter-

---

728 *Pache/Rüger*, EuZW 2002, 169, 170; *Noch*, Vergaberecht kompakt, S. 24.

729 RiLi 93/37/EWG v. 14.06.93, Abl. Nr. L 199, S. 54, geändert durch Beschluss des Rates v. 01.01.95, Abl. Nr. L 1, S. 171, geändert durch RiLi 97/92/EG v. 13.10.1997, Abl. Nr. L 328, S. 1.

730 RiLi 93/36/EWG v. 14.06.93, Abl. Nr. L 199, S. 1, geändert durch RiLi 97/52/EG v. 13.10.97, Abl. Nr. L 328, S. 1.

731 RiLi 92/50/EWG v. 18.06.92, Abl. Nr. L 209, S. 1, geändert durch Beitrittsvertrag v. 24.06.94, Abl. Nr. C 241, S. 233, geändert durch Beschluss des Rates v. 01.01.95, Abl. Nr. L 1, S. 175, geändert durch RiLi 97/52/EG v. 13.10.97, Abl. Nr. L 328, S. 1.

732 RiLi 93/38/EWG v. 14.06.93, Abl. Nr. L 199, S. 84, geändert durch RiLi 98/4/EG v. 16.02.98, Abl. Nr. L 101, S. 1.

733 RiLi 89/665/EWG zur Koordinierung der Rechts- und Verwaltungsvorschriften für die Anwendung der Nachprüfungsverfahren im Rahmen der Vergabe öffentlicher Liefer- und Bauaufträge, v. 21.12.89, Abl. Nr. L 395, S. 3; RiLi 92/13/EWG des Rates zur Koordinierung der Rechts- und Verwaltungsvorschriften für die Anwendung der Gemeinschaftsvorschriften über die Auftragsvergabe durch Auftraggeber im Bereich der Wasser-, Energie und Verkehrsversorgung sowie im Telekommunikationssektor v. 25.02.92, Abl. Nr. L 76, S. 14, geändert durch Beitrittsvertrag v. 26.06.94, Abl. Nr. C 241, S. 233, geändert durch Beschluss des Rates v. 01.01.95, Abl. Nr. L 1, S. 175.

734 *Hailbronner*, WiVerw 1994, 173, 183.

735 *Flach*, Rechtsbindung einer industriepolitischen Instrumentalisierung öffentlicher Aufträge, S. 67.

nationalen Bereich erwartet[736]. Die Koordinierungsrichtlinien sind jedoch nur insoweit gerechtfertigt, als sie erforderlich sind, die Liberalisierungsziele des Binnenmarktes zu erreichen[737]. Daher fallen die Verfahren zur Vergabe öffentlicher Aufträge nicht in die ausschließliche Regelungszuständigkeit der Gemeinschaft, sondern weiterhin – zumindest in bestimmten Bereichen – in den Kompetenzbereich der Mitgliedstaaten. Nur derjenige Bereich der Auftragsvergabe wird durch die Koordinierungsrichtlinien erfasst, der für grenzüberschreitende Leistungserbringung relevant ist. Unterhalb bestimmter Größenordnungen ist die Leistungserbringung über größere Entfernungen nicht lukrativ[738] und daher binnenmarktrechtlich nicht relevant. Zudem lohnt unterhalb bestimmter Größenordnungen eine europaweite Vergabe von Aufträgen nicht[739]. Der Aufwand korreliert nicht mit dem wirtschaftlichen Mehrwert. Bei den Koordinierungsrichtlinien geht es nicht nur darum, bestehende Diskriminierungen oder Benachteiligungen eu-ausländischer Anbieter zu beseitigen. Dieser Zweck wird bereits durch die unmittelbar anwendbaren Grundfreiheiten gewährleistet. Bei den Richtlinien im Bereich der öffentlichen Auftragsvergabe steht vordringlich eine Vereinheitlichung der Vergabeverfahren im Vordergrund[740], so dass es eu-ausländischen Bietern auch faktisch, im Hinblick auf die anwendbaren Verfahrensregelungen und technischen Spezifikationen, leichter gemacht wird, sich um einen Auftrag zu bewerben und gegen rechtswidrige Vergabepraktiken effektiv gerichtlich vorzugehen. Die Koordinierungsrichtlinien definieren einheitliche Verfahrensvorschriften, um die verschiedenen Bedingungen in den Mitgliedstaaten anzugleichen[741]. Die Vorschriften über die umfassende Bekanntmachung, die Angebotsfristen, die nichtdiskriminierende Verwendung von technischen Spezifikationen und die Auswahl anhand objektiver Kriterien sowie bestimmbarer Teilnahme- und Vergabekriterien sollen dem Ziel der Liberalisierung dienen[742]. Der Grundsatz der Nichtdiskriminierung ist der „rote Faden“, der sich durch alle Koordinierungsrichtlinien hindurchzieht[743]. Ziel ist ein echter Wettbewerb auf dem Markt der öffentlichen Aufträge, der nicht nur rechtliche, son-

---

736 *Flach*, Rechtsbindung einer industriepolitischen Instrumentalisierung öffentlicher Aufträge, S. 67.

737 *Hailbronner*, WiVerw 1994, 173, 183.

738 Vergleiche *Prieß*, Das öffentliche Auftragswesen in der Europäischen Union, S. 58; *Hailbronner*, in: Byok/Jäger, Kommentar zum Vergaberecht, § 100 GWB, Rn. 388.

739 *Noch*, Vergaberecht kompakt, S. 24.

740 *Kokott*, in: Byok/Jaeger, Kommentar zum Vergaberecht, Einführung Rn. 16.

741 *Huelmann*, Öffentliche Beschaffungen, S. 88.

742 *Jank/Zdzieblo*, Einführung in das öffentliche Auftragswesen, S. 70.

743 *Noch*, Vergabe von Staatsaufträgen, S. 26.

dern auch tatsächliche Schwierigkeiten bei der grenzüberschreitenden Vergabe beseitigen soll.

B. Das Rechtsinstrument Koordinierungsrichtlinie

Die EU hat im öffentlichen Auftragswesen das Recht der Mitgliedstaaten mit dem zweistufigen Rechtsetzungsinstrument der Richtlinie angeglichen[744]. Nach Art. 249 Abs. 3 EGV ist eine Richtlinie für den Mitgliedstaat hinsichtlich des zu erreichenden Zieles verbindlich, wobei sie den innerstaatlichen Stellen die Wahl der Form und der Mittel überlässt. Eine Richtlinie bindet den Mitgliedstaat in Bezug auf das von ihr angestrebte Ergebnis, wobei dieses Ergebnis in der Richtlinie auch so detailliert vorgeschrieben sein kann, dass ein Umsetzungsspielraum nicht besteht und der Mitgliedstaat die in ihr enthaltenen Regelungen übernehmen muss[745]. Daraus folgt, dass die Mitgliedstaaten verpflichtet sind, alle erforderlichen Maßnahmen zu ergreifen, um die vollständige Wirksamkeit der Richtlinie entsprechend ihrer Zielsetzung zu gewährleisten[746]. Dazu zählt nicht nur die Pflicht, Maßnahmen zu unterlassen, die nach der Umsetzung einer Richtlinie dazu führen, dass die Ziele nicht mehr erreicht werden[747], sondern auch die Pflicht, innerstaatliches Recht so auszulegen, dass es den Maßgaben der Richtlinie entspricht.

In diesem Zusammenhang gilt es nun zu untersuchen, ob die Tariftreueerklärungen, die in den Ländervergabegesetzen vorgesehen sind, mit den Zielsetzungen, die für die Bundesrepublik Deutschland durch die Vergaberichtlinien verbindlich festgeschrieben sind, vereinbar sind. Oder anders gefragt[748], erzeugt das deutsche Vergaberecht, soweit Tariftreueerklärungen anwendbar sind, noch diejenigen Rechtswirkungen, die als Ergebnis der Richtlinienumsetzung durch den Inhalt der Koordinierungsrichtlinien der Bundesrepublik verbindlich vorgeschrieben sind? Schon aufgrund der Primärrechtswidrigkeit bestehen hier offensichtliche Zweifel, weil eine primärrechtswidrige Auftragsvergabe bereits den Zielen der Koordinierungsrichtlinien widerspricht.

---

744 *Biervert,* in: Schwarze EUV/EGV, Art. 249 EGV Rn. 23.

745 *Ipsen*, Europäisches Gemeinschaftsrecht, S. 458; so auch *Biervert,* in: Schwarze, EUV/EGV, Art. 249 EGV Rn. 23.

746 EuGH v. 10.04.84, Slg. 1984, 1891 Rn. 15.

747 Zur Sperrwirkung der Richtlinien *Grabitz*, in: Grabitz/Hilf, Das Recht der Europäischen Union, Art. 189 EGV Rn. 57; EuGH v. 06.12.90, Slg. 1990, I-4445 Rn. 7ff.

748 Angelehnt an die Terminologie bei *Ipsen,* Europäisches Gemeinschaftsrecht, S. 458.

C. Anwendbarkeit der Richtlinien

Der Anwendungsbereich der Koordinierungsrichtlinien hängt zum einen vom Begriff des öffentlichen Auftrages ab. Dieser ist als schriftlicher, entgeltlicher[749] Vertrag zwischen einem öffentlichen Auftraggeber und einem Unternehmer oder Lieferanten definiert[750]. Entscheidendes Merkmal ist dabei der Begriff des öffentlichen Auftraggebers. Hier findet sich bereits die erste Schaltstelle für die Anwendbarkeit der verschiedenen Richtlinien. Handelt es sich um einen Sektorenauftraggeber, richtet sich Vergabe ausschließlich nach der SKR. Bei allen anderen öffentlichen Auftraggebern sind die LKR[751], BKR[752] oder die DKR[753] einschlägig. Welche dieser Richtlinien in dem betreffenden Fall dann Anwendung findet, richtet sich nach der zu beschaffenden Leistung. Dabei nimmt die DKR eine gewisse Auffangfunktion für diejenigen Aufträge wahr, die sich nicht eindeutig der BKR oder der LKR zuordnen lassen und die auch nicht einen Fall darstellen, in dem gerade kein Vergabeverfahren vorgeschrieben sein soll[754]. Es soll hierdurch verhindert werden, dass eine Grauzone entsteht, in der Aufträge keinen vergaberechtlichen Vorschriften unterliegen[755]. Im Rahmen dieser Arbeit geht es ausschließlich um Tariftreueerklärungen bei der Ausschreibung öffentlicher Bauaufträge, so dass neben der SKR nur die BKR in Betracht kommt. Soweit die Regelungsbereiche der Richtlinien untereinander abgegrenzt sind, ist festzustellen, ob der konkrete Auftrag den Schwellenwert der Richtlinie erreicht und so auch nach der Größenordnung in den Anwendungsbereich des sekundären Gemeinschaftsrechts fällt.

I. Sektorenkoordinierungsrichtlinie

Grundsätzlich gilt Vergaberecht dort, wo öffentliche Stellen mit öffentlichen Mitteln bei privaten Unternehmen Leistungen nachfragen. Die den anderen Koordinierungsrichtlinien vorgehende SKR weist in dieser Hinsicht eine Besonder-

---

749 Zum Begriff der Entgeltlichkeit und der seiner weiten Auslegung sowie den Einschluss sogenannter Baukonzessionsverträge vergleiche *Byok,* NJW 2001, 2295, 2298.

750 Art. 1 a) LKR; Art. 1 a) BKR; Art. 1 a) DKR; Art. 1 Nr. 4 SKR.

751 Vorrang der SKR nach Art. 2 Abs. 1 a) LKR.

752 Vorrang der SKR nach Art. 4 a) BKR.

753 Vorrang der SKR nach Art. 1 a) DKR.

754 Vergleiche Art. 1 a) DKR.

755 Vergleiche dazu *Eggenberger,* Öffentliches Auftragwesen, in: Schwappach (Hrsg.), EG-Rechtshandbuch für die Wirtschaft, § 45 Rn. 1; „No 'grey' area of contracts", *Weiss*, Public Procurement in European Community Law, 1993, S. 143.

heit auf: Sie gilt auch für Private. Wenn Unternehmen am Markt teilnehmen und daher an einer Intensivierung ihres Gewinnes und am Anbieten einer wettbewerbsfähigen Leistung interessiert sind, so sind sie ebenfalls an einer kostengünstigen Beschaffung ihrer Vorleistungen interessiert, was besonders gut gelingt, wenn es auf der Auftragnehmerseite viele Anbieter gibt und keine Marktzutrittsbarrieren existieren[756]. Wenn Ausgangsleistungen aus dem Ausland bei gleicher Qualität günstiger sind, ist ein privater Unternehmer, der im Wettbewerb steht, unternehmerisch gezwungen, diese Leistung und keine andere in Anspruch zu nehmen, damit er sein Endprodukt zu einem wettbewerbsfähigen Preis anbieten kann. Private Unternehmer haben daher ein eigenes, essentielles Interesse an offenen Märkten[757]. Eine Regulierung der Vergabe von Aufträgen scheint nicht erforderlich. Den Ausschluss privater aus dem Anwendungsbereich der Koordinierungsrichtlinien sah der Europäische Gesetzgeber partiell anders. So hat er alle Aufträge im Bereich der Wasser-, Energie- und Verkehrsversorgung sowie früher[758] im Telekommunikationssektor vergaberechtlichen Regelungen unterworfen, gleichgültig, ob es sich um einen öffentlichen oder privaten Unternehmensträger handelt. Nach Art. 2 Abs. 1 SKR fallen staatliche Behörden und öffentliche Unternehmen genauso unter den Begriff des Auftraggebers nach der SKR wie Private, wenn sie eine Tätigkeit im Bereich der Sektoren nach Art. 2 Abs. 2 SKR ausüben. Private sind jedoch nur dann erfasst, wenn sie die Sektorentätigkeit auf der Grundlage von besonderen oder ausschließlichen Rechten[759] ausüben, die von einer zuständigen Behörde eines Mitgliedstaates gewährt wurden (Art. 2 Abs. 1 b) SKR). Grund für die vergaberechtliche Koordinierung ist hier die natürliche Monopolstellung der Anbieter in diesen Bereichen[760]. Wer besondere Rechte wahrnimmt, der soll auch gezwungen werden, seine Aufträge so zu vergeben, dass eu-ausländische Anbieter sich bewerben können.

---

756 *Flach*, Rechtsbindung einer industriepolitischen Instrumentalisierung öffentlicher Aufträge, S. 70.

757 *Flach*, Rechtsbindung einer industriepolitischen Instrumentalisierung öffentlicher Aufträge, S. 70.

758 *Noch*, Vergaberecht kompakt, S. 24.

759 Eine konkretisierende Definition der besonderen oder ausschließlichen Rechte findet sich in Art. 2 Abs. 3 SKR.

760 *Flamme/Flamme,* La panoplie des directives « marché publics » se complète: les secteurs hier exclus (eau, énergie, transports et télécommunications) ne le seront plus demain, RMC 1991, S. 346ff.; *Lampe-Helbig*, Praxis der Bauvergabe, S. 20f.

Die SKR regelt das Vergabeverfahren für Versorgungsbetriebe in den Bereichen Wasser-, Energie- und Verkehrsversorgung[761]. Dabei nimmt sie auf die Besonderheiten dieser Branchen Rücksicht[762] und beachtet die Besonderheiten der privaten Anbieter. Im Wesentlichen gelten hier flexiblere Bekanntmachungs- und Vergabevorschriften, insbesondere hat der Auftraggeber die Wahl zwischen dem offenen, nichtoffenen und dem Verhandlungsverfahren. Von diesen Erleichterungen zu den anderen vergaberechtlichen Vorschriften profitieren jedoch nicht nur die privaten, sondern auch die öffentlich-rechtlichen Auftraggeber[763]. Die LKR, BKR und die DKR finden nur subsidiär Anwendung, so dass die SKR den anderen Koordinierungsrichtlinien vorgeht.

Die Ländervergabegesetze finden jedoch auf einen Auftraggeber im Sektorenbereich nur dann Anwendung, wenn er in diesem Bereich eine besondere finanzielle Verflechtung mit der öffentlichen Hand aufweist[764], sei es, dass er im Eigentum des Staates steht, vom Staat finanziert wird oder der Staat einen erheblichen Einfluss auf ihn hat[765]. Die Ausübung einer Tätigkeit auf der Grundlage von besonderen oder ausschließlichen Rechten reicht für die Anwendbarkeit der Ländervergabegesetze nicht aus[766]. Demnach ist die SKR nur dann Maßstab für die Ländervergabegesetze, wenn es sich um staatliche Behörden oder öffentliche Unternehmen handelt, die eine Tätigkeit nach Art. 2 Abs. 2 SKR selbst ausüben (Art. 2 Abs. 1 SKR) oder um Unternehmen, die eine solche Tätigkeit ausüben und eine besondere finanzielle Verflechtung mit der öffentlichen Hand aufweisen. Nach Art. 1 Nr. 4 SKR sind Gegenstand der SKR Bau, Liefer- und Dienstleistungsaufträge, die von Auftraggebern im Bereich der erfassten Sektoren vergeben werden. Wenn eine öffentliche Stelle im Sinne der Ländervergabegesetze unter den Anwendungsbereich der SKR fällt, so geht diese vor, auch wenn Leistungen beschafft werden sollen, die in den Anwendungsbereich der BKR fallen[767]. Damit fallen Bauaufträge, die von Auftraggebern, die

---

761 Im Einzelnen handelt es sich nach Art. 2 Abs. 2 SKR um die Versorgung mit Trinkwasser, Strom, Gas und Wärme (lit. a), die Suche und Förderung von fossilen Brennstoffen sowie die Bereitstellung und der Betrieb von Häfen, Flughäfen und anderen Verkehrsendeinrichtungen (lit. b) und Verkehrsleistungen (lit. c).

762 *Hailbronner*, WiVerw 1994, 173, 186.

763 *Flach*, Rechtsbindung einer industriepolitischen Instrumentalisierung öffentlicher Aufträge, S. 69, der die Einbeziehung Privater jedoch ablehnt.

764 Vergleiche oben § 2 B.II.4.c).

765 *Lampe-Helbig*, Praxis der Bauvergabe, S. 20.

766 Vergleiche oben § 2 B.II.4.c).

767 *Sterner*, Rechtsbindungen und Rechtsschutz bei der Vergabe öffentlicher Aufträge, S. 51; *Flach*, Rechtsbindung einer industriepolitischen Instrumentalisierung öffentlicher Aufträge, S. 78.

mit öffentlichen Stellen finanziell verflochten sind und selbst im Bereich der erfassten Sektoren tätig sind, sowohl in den Anwendungsbereich der SKR als auch in den Anwendungsbereich der Ländervergabegesetze. Damit ist in diesen Fällen die SKR der Prüfungsmaßstab für Vergaben nach den Ländervergabegesetzen.

II. Baukoordinierungsrichtlinie

Öffentlicher Auftraggeber nach Art. 1 lit. b BKR sind der Staat, Gebietskörperschaften, Einrichtungen des öffentlichen Rechts und Verbände, die aus einer oder mehreren dieser Körperschaften bestehen. Dabei gehören zu den Einrichtungen des öffentlichen Rechts auch privatrechtliche Einrichtungen, wenn sie zu dem besonderen Zweck gegründet wurden, im Allgemeininteresse liegende Aufgaben zu erfüllen, die nicht gewerblicher Art sind. Zudem müssen sie Rechtspersönlichkeit besitzen und überwiegend vom Staat, den Gebietskörperschaften oder anderen Einrichtungen des öffentlichen Rechts finanziert werden oder sie müssen hinsichtlich ihrer Leitung der Aufsicht durch letztere unterliegen oder ihre Verwaltungs-, Leitungs- oder Aufsichtsorgane müssen mehrheitlich aus Mitgliedern bestehen, die vom Staat, den Gebietskörperschaften oder anderen Einrichtungen des öffentlichen Rechts ernannt worden sind. Dieser Begriff des öffentlichen Auftraggebers entspricht demjenigen in den Ländervergabegesetzen. Somit unterfallen alle öffentlichen Auftraggeber der Ländervergabegesetze dann auch dem Begriff des öffentlichen Auftraggebers der BKR, es sei denn, es handelt sich um einen Auftraggeber aus dem Sektorenbereich.

Bauaufträge nach der BKR sind solche Aufträge, die die Ausführung beziehungsweise die Ausführung und Planung von Bauvorhaben sowie die Erbringung einer durch Dritte gemäß den vom öffentlichen Auftraggeber genannten Erfordernissen zum Gegenstand haben[768]. Unter den Begriff des Bauvorhabens fallen dabei zum einen Bauwerke, welche als das Ergebnis einer Gesamtheit von Tief- oder Hochbauarbeiten gelten, die ihrem Wesen nach eine wirtschaftliche oder technische Funktion erfüllen sollen (Art. 1 lit. c BKR) und zum anderen die Erbringung von Tätigkeiten im Baugewerbe, welche im Anhang II der BKR näher aufgezählt sind[769]. Dieser Definition entspricht die Definition des öffentlichen Bauauftrages in § 99 Abs. 3 GWB[770], auf den § 1 S. 1 SaarBauVG wie

---

[768] Art. 1 a) BKR.

[769] Art. 1 a) BKR.

[770] *Hailbronner*, in: Byok/Jaeger, Kommentar zum Vergaberecht, § 99 Rn. 351.

auch die anderen Ländervergabegesetze Bezug nehmen[771]. Dementsprechend liegt ein kongruenter Anwendungsbereich vor[772].

III. Schwellenwerte für Bauaufträge nach der SKR und BKR

Der Anwendungsbereich der Koordinierungsrichtlinien wird durch die sogenannten Schwellenwerte begrenzt. Nur wenn der Auftragswert diese erreicht, gelten die SKR und BKR. Nach Art. 6 Abs. 1 BKR gilt die BKR für Bauaufträge, wenn der geschätzte Auftragswert ohne Mehrwertsteuer € 5 Mio. oder mehr beträgt[773]. Bei der Berechnung des Schwellenwertes ist jedoch neben dem geschätzten Wert des öffentlichen Bauauftrages zusätzlich auch der geschätzte Wert der Lieferungen, die für die Ausführung der Arbeiten erforderlich sind und dem Unternehmen vom öffentlichen Bauauftraggeber zur Verfügung gestellt werden, zu berücksichtigen, um den Schwellenwert zu errechnen. Dabei ist eine Aufteilung des Auftrages in Lose zulässig, jedoch darf dies nicht in der Absicht erfolgen, sich den Vergabevorschriften zu entziehen[774]. Für Lose gelten besondere Vorschriften zur Errechnung des maßgeblichen Schwellenwertes für die Anwendbarkeit der BKR nach Art. 6 Abs. 3 BKR: Im Grundsatz werden die geschätzten Auftragswerte der Lose addiert. Die BKR findet dann Anwendung, wenn die Summe die € 5 Mio.-Grenze überschreitet. Das Einzellos fällt nur dann nicht unter die BKR, wenn es weniger als € 1 Mio. beträgt und die Summe der auszunehmenden Lose nicht 20% des Wertes aller Lose übersteigt (Art. 6 Abs. 3 S. 3 BKR). Die Regelungen der Sektorenkoordinierungsrichtlinie in Bezug auf den Schwellenwert von € 5 Mio. und die Regelung für die Lose sind identisch (Art. 14 Abs. 1 lit. c), Abs. 12, 13 SKR). Soweit also die Bauaufträge nach den Ländervergabegesetzen diese Schwellenwerte erreichen, unterliegen sie auch den Vorgaben der in diesem Kapitel gegenständlichen Koordinierungsrichtlinien.

---

[771] Vergleiche oben § 2 B.I.1.

[772] Ebenso wie bei der SKR gilt hier der Ausschluss in sicherheitsrelevanten Bereichen nach Art. 4 und 5 BKR.

[773] Die Richtlinie lautet noch auf ECU, diese Beträge sind jedoch durch Art. 1, 2 Abs. 1 Verordnung (EG) Nr. 1103/97 des Rates vom 17. Juni 1997 über bestimmte Vorschriften im Zusammenhang mit der Einführung des Euro, Abl. Nr. L 162 vom 19.06.97, S. 1 auf Euro umgestellt worden.

[774] Art. 6 Abs. 4 BKR.

D. Das Vergabeverfahren nach den Koordinierungsrichtlinien

Die Koordinierungsrichtlinien machen rechtliche Vorgaben für den Verfahrensablauf bei der Vergabe von öffentlichen Aufträgen. Dabei lässt sich der Vorgang chronologisch von der Idee, über die Entscheidung seiner Realisierung, die Entscheidung für einen bestimmten Anbieter bis zur endgültigen Realisierung einteilen. Die Koordinierungsrichtlinien regeln ausschließlich das Verfahren bis zur Auftragserteilung und den Rechtsschutz gegen rechtswidrige Praktiken bis zu jenem Zeitpunkt. Ausführung, Abnahme und Bezahlung erfolgen ausschließlich nach nationalem Recht und sind von den Richtlinien nicht erfasst. Zeitlich nach der Entscheidung, eine Idee zu verwirklichen, beginnen inhaltlich die Vorgaben der Richtlinien Wirkung zu entfalten. Das beginnt mit den Vorinformationspflichten, denen der Auftraggeber unterliegt[775]. Nach diesen Vorschriften müssen die Auftraggeber bei Bauaufträgen alle 12 Monate[776] ihre beabsichtigten Beschaffungen veröffentlichen, wenn diese in den Anwendungsbereich der jeweiligen Richtlinie fallen. Die Veröffentlichung erfolgt ungekürzt in den Amtssprachen der EG im Amtsblatt der EG und in der Datenbank „Tenders Electronic Daily“ (TED)[777]. Diese Veröffentlichungspflicht gilt unabhängig von dem gewählten Vergabeverfahren[778]. Die interessierten Unternehmen sollen sich bereits frühzeitig auf die geplante Vergabe einstellen können; die Veröffentlichungspflicht ist besonderer Ausdruck der Transparenz im Vergabeverfahren[779].

Wenn sich ein Auftraggeber für die Beschaffung einer Leistung entschieden hat, beginnt das eigentliche Vergabeverfahren. Dieses lässt sich in vier Abschnitte unterteilen[780], in denen die Richtlinien erhebliche Vorgaben machen. Zunächst muss der Auftraggeber sich auf ein Vergabeverfahren festlegen. Je nach Auftragsart, Beschaffungssituation, Notwendigkeit und Dringlichkeit der konkreten Leistung sowie der Marktsituation[781] stehen dem Auftraggeber drei verschiedene Vergabeverfahren zur Verfügung, die ihm unterschiedliche Freiheiten gewähren, aber ihn auch bestimmten Zwängen unterwerfen. Bei der Wahl des Vergabeverfahrens machen die Richtlinien ebenfalls konkrete Vorgaben. Im

---

775 Art. 11-17 BKR; Art. 22 SKR.

776 Nach Art. 11 Abs. 1 BKR am Anfang eines Haushaltsjahres.

777 Art. 1 Abs. 1-4, 8 BKR; Art. 22 Abs. 1-2 SKR.

778 *Huelmann*, Öffentliche Beschaffungen, S. 92.

779 Es handelt sich dabei um eine unverbindliche Bekanntmachung im Vorfeld der Vergabe, EuGH v. 26.09.00, Slg. 2000, I-7445 Rn. 34ff.

780 Zu dieser Einteilung *Kokott*, in: Byok/Jaeger, Kommentar zum Vergaberecht, Einführung Rn. 18.

781 *Huelmann*, Öffentliche Beschaffungen, S. 93.

Rahmen des gewählten Vergabeverfahrens muss der Auftrag dann bekannt gemacht werden. Anschließend werden die potentiellen Auftragnehmer in zwei Schritten ausgewählt. Erst werden die Bewerbungen auf ihre Geeignetheit geprüft. Nur wer die Gewähr dafür bietet, den konkreten Auftrag ordnungsgemäß auszuführen, ist bei der Auftragsvergabe weiterhin zu berücksichtigen. Dann wird entschieden, welchem der geeigneten Bieter der Zuschlag erteilt werden soll. Vor dem Zuschlag müssen die unterlegenen Bieter darüber informiert werden, wer den Zuschlag aus welchen Gründen erhält, damit bei rechtswidriger Vergabe ein unterlegener Bewerber noch rechtzeitig Rechtsmittel gegen die Zuschlagserteilung einlegen kann.

I. Die verschiedenen Vergabeverfahren

Die Vergaberichtlinien unterscheiden zwischen drei verschiedenen Vergabeverfahren: das offene Verfahren, das nichtoffene Verfahren und das Verhandlungsverfahren. Das offene Verfahren ist dasjenige Verfahren, bei dem alle interessierten Unternehmer aufgrund einer öffentlichen Ausschreibung ein Angebot abgeben können[782]. Das nichtoffene Verfahren hingegen schränkt den Kreis der potentiell teilnehmenden Unternehmen bereits vorher ein. Hier dürfen nur die vom öffentlichen Auftraggeber aufgeforderten Unternehmen ein Angebot abgeben[783]. Im Falle des Verhandlungsverfahrens werden vom öffentlichen Auftraggeber nur ausgewählte Unternehmer angesprochen, und es wird mit einem oder mehreren über die Auftragsbedingungen verhandelt[784]. Die verschiedenen Vergabeverfahren unterscheiden sich demnach in dem Kreis, der von der Vergabe angesprochenen Bieter. Während sich beim offenen Verfahren alle interessierten Unternehmer beteiligen können, ist im nichtoffenen Verfahren der Kreis schon auf die aufgeforderten Unternehmer beschränkt. Im Verhandlungsverfahren bedarf es dann keiner Abgabe von Bewerbungsunterlagen mehr, sondern es wird direkt mit ausgesuchten Bewerbern verhandelt. Der Zugang zum Auftragszuschlag ist im nichtoffenen und im Verhandlungsverfahren wesentlich erschwert. Jeweils ist der Kreis der zugelassenen Unternehmer bereits beschränkt und beim Verhandlungsverfahren sind die Angebotsbedingungen zudem nur noch schwerer nachvollziehbar und weniger transparent. Umso wichtiger ist die Auswahl des zulässigen Vergabeverfahrens durch den Auftraggeber.

[782] Art. 1 lit. e) BKR; Art. 1 Nr. 7 lit. a) SKR.

[783] Art. 1 lit. f) BKR; Art. 1 Nr. 7 lit. b) SKR.

[784] Art. 1 lit. g) BKR; Art. 1 Nr. 7 lit. c) SKR.

1. Auswahl des Vergabeverfahrens nach der BKR

Die verschiedenen Vergabeverfahren bieten den interessierten Unternehmen auf der einen Seite einen offeneren Zugang zu dem Auftrag (offenes Verfahren) und auf der anderen Seite dem Auftraggeber mehr Flexibilität bei der Vergabeentscheidung (Verhandlungsverfahren). Zwar unterliegt die Zulassung der Bieter zum nichtoffenen Verfahren oder zum Verhandlungsverfahren den in der BKR festgelegten Eignungskriterien[785], und es ist im Regelfall eine für alle Vergaben nach Art. 11 Abs. 2 BKR öffentliche Bekanntmachung vorgeschrieben, so dass die Beschränkung der Bieter demnach festen Kriterien folgt und die Bieterauswahl selbst bekannt ist. Weil jedoch beim Verhandlungsverfahren zusätzlich die Transparenz durch die Aushandlung der Angebotsbedingungen und mangels vorheriger Festlegung durch den Bewerber eingeschränkt ist, ergibt sich eine größere Gefahr der Benachteiligung eu-ausländischer Unternehmen bei diesem Verfahren[786]. Das Verhandlungsverfahren ist dasjenige, welches am wenigsten marktoffen ist und den geringsten Wettbewerb aufweist[787]. Daher schreibt die BKR das offene Verfahren und das nichtoffene Verfahren in Art. 7 Abs. 4 BKR als Regelverfahren vor. Im Verhandlungsverfahren spricht der Auftraggeber ausgewählte Unternehmen an und verhandelt mit einem oder mehreren von diesen über die Vertragskonditionen[788]. Es darf nur in den Ausnahmefällen des Art. 7 Abs. 2 und 3 BKR angewendet werden, wobei in den Fällen des Art. 7 Abs. 3 BKR zusätzlich die öffentliche Bekanntmachung entbehrlich ist. Diese Sondervorschriften sind jedoch eng auszulegen[789]. Nach Art. 7 Abs. 2 BKR ist ausnahmsweise das Verhandlungsverfahren zulässig, wenn im offenen oder nichtoffenen Verfahren kein Bieter ein ordnungsgemäßes Angebot abgegeben hat (lit. a), die Bauvorhaben zu Forschungs-, Versuchs oder Entwicklungszwecken und nicht mit dem Ziel der Gewährleistung der Rentabilität oder der Deckung der Forschungs- und Entwicklungskosten durchgeführt werden (lit. b) oder in Ausnahmefällen, wenn es sich um Arbeiten handelt, die ihrer Natur nach oder wegen der damit verbundenen Risiken eine vorherige globale Preisgestaltung nicht zulassen. Es handelt sich demnach entweder um Fälle, in denen es dem Auftraggeber nicht möglich ist, einen geeigneten Bieter zu finden oder die nachgefragte Bauleistung dergestalt ist, dass die Ausschreibung sich nicht hinreichend präzisieren lässt oder die Gefahr besteht, dass die Angebote in Bezug auf den Inhalt der Leistungen so erheblich voneinander abweichen, dass sie sich

---

785 Art. 22 Abs. 1 BKR.

786 *Huelmann,* Öffentliche Beschaffungen, S. 93.

787 *Sterner*, Rechtsbindungen und Rechtsschutz bei der Vergabe öffentlicher Aufträge, S. 54.

788 *Noch,* Die Vergabe von Staatsaufträgen, S. 60.

789 *Hailbronner/Weber*, EWS 1997, 73, 77; EuGH v. 02.08.93, Slg. 1993, I-4655 Rn. 9-14.

nicht vergleichen lassen. In diesen Fällen ist es nicht möglich auszuschreiben, weil Nachfragen durch den Unternehmer notwendig sind, um die Auftragsbedingungen zu konkretisieren und die Leistung dann zu vergeben. Art. 7 Abs. 3 BKR erlaubt in bestimmten Fällen die Vergabe nach dem Verhandlungsverfahren ohne öffentliche Bekanntmachung. Das gilt dann, wenn ohnehin nur ein bestimmter Unternehmer zur Erbringung der Bauleistung in Betracht kommt (lit. b), zwingende Gründe im Zusammenhang mit Ereignissen, die der Auftraggeber nicht vorhersehen konnte, die Vergabe im offenen oder nichtoffenen Verfahren ausschließen – hierbei handelt es sich in der Regel um besonders eilige Maßnahmen nach Naturkatastrophen – (lit. c) oder es sich unter bestimmten Voraussetzungen um Ergänzungs- oder Anschlussaufträge handelt (lit. d). Hierbei sind Fälle angesprochen, in denen ein langwieriges Vergabeverfahren sinnlos ist. Entweder weil die Leistung mit besonderer zeitlicher Nähe erbracht werden muss, damit sie ihren Zweck noch erfüllen kann, oder es steht ohnehin vorher aus faktischen (bei den Ergänzungs- und Anschlussaufträgen) oder rechtlichen Gründen fest, dass ein bestimmter Unternehmer den Auftrag ausführen muss.

2. Auswahl des Vergabeverfahrens nach der SKR

Die SKR weist gegenüber der BKR ein größeres Maß an Flexibilität auf und versucht auf diese Weise, den Besonderheiten der hiervon betroffenen Wirtschaftsbereiche Rechnung zu tragen[790]. Auftraggeber in diesen Bereichen zögern, wenn es darum geht, Aufträge an unbekannte Unternehmen zu vergeben und ziehen daher enge und beständige Beziehungen zu bewährten Anbietern vor[791]. Die Sektorenauftraggeber können daher frei zwischen den drei Vergabeverfahren wählen[792]. Voraussetzung ist jedoch, dass die Auftraggeber vorher zum Wettbewerb aufgerufen haben. In der Regel erfolgt dies durch die Veröffentlichung einer Bekanntmachung, auf die jedoch in besonderen Ausnahmefällen verzichtet werden kann. Die Ausnahmefälle sind begrenzt, eng auszulegen und gleichen denjenigen in der BKR, welche ein Verhandlungsverfahren ohne Vergabebekanntmachung ermöglichen[793].

---

790 *Sterner*, Rechtsbindungen und Rechtsschutz bei der Vergabe öffentlicher Aufträge, S. 54.

791 *Sterner*, Rechtsbindungen und Rechtsschutz bei der Vergabe öffentlicher Aufträge, S. 54.

792 Art. 20 Abs. 1 SKR; *Kokott*, in: Byok/Jaeger, Kommentar zum Vergaberecht, Einführung Rn. 32; vergleiche auch die entsprechende Umsetzung in das deutsche Recht in § 101 Abs. 5 GWB.

793 Vergleiche Art. 20 Abs. 2 SKR; Analyse nach *Sterner*, Rechtsbindungen und Rechtsschutz bei der Vergabe öffentlicher Aufträge, S. 54.

3. Vergabeverfahrenswahl und Ländervergabegesetze

Die Vorgaben der Vergaberichtlinien hinsichtlich der zulässigen Vergabeverfahren sind sehr eng. Gerade die Auslegung der Ausnahmefälle für das Verhandlungsverfahren ist teilweise heftig umstritten und von umfangreicher Judikatur geprägt[794]. In den Ländern durchgeführte Vergaben müssen sich innerhalb der vorgesehenen Verfahren bewegen. Für die Vergaben oberhalb der Schwellenwerte sind die maßgeblichen Verfahren in der VOB, dem GWB und der VgVO geregelt. Dabei handelt es sich um eine richtlinienkonforme Umsetzung[795], die für die Vergaben nach den Ländervergabegesetzen anzuwenden ist. Die Ländervergabegesetze haben auf die einzelnen Verfahren und ihre Auswahl keine Auswirkungen, so dass in diesem Bereich kein Verstoß gegen die Vergaberichtlinien durch die Ländervergabegesetze festzustellen ist.

II. Eignungskriterien

1. Ausschluss mangels Eignung

Die Eignungskriterien sind absolute Kriterien, die von jedem Bieter einzeln und ohne Abwägung erfüllt werden müssen[796]. Der Bewerber wird ausgeschlossen, wenn entweder ein Ausschlussgrund vorliegt, oder er seine Eignung für die Auftragsvergabe nicht nachweisen konnte. Die Koordinierungsrichtlinien legen Kataloge von Kriterien fest, nach denen die Eignung der Bewerber überprüft und nach denen Bewerber von der Auftragsvergabe ausgeschlossen werden können.

Hinsichtlich der Eignungskriterien muss zwischen der BKR und der SKR unterschieden werden. Die BKR legt in den Art. 24ff. die Eignungskriterien für die Beurteilung der Bewerber fest. Die SKR hingegen legt für das offene Verfahren keine eigenen Eignungskriterien fest und nimmt lediglich in Art. 31 Abs. 2 Bezug auf die Ausschlussgründe in den anderen Richtlinien für die Zulassung am nicht offenen oder am Verhandlungsverfahren. Ansonsten gelten für die Sektorenauftraggeber im nicht offenen und Verhandlungsverfahren nur bestimmte Bindungen an von ihnen vorher schriftlich festgelegten, objektiven Regeln und Kriterien nach Art. 31 Abs. 1 SKR und das Verbot der Verwendung von bestimmten Ausschlussgründen in Art. 32, 33 SKR.

---

[794] Etwa EuGH v. 10.03.87, Slg. 1987, S. 1039; v. 18.03.92, Slg. 1992, I-1989; v. 28.03.96, Slg. 1996, I-1949 Rn. 11ff.; *Brenner*, Neuere Entwicklungen im Vergaberecht der Europäischen Union, 1997, S. 37ff.

[795] *Elbel*, DÖV 1999, 235, 242.

[796] *Burgi*, GewA 2001, 217, 220.

2. Ausschluss nach den Ländervergabegesetzen

Die Ländervergabegesetze sehen den Ausschluss eines Unternehmers vom Vergabeverfahren in zwei Fällen vor. Zum einen werden Angebote nicht berücksichtigt, wenn der Unternehmer nicht erklärt, dass er während der Auftragsausführung die mit ihr befassten Arbeitnehmer nach Tariflöhnen bezahlt. Hier entspricht das abgegebene Angebot nicht der nachgefragten Leistung. Die Tariftreueerklärung soll nach dem Willen des Auftraggebers Vertragsbestandteil werden. Zum anderen werden Angebote dann nicht berücksichtigt, wenn der Unternehmer bei einem früheren Auftrag gegen eine vertraglich festgelegte Tariftreuepflicht verstoßen hat.

3. Eignungskriterien nach der BKR

Die BKR teilt die Eignungskriterien folgendermaßen ein: Zum einen werden in Art. 24 BKR Ausschlussgründe festgelegt, bei deren Vorliegen der Bewerber vom Vergabeverfahren ausgeschlossen wird. In dieser Vorschrift sind auch die Nachweise festgelegt, die ausreichen, um das Nichtvorliegen eines Ausschlussgrundes im Verfahren nachzuweisen. Art. 25-29 regeln die Nachweise für die fachliche Eignung für die Durchführung des Auftrages, Art. 26 BKR die Nachweise für die finanzielle und wirtschaftliche Leistungsfähigkeit und Art. 27 BKR die Nachweise für die technische Leistungsfähigkeit. Daneben kann zum Nachweis der fachlichen Leistungsfähigkeit nach Art. 25 BKR gefordert werden, dass der Unternehmer in einem Berufsregister in seinem Heimatstaat eingetragen ist. Wenn der Unternehmer seine fachliche Leistungsfähigkeit im Vergabeverfahren nicht nachweisen kann, so führt dies zu seinem Ausschluss. Bei der Vorlage der Nachweise über die Eignung des Unternehmers kann der Auftraggeber jenen auffordern, die vorgelegten Bescheinigungen zu vervollständigen oder zu erläutern[797].

a) Abschließender Charakter der Eignungskriterien

Fraglich ist, ob die in der BKR festgelegten Ausschlussgründe abschließend sind. Wenn die Ausschlussgründe keinen abschließenden Charakter haben, wäre es zulässig, in den Ländervergabegesetzen weitere Ausschlussgründe zu definieren. Es ist somit fraglich, ob die in der BKR festgelegten Eignungskriterien abschließend gelten, oder ob in den Mitgliedstaaten andere Kriterien die Eignung eines Bewerbers nachweisen können oder zusätzliche Ausschlussgründe zu der Nichtberücksichtigung eines Angebotes führen können. Nach Art. 18 BKR er-

---

[797] Art. 28 BKR.

folgt der Zuschlag nachdem die öffentlichen „Auftraggeber die fachliche Eignung der Unternehmer, die nicht aufgrund von Art. 24 ausgeschlossen wurden, nach den in den Artikeln 26 bis 29 genannten Kriterien der wirtschaftlichen, finanziellen und technischen Leistungsfähigkeit geprüft haben." Diese Formulierung legt nahe, dass es sich bei den Kriterien nach Art. 24, 26-29 BKR um abschließende Ausschluss- und Eignungskriterien handelt. Hingegen findet sich bei den Ausschlussgründen und Eignungsnachweisen selbst keine Formulierung, die den abschließenden Charakter dieser Kataloge ausdrücklich festlegt[798]. Es finden sich hier keine klarstellenden Worte wie „nur" oder „lediglich" oder auch nicht „insbesondere". Die Kataloge sind daher neutral[799] und geben keinen ausdrücklichen Hinweis. Eine Ausnahme bildet jedoch Art. 26 BKR, nach dem die finanzielle und wirtschaftliche Leistungsfähigkeit des Unternehmens in der Regel durch einen oder mehrere der nachstehenden Nachweise erbracht werden kann. Diese Formulierung deutet auf den nicht abschließenden Charakter dieser Kriterien. Wenn diese Kriterien nicht abschließend sind, so kann daraus jedoch noch kein Rückschluss auf die anderen Kataloge gezogen werden. Man kann an dieser Stelle entweder argumentieren, dass die anderen Kataloge abschließend sind, weil der entsprechende Hinweis hier gerade nicht gemacht wird. Jedoch lässt sich genauso gut vertreten, dass hier der nichtabschließende Charakter aller Vorgaben deutlich wird, der sich durch alle Kataloge hindurchzieht. Der EuGH hat sich in der Entscheidung *Transporoute*[800] der ersten Auslegungsalternative angeschlossen. Der EuGH hat aus dem Koordinierungsziel der BKR 71 und der Systematik der Richtlinie geschlossen, dass nur dann, wenn es um die finanzielle und wirtschaftliche Leistungsfähigkeit gehe, weitere Nachweise gefordert werden könnten[801]. Die im konkreten Fall geforderte Niederlassungsgenehmigung hingegen diene dem Nachweis der beruflichen Befähigung und Zuverlässigkeit des Teilnehmers. Damit habe es sich um eine Art des Nachweises gehandelt, „die nicht zu den durch die Richtlinie abschließend zugelassenen Nachweisen gehört"[802]. Damit hat der EuGH festgestellt, dass die Eignungsnachweise und Ausschlussgründe abschließend sind, soweit die Richtlinien nicht selbst ausdrücklich eine andere Regelung vorsehen. Man spricht hier auch von einem

798 *Benedict*, Sekundärzwecke, S. 123.

799 *Benedict*, Sekundärzwecke, S. 123.

800 EuGH v. 10.02.82, Slg. 1982, 417; ebenso auch EuGH v. 09.07.87, Slg. 1987, 3347 Rn. 8ff.

801 EuGH v. 10.02.82, Slg. 1982, 417 Rn. 9; für den nicht abschließenden Charakter auch EuGH v. 09.07.87, Slg. 1987, 3347 Rn. 8ff.

802 EuGH v. 10.02.82, Slg. 1982, 417 Rn. 10; ebenso für die LKR EuGH v. 26.04.94, Slg. 1994, I-1409 Rn. 35.

„numerus clausus“ der Ausschlusskriterien[803]. Insofern ist es den Mitgliedstaaten nicht möglich, eigene Ausschlussgründe zu definieren.

b) Ausschluss nach Art. 24 BKR

aa) Regelung des Art. 24 BKR

Der Ausschluss nach den Ländervergabegesetzen könnte einen Ausschluss im Rahmen der BKR nach Art. 24 darstellen. Insoweit enthält die Richtlinie eine abschließende Liste der Fälle, in denen die persönliche Situation eines Bieters zum Ausschluss vom Vergabeverfahren führen kann[804]. Die Ausschlussgründe sind streng auszulegen, auch wenn den Auftraggebern die Anwendung der Ausschlussgründe freisteht[805]. So kann ein Bewerber ausgeschlossen werden, wenn die Zahlungsfähigkeit des Unternehmens in Frage steht. Nach lit. a, b ist das der Fall, wenn das Unternehmen sich in einem Konkursverfahren, gerichtlichen Vergleichs- oder Liquidationsverfahren befindet oder es eingeleitet worden ist, ebenso wenn es seine Tätigkeit eingestellt hat. Ein Ausschluss ist auch dann möglich, wenn es mit rechtskräftigem Urteil aus Gründen bestraft worden ist, die seine berufliche Zuverlässigkeit in Frage stellen[806]. Ebenso können Unternehmen ausgeschlossen werden, die im Rahmen ihrer beruflichen Tätigkeit eine schwere Verfehlung begangen haben, die von dem öffentlichen Auftraggeber nachweislich festgestellt worden ist[807]. Ebenso ist ein Ausschluss möglich, wenn ein Unternehmen Sozialbeiträge, Steuern oder sonstige Abgaben nicht bezahlt hat, zu denen es nach dem Staat seiner Ansässigkeit oder dem Staat des Auftraggebers verpflichtet ist[808]. Wenn der Auftraggeber einen Nachweis dafür verlangt, dass ein solcher Fall nicht vorliegt, so muss er Bescheinigungen der zuständigen Behörden akzeptieren. Sofern eine solche Bescheinigung nach den behördlichen Vorschriften nicht ausgestellt werden kann, reicht eine eidesstattli-

---

803 *Prieß*, Das öffentliche Auftragswesen in der Europäischen Union, S. 93.

804 Mitteilung der Kommission über die Auslegung des gemeinschaftlichen Vergaberechts und die Möglichkeiten zur Berücksichtigung sozialer Belange bei der Vergabe öffentlicher Aufträge, vom 15.10.01, KOM(2001) 566 endg., S. 10; vergleiche dazu *Pache/Rüger*, EuZW 2002, 169.

805 Mitteilung der Kommission über die Auslegung des gemeinschaftlichen Vergaberechts und die Möglichkeiten zur Berücksichtigung sozialer Belange bei der Vergabe öffentlicher Aufträge, vom 15.10.01, KOM(2001) 566 endg., S. 10.

806 Art. 24 lit. c BKR; die Verurteilung von Unternehmen ist in einigen Mitgliedstaaten der EU rechtlich möglich.

807 Art. 24 lit. d BKR.

808 Art. 24 lit. e, f.

che Erklärung oder eine vergleichbare Erklärung des Unternehmens aus[809]. Nach Art. 24 lit. g BKR ist der Ausschluss eines Unternehmens auch dann möglich, wenn es sich in erheblichem Maße falscher Erklärungen schuldig gemacht hat.

Die Ausschlussgründe lassen sich in drei Gruppen einteilen. Es geht in den lit. a-d um die Leistungsfähigkeit des Unternehmens. Wenn ein Unternehmen insolvent ist oder seine Tätigkeit eingestellt hat, bietet es keine Gewähr dafür, dass der Auftrag ordnungsgemäß ausgeführt wird. Ebenso, wenn das Unternehmen sich beruflicher Verfehlungen schuldig gemacht hat oder einen vorherigen Auftrag nicht ordnungsgemäß ausgeführt hat. Daher handelt es sich bei den lit. a-d um primäre Zwecke des Vergabeverfahrens. Es geht um die Sicherstellung, dass der Unternehmer den Auftrag ordnungsgemäß erfüllt und der Auftraggeber seine gewünschte Leistung erhält. Zu der zweiten Gruppe hingegen gehören die lit. e-f. Die Nichtzahlung von Sozialbeiträgen und Abgaben lässt sich nicht mehr eindeutig den primären Zwecken des Vergabeverfahrens zuordnen. Zwar handelt es sich hierbei um Indizien, die zum einen die Zuverlässigkeit des Unternehmers in Frage stellen, weil er bestimmten gesetzlichen Verpflichtungen nicht nachkommt. Zum anderen kann auch die Nichtzahlung von Sozialbeiträgen und Abgaben eine mögliche Zahlungsunfähigkeit andeuten. Aber es kann sich bei diesen Ausschlussgründen auch um die Verfolgung anderer, vergabefremder Zwecke handeln, nämlich die Sicherstellung der Erfüllung von Ansprüchen der Steuer- und Sozialkassen. Es geht hier auch um Steuerehrlichkeit und den Schutz der Tarifordnung[810], welche Sekundärzwecke sind. Jedoch sollte diese Erkenntnis nicht überbewertet werden. Auch ein privates Unternehmen würde keine Leistungen bei Geschäftspartnern nachfragen, die andere Verpflichtungen ihm gegenüber nicht erfüllen. Ebenso ist den Bürgern gegenüber nicht vertretbar, einem Unternehmen einen Auftrag zu erteilen, wenn das Unternehmen seinerseits nicht seinen gesetzlich festgelegten Beitrag zum Gesamtaufkommen der öffentlichen Hand leistet, aus dem der Auftrag finanziert wird. Die dritte Gruppe ist die Abgabe falscher Erklärungen. Hierbei geht es lediglich um die Erhöhung des Wahrheitsgehaltes der Erklärungen, die der Unternehmer hinsichtlich der anderen Gruppen abgibt. Eine Tariftreueerklärung ist auf diese Nachweise nicht bezogen und daher keine Erklärung in diesem Sinne. Es handelt sich hierbei ausschließlich um die Wahrnehmung einer Kontrollfunktion für die Verfolgung der Zwecke in den anderen Gruppen.

---

[809] Art. 24 S. 2ff.

[810] *Benedict*, Sekundärzwecke, S. 127.

bb) Koordinierte Vergabesperre

Umstritten ist die Frage, ob ein Ausschluss vom Vergabeverfahren nur im Einzelfall der konkreten Vergabe zulässig ist, oder ob die Richtlinien auch zulassen, dass ein Teilnehmer, der sich in einem Vergabeverfahren als unzuverlässig erwiesen hat, von allen weiteren Vergabeverfahren aller Vergabestellen eines bestimmten Landes ausgeschlossen werden kann[811]. Die Frage wird dahingehend verdichtet, ob der Ausschlussgrund bei dem konkreten Vergabeverfahren vorliegen muss oder ob das Vergabeverfahren hier abstrakt interpretiert werden kann. Der deutsche Wortlaut der BKR ist insofern nicht eindeutig[812]. Nach der englischen und der französischen Fassung hingegen ist er klar[813]: „may be excluded from the participation in the contract“ oder „peut être exclu de la participation au marché“. Beim Vorliegen eines Ausschlussgrundes kann nur ein Ausschluss vom konkreten Vergabeverfahren erfolgen[814]. Dabei ist indes ein Austausch von Informationen zwischen verschiedenen Vergabestellen nicht ausgeschlossen, jedoch ist ein automatischer Ausschluss unzulässig[815]. Dennoch kann meines Erachtens trotzdem ein Ausschluss für eine bestimmte Zeit von Vergabeverfahren vorgesehen werden. Die Ausschlussgründe nach Art. 24 lit. c und d BKR knüpfen an das Verhalten bei der Ausführung anderer Aufträge durch den Unternehmer an. Anknüpfungspunkt ist hier eine rechtskräftige Verurteilung oder eine nachweisliche berufliche Verfehlung, die mit dem konkreten Auftrag nicht im Zusammenhang steht. Dabei macht die Richtlinie keine Vorgabe, wie lange eine solche Verfehlung des Unternehmers als Ausschlussgrund nachwirkt. Eine zeitlich unbegrenzte Nachwirkung muss hier als unverhältnismäßig gelten. Wenn ein Auftraggeber aus einem dieser Gründe einen Unternehmer für eine bestimmte Zeit von Vergabeverfahren ausschließt, so sichert er gleichzeitig zu, dass nach Ablauf dieser Zeit die Zuverlässigkeit wieder hergestellt ist. Dabei muss eine Frist von sechs Monaten bis zu drei Jahren als verhältnismäßig angesehen werden[816].

---

[811] OLG Frankfurt, WRP 1997, 203; dagegen *Mestmäcker/Bremer*, BB 1995, Beilage 19, S. 32; *Quardt*, BB 1997, 479.

[812] *Pietzcker*, ZHR 162 (1998), 427, 462.

[813] *Mestmäcker/Bremer*, BB 1995, Beilage 19, S. 32; *Quardt*, BB 1997, 479.

[814] *Benedict*, Sekundärzwecke, S. 129.

[815] *Benedict*, Sekundärzwecke, S. 129.

[816] *Pietzcker*, ZHR 162 (1998), 427, 463.

cc) Ausschluss nach den Ländervergabegesetzen

Die Ländervergabegesetze sehen einen befristeten Ausschluss von Vergabeverfahren vor, wenn bei einem vorherigen Auftrag ein Verstoß gegen eine vertraglich vereinbarte Tariftreuepflicht nachgewiesen worden ist. Wenn eine solche Auftragssperre nach Art. 24 BKR zulässig sein soll, so müsste es sich dabei um einen Fall der lit. c oder d handeln, wobei mangels Strafbewährtheit eines Tariftreueverstoßes nur lit. d in Betracht kommt. Nach Art. 24 lit. d müsste eine nachweisliche schwere Verfehlung im Rahmen der beruflichen Tätigkeit vorliegen. Dieser Begriff ist bisher nicht hinreichend konkretisiert worden. Jedoch muss es sich um vorwerfbares Verhalten handeln[817] oder zivilrechtliche Verstöße gegen Deliktsrecht, Verstöße gegen gesetzliche Verbote oder um Wucher oder ähnliches Verhalten[818]. Die Mitgliedstaaten müssen ein solches Verhalten mit einer Verbotsnorm untersagt haben[819]. Die BKR setzt dabei eine Einzelfallprüfung voraus[820], die auch in den Ländervergabegesetzen durch Ausformung als Ermessensvorschriften umgesetzt worden ist. Dennoch handelt es sich bei dem Verstoß gegen die Tariftreuepflicht nur um die Nichterfüllung einer vertraglichen Pflicht. Selbst wenn der Unternehmer vorsätzlich nicht nach den vereinbarten Tariflöhnen entlohnt, ist eine Subsumtion unter den Begriff der schweren beruflichen Verfehlung nicht möglich. Eine solche könnte höchstens dann anzunehmen sein, wenn die Verfehlung entweder mit der Zuverlässigkeit des Unternehmers im Hinblick auf die nachgefragte Leistung verknüpft ist oder soziale Mindeststandards nicht eingehalten werden. Diese Auslegung lässt sich aus dem Gesamtzusammenhang der Ausschlussgründe ableiten. Primär geht es in Art. 24 BKR um den Ausschluss von Unternehmen, die nicht Gewähr für eine ordnungsgemäße Erfüllung der nachgefragten Bauleistung bieten. Der Auftraggeber soll nicht für eine schlechte Leistung bezahlen oder hinterher lediglich wegen Konkurs eine Teilleistung erhalten. Zum anderen spielen sekundäre Zwecke nur eine untergeordnete Rolle im Rahmen der Nichterbringung von Abgaben und Sozialleistungen.

Die Tariftreuepflicht steht jedoch mit der Ordnungsgemäßheit der Leistungserbringung in keinem Zusammenhang. Die Gewährung von sozialen Mindeststandards wird hier auch nicht sichergestellt. Zudem ist hier nicht der Rahmen der beruflichen Tätigkeit betroffen, weil nicht Tariflöhne in Frage stehen, die der Arbeitgeberverband des Unternehmers oder er selbst ausgehandelt haben, sondern diejenigen, die am Ort der Leistungserbringung gelten. Eine Subsumti-

---

[817] *Pietzcker*, ZHR 162 (1998), 427, 463.

[818] *Hailbronner*, in: Byok/Jaeger, Vergaberecht, § 97 Rn 174.

[819] *Kayser*, Nationale Regelungsspielräume, S. 57.

[820] *Noch*, Vergaberecht kompakt, S. 179.

on des Ausschlusses von zukünftigen Aufträgen wegen der Nichteinhaltung der Tariftreuepflicht unter den Begriff der schweren Verfehlung im Rahmen der beruflichen Tätigkeit ist daher nicht möglich.

c) Ausschluss mangels Nachweis der Leistungsfähigkeit nach Art. 25 ff. BKR

Daneben wird die Eignung der Bieter nach Art. 18 BKR anhand der Kriterien der wirtschaftlichen, finanziellen und tatsächlichen Leistungsfähigkeit überprüft. Der Unternehmer muss im Vergabeverfahren nachweisen, dass er leistungsfähig ist. Falls die Prüfung des Auftraggebers ergibt, dass der Unternehmer nicht leistungsfähig ist, so muss er ihn ebenfalls von der Auftragsvergabe ausschließen. Dabei enthält die Richtlinie eine abschließende Liste der Kriterien, anhand derer die Leistungsfähigkeit überprüft werden kann[821]. Ausnahme bildet jedoch insofern der Nachweis über die finanzielle und wirtschaftliche Leistungsfähigkeit nach Art. 26 BKR; diese Kriterien sind nicht abschließend[822].

aa) Wirtschaftliche und finanzielle Leistungsfähigkeit

Nach Art. 26 BKR kann der Nachweis der finanziellen und wirtschaftlichen Leistungsfähigkeit durch Bankerklärungen, die Vorlage von Bilanzen oder eine Erklärung über den Gesamtumsatz des Unternehmens und des Umsatzes bei der Ausführung von Bauarbeiten in den letzten drei Geschäftsjahren erbracht werden[823]. Der Auftraggeber muss in der Bekanntmachung oder in der Aufforderung zur Angebotsabgabe angeben, für welche Nachweise er sich entschieden hat, und welche anderen beweiskräftigen Nachweise beizubringen sind. Der von dem jeweiligen Auftraggeber geforderte Leistungsnachweis muss jedoch stichhaltig sein. Ein Nachweis ist dann stichhaltig, wenn er geeignet ist, die Eignung des Bieters unter finanziellen und wirtschaftlichen Gesichtspunkten bei einem bestimmten Auftrag zu beurteilen[824]. Diese Nachweise müssen also deutlich auf die Sicherung des Primärzwecks bezogen sein[825]. Jedoch ist die Verfolgung von sogenannten Motivbündeln nicht schädlich. Weil der Katalog der geforderten Nachweise nicht abschließend sei, reiche es aus, wenn der Nachweis ein

---

821 EuGH v. 20.09.88, Slg. 1988, 4635 Rn. 18.

822 Vergleiche § 5 D.II.3.a).

823 Art. 26 Abs. 1 BKR.

824 EuGH v. 10.02.82, Slg. 1982, 417 Rn. 9.

825 *Benedict*, Sekundärzwecke, S. 131.

brauchbares Mittel sei, um die finanzielle und wirtschaftliche Leistungsfähigkeit festzustellen[826]. Es schadet demnach nicht, wenn ein zusätzlicher Zweck neben dem der Sicherung der wirtschaftlichen und finanziellen Leistungsfähigkeit verfolgt wird. Die Abgabe einer Tariftreueerklärung ist jedoch als Nachweis der wirtschaftlichen und finanziellen Leistungsfähigkeit nicht geeignet. Die Bereitschaft zur Zahlung höherer Tariflöhne setzt zwar eine bestimmte Leistungsfähigkeit voraus, trifft jedoch keine Aussagen über die tatsächliche Leistungsfähigkeit. Höchstens die Anknüpfung an einen vorhergehenden Verstoß gegen eine bei einem vorhergehenden Auftrag abgegebene Tariftreueerklärung könnte als solches Kriterium dienen. Die Ländervergabegesetze sehen jedoch einen solchen Nachweis gerade nicht vor, sondern die Unternehmen werden bei festgestelltem Verstoß einfach ausgeschlossen.

bb) Technische Leistungsfähigkeit

Die Nachweise der technischen Leistungsfähigkeit sind in Art. 27 BKR abschließend festgelegt. Der Auftraggeber kann Nachweise über die Erfahrung und Fachkunde der Bieter verlangen wie die Personalzusammensetzung des Unternehmens, seine personelle und technische Ausstattung oder das System zur Qualitätskontrolle überprüfen, um sich zu vergewissern, dass das Unternehmen in der Lage ist, den Auftrag ausführen und abschließen zu können. Die Beibringung einer Tariftreueerklärung ist hier nicht vorgesehen. So ist auch hiernach ein Ausschluss eines Unternehmers wegen fehlender Tariftreueerklärung oder Verstoß gegen eine früher abgegebene Erklärung nicht möglich.

d) Ergebnis

Die BKR lässt unter dem Kriterium der Eignung des Unternehmers keinen Ausschluss zu, weil dieser keine Tariftreueerklärung abgegeben hat oder ein Verstoß gegen eine bei einem vorherigen Auftrag abgegebene Tariftreueerklärung vorgelegen hat.

4. Eignungskriterien nach der SKR

Die Vorgaben der SKR für die Prüfung der Eignung eines Unternehmers sind spärlich bis kaum vorhanden. Ein Katalog von zulässigen Eignungskriterien

---

826 EuGH v. 09.07.87, Slg. 1987, 3347 Rn. 11.

fehlt völlig[827]. Nach Art. 30 Abs. 1 SKR dürfen die Sektorenauftraggeber jedoch ein System zur Prüfung der Qualifikation der Leistungserbringer einrichten und unterhalten. Wichtig ist, dass das System auf der Grundlage objektiver Regeln und Kriterien gehandhabt werden muss (Abs. 2). Die potentiellen Auftragnehmer können im Rahmen dieses Prüfsystems nach technischen und kaufmännisch-kommerziellen Kriterien geprüft werden, die auf die zu erbringenden Leistungen oder auf spezielle Qualitäts- und Serviceanforderungen des Auftraggebers abgestellt sind[828]. Vorteil ist hierbei die Vermeidung von Serienschäden mit hohen Folgekosten, die Sicherstellung der Versorgungszuverlässigkeit und die Wahrung einer wirtschaftlichen Betriebsführung[829]. Nach Art. 30 Abs. 5 SKR dürfen die Auftraggeber bei der Entscheidung über die Qualifikation eines Unternehmens nicht bestimmten Unternehmen administrative, technische oder finanzielle Verpflichtungen auferlegen, die sie anderen nicht auferlegt hätten oder Prüfungen und Nachweise verlangen, die sich mit bereits objektiv vorliegenden Nachweisen überschneiden. Im nichtoffenen und im Verhandlungsverfahren gilt die vorherige schriftliche Festlegung der Regeln und Kriterien, nach denen die Teilnehmer in diesen Verfahren ausgewählt werden[830]. Zudem ist es den Sektorenauftraggebern verboten, Unternehmen von der Abgabe von Angeboten auszuschließen, weil sie sich als Bietergemeinschaft bewerben. Ebenso ist es unzulässig, sie vor dem Zuschlag zur Annahme einer bestimmten Rechtsform zu zwingen[831].

Demnach ist der Gestaltungsspielraum für die Sektorenauftraggeber groß. Vorgabe ist lediglich, dass es sich um Eignungskriterien handelt, die objektiv sind. Zudem müssen an alle Auftragnehmer die gleichen Anforderungen gestellt werden, und es dürfen keine Nachweise für Qualifikationen gefordert werden, die bereits erbracht worden sind. Es gibt hier keinen engen Katalog von Ausschlussgründen. Folglich verbietet die SKR nicht den Ausschluss vom Vergabeverfahren, wenn nachweislich bei einem zeitlich vorgelagerten Auftrag vertraglich vereinbarte Nebenabreden nicht eingehalten worden sind. Die Verhängung einer Auftragssperre von bis zu drei Jahren ist demnach nach der SKR zulässig, wenn sie auf alle Unternehmen gleich angewendet wird. Die Regelungen der Ländervergabegesetze, Unternehmer von der Auftragsvergabe für bis zu drei Jahren auszuschließen, wenn sie eine zuvor abgegebene Tariftreueerklärung

---

827 *Benedict*, Sekundärzwecke, S. 135; *Flach*, Rechtsbindung einer industriepolitischen Instrumentalisierung öffentlicher Aufträge, S. 90; *Sterner*, Rechtsbindungen, S. 56.

828 *Prieß*, Das öffentliche Auftragswesen in der Europäischen Union, S. 97.

829 *Prieß*, Das öffentliche Auftragswesen in der Europäischen Union, S. 97.

830 Art. 31 SKR.

831 Art. 33 SKR.

nicht eingehalten haben, begegnen somit keinen Bedenken. Jedoch ist der Ausschluss eines Unternehmers von einem konkreten Vergabeverfahren, weil er keine Tariftreueerklärung abgegeben hat, auch nach den Vorgaben für die Eignungsprüfung in der SKR nicht möglich. Es handelt sich bei der Tariftreue eben nicht um ein Kriterium, welches geeignet ist, objektiv die Qualifizierung des Unternehmers für die Erbringung der konkreten Leistung nachzuweisen.

5. Ergebnis

Der Ausschluss der Unternehmer, die keine Tariftreueerklärung abgeben, ist im Rahmen der Eignungsprüfung nach den Koordinierungsrichtlinien nicht möglich. Das liegt daran, dass die Tariftreue nicht geeignet ist, eine Aussage über die Eignung des Bieters zu treffen. Der Ausschluss vom Vergabeverfahren wegen Nichteinhaltung der Tariftreue als Eignungskriterium ist nach der SKR zulässig und nach der BKR unzulässig.

III. Ausschluss nach dem Grundsatz der Gleichbehandlung

Dennoch lassen die Vergaberichtlinien den Ausschluss von Bietern außerhalb der Eignungsprüfung vor dem Zuschlag zu. So muss es möglich sein, einen Bieter vom Vergabeverfahren auszuschließen, wenn sein Angebot inhaltlich nicht der Leistungsbeschreibung des Auftraggebers entspricht. Dieser Ausschlussgrund ist so offensichtlich, dass er in den Richtlinien nicht ausdrücklich geregelt worden ist. Er wird aus dem Gleichbehandlungsgebot abgeleitet. Das Gleichbehandlungsgebot ist unmittelbarer Ausdruck des Art. 12 EGV und damit ein fundamentales Prinzip des Europäischen Gemeinschaftsrechts[832]. Es handelt sich um ein elementares Prinzip des Gemeinschaftsrechts und ist daher auch schon bislang eine Selbstverständlichkeit im Vergaberecht[833]. Die BKR erwähnt den Grundsatz der Gleichbehandlung der Bieter nicht ausdrücklich, aber die Pflicht zur Beachtung dieses Grundsatzes entspricht dem Wesen dieser Richtlinie selbst[834]. Sie bezweckt die Entwicklung eines echten Wettbewerbs auf dem Gebiet der öffentlichen Bauaufträge und stellt gerade Selektions- und Zuschlagskriterien auf, die einen solchen Wettbewerb gewährleisten sollen[835]. Der Grundsatz der Gleichbehandlung verlangt, dass nur solche Angebote Berücksichtigung finden können, die den Verdingungsunterlagen entsprechen, weil nur

[832] *Hailbronner*, in: Byok/Jaeger, Vergaberecht, § 97 Rn 140.

[833] *Bechtold*, GWB, § 97 Rn. 7.

[834] EuGH v. 17.09.02, Slg. 2002, I-7213 Rn. 81; v. 22.06.93, Slg. 1993, I-3353 Rn. 33.

[835] EuGH v. 22.06.93, Slg. 1993, I-3353 Rn. 33.

so ein objektiver Vergleich der Angebote vorgenommen werden kann[836]. Das gilt insbesondere dann, wenn es sich um Bedingungen handelt, die preisrelevante Faktoren enthalten[837]. Jede Erklärung über den präzisen Inhalt der Vertragsbedingungen ist als preis- und leistungsrelevant anzusehen[838]. Hingegen sind Erklärungen, die Einfluss auf die Eindeutigkeit des Angebotsinhaltes sowie auf die Preise und damit auf den Wettbewerb haben, nicht als Ausschlussgrund berücksichtigungsfähig[839]. Angebote sollen auch voneinander abweichen können, damit nicht ausschließlich der niedrigste Preis berücksichtigt wird, sondern auch andere Leistungen, die etwas teurer dafür aber wirtschaftlicher sind. Wenn jedoch in der Ausschreibung ein bestimmter Vertragsinhalt konkretisiert worden ist, so muss er auch in dem Angebot enthalten sein, wenn das Angebot nicht wegen Verstoßes gegen den Gleichheitssatz keine Berücksichtigung finden soll.

Es muss sich jedoch um eine Bedingung oder Vertragsklausel handeln, die auch mit dem sonstigen Europarecht in Einklang steht. Wenn eine solche Bedingung in den Verdingungsunterlagen nicht den Richtlinien oder dem sonstigen Europarecht entspricht, so darf das Angebot nicht nur nicht berücksichtigt werden, sondern die ganze Ausschreibung muss neu erfolgen. Das Gleichbehandlungsgebot gilt auch im Anwendungsbereich der SKR, weil auch hier die Förderung eines echten Wettbewerbs im Vordergrund steht[840]. Ob er auch aus den Grundfreiheiten abgeleitet werden kann, ist im Anwendungsbereich der SKR fraglich, weil auch private Auftraggeber den Verpflichtungen aus der SKR unterliegen. In diesem Zusammenhang ist diese Frage jedoch unerheblich, weil die Ländervergabegesetze die Sektorenauftraggeber nur soweit verpflichten, als sie dem Staat zurechenbar sind und so Adressaten der Grundfreiheiten sind.

Die Tariftreueerklärungen werden in den Ländervergabegesetzen als Vergabevoraussetzung definiert. Die Zahlung von Tariflöhnen wird durch die Erklärung in der Angebotsabgabe beim Zuschlag zum Vertragsgegenstand gemacht. Diese Ausgestaltung durch den Gesetzgeber hat zur Folge, dass nach den Koordinierungsrichtlinien ein Ausschluss zwingend geboten ist, wenn eine Tariftreueerklärung nicht vorliegt. Tariftreue ist ein preis- und leistungsrelevanter Faktor, weil die Zahlung von Tariflöhnen – mit Ausnahme für die örtlich tarifgebundenen Unternehmer – ein erheblicher Kostenfaktor ist, der die Höhe ihres Angebotes bestimmt. Wenn Unternehmer, die keine Tariftreueerklärung abge-

---

836 EuGH v. 17.09.02, Slg. 2002, I-7213 Rn. 81; v. 22.06.93, Slg. 1993, I-3353 Rn. 36ff.

837 EuGH v. 22.06.93, Slg. 1993, I-3353 Rn. 35.

838 *Noch,* Vergaberecht kompakt, S. 173.

839 *Noch,* Vergaberecht kompakt, S. 172f.

840 EuGH v. 17.09.02, Slg. 2002, I-7213 Rn. 81; vergleiche auch die 9. Begründungserwägung der SKR.

geben haben, weiterhin im Vergabeverfahren Berücksichtigung fänden, hätten sie einen erheblichen Wettbewerbsvorteil, der dem Gleichbehandlungsgebot widerspräche. Diesen Wettbewerbsvorteil hätten sie nicht nur gegenüber den interessierten Unternehmen, die eine Tariftreueerklärung abgegeben haben, sondern gerade auch gegenüber denjenigen interessierten Unternehmen, die wegen des Erfordernisses der Tariftreueerklärung gerade kein Angebot abgegeben haben.

Damit ist grundsätzlich der Ausschluss eines Angebotes nach den Vergaberichtlinien zulässig, das keine Tariftreueerklärung enthält, wenn diese in den Verdingungsunterlagen verlangt wird. Jedoch bleibt davon weiterhin die Frage unberührt, ob der Auftraggeber nach den Vergaberichtlinien eine Tariftreueerklärung zum Vertragsbestandteil machen darf[841].

IV. Zuschlagskriterien

Nach dem Ausschluss der ungeeigneten Unternehmen muss der Auftraggeber unter den leistungsfähigen Unternehmern einen auswählen, dem er den Zuschlag erteilen wird. Im Rahmen dieser Prüfung bewertet der Auftraggeber die von den Unternehmern angebotenen Leistungen nach quantitativen und qualitativen Kriterien[842]. Die Zuschlagskriterien richten sich nach den Art. 30 Abs. 1 BKR, Art. 34 Abs. 1 SKR. Die vorgegebenen Bewertungskriterien entsprechen sich in allen Vergaberichtlinien[843]. Die Vergabeentscheidung des Auftraggebers darf entweder nach dem Kriterium des niedrigsten Preises oder nach dem Kriterium des wirtschaftlich günstigsten Angebotes erfolgen. Der EuGH betrachtet diese beiden Kriterien als abschließend[844]. Wenn jedoch in den Verdingungsunterlagen oder in der Bekanntmachung kein Kriterium für den Zuschlag rechtswirksam festgelegt worden ist, so zählt allein das Kriterium des niedrigsten Preises[845].

1. Niedrigster Preis

Der Zuschlag nach dem niedrigsten Preises ist ein unbestechlich klares Kriterium. Es handelt sich um ein quantitatives Kriterium, nach dem die Entschei-

---

841 Dazu unten § 5 D.V.

842 *Prieß*, Das öffentliche Auftragswesen in der Europäischen Union, S. 101.

843 *Noch*, Die Vergabe von Staatsaufträgen, S. 61.

844 EuGH v. 28.03.85, Slg. 1985, 1077 Rn. 25f.

845 GA *Darmon*, Schlussanträge v. 04.05.88, Slg. 1988, 4635, 4643 Rn. 38; vergleiche auch für das offene Verfahren BKR Anhang IV B 13; SKR Anhang XII A 17.

dung nach arithmetischen Maßstäben getroffen wird[846]. Es handelt sich um eine gebundene Entscheidung, die dem Auftraggeber keinen Ermessensspielraum mehr eröffnet[847]. Die Einführung eines Kriteriums wie die Tariftreue in den Ländervergabegesetzen ist an dieser Stelle nicht möglich. Das deutsche Vergaberecht richtet sich auch nicht nach diesem Zuschlagskriterium. Nach § 97 Abs. 5 GWB gilt im Anwendungsbereich der Vergaberichtlinien in Deutschland die Vergabe nach dem Kriterium des wirtschaftlichsten Angebotes. Durch diese Entscheidung des Bundesgesetzgebers ist der niedrigste Preis alsalleiniger Maßstab für Vergaben nach diesem Recht nicht anwendbar.

2. Wirtschaftlichstes Angebot

Bei der Vergabe nach dem Kriterium des wirtschaftlichsten Angebotes ist der Auftraggeber in seiner Entscheidung wesentlich freier. Es handelt sich um eine Ermessensentscheidung anhand qualitativer und quantitativer Kriterien[848]. Neben dem Preis finden auch andere Aspekte der Angebote Berücksichtigung. Hierbei handelt es sich um Aspekte, in denen sich die unterschiedlichen Angebote unterscheiden und bei denen der Auftraggeber Unterschiede in dem Vergabeverfahren auch zulässt. Welche Kriterien der Auftraggeber anwendet, um das Angebot unter wirtschaftlichen Gesichtspunkten zu bewerten, ist ihm durch die Vergaberichtlinien nicht vorgeschrieben. Art. 30 BKR zählt beispielhaft den Preis, die Ausführungsfrist, die Betriebskosten oder Rentabilität und den technischen Wert auf. Art. 34 SKR ergänzt diese Kriterien noch um die Qualität, die Ästhetik, die Zweckmäßigkeit, den Kundendienst und technische Hilfe sowie Verpflichtungen hinsichtlich der Ersatzteile und der Versorgungssicherheit. Die Aufzählung der Kriterien zur Bewertung der Wirtschaftlichkeit ist nach der Rechtsprechung des EuGH nicht abschließend[849], was sich bereits aus dem Wortlaut ergibt. Es handelt sich hierbei jedoch um eine Reihe von Kriterien, die jeweils auf den konkreten Auftrag bezogen sein müssen[850]. Es liegt hier demnach ein Rangverhältnis der Kriterien vor. Der Zweck der Vergaberichtlinien besteht darin, die Gefahr einer Bevorzugung einheimischer Bieter oder Bewerber bei der Auftragsvergabe durch öffentliche Auftraggeber zu verhindern und

---

846 *Prieß*, Das öffentliche Auftragswesen in der Europäischen Union, S. 103; *ders.*, EuZW 1994, 489.

847 *Prieß*, Das öffentliche Auftragswesen in der Europäischen Union, S. 103; *ders.*, EuZW 1994, 489.

848 EuGH v. 28.03.85 Slg. 1985, 1077 Rn. 25.

849 EuGH v. 18.10.01, Slg. 2001, I-7725 Rn. 35; v. 17.09.02, Slg. 2002, I-7213 Rn. 54.

850 *Benedict*, Sekundärzwecke, S. 138.

zugleich die Möglichkeit auszuschließen, dass sich ein öffentlicher Auftraggeber von anderen als wirtschaftlichen Überlegungen leiten lässt[851]. Die Kriterien zur Beurteilung der Angebote müssen alle die zu erbringende Leistung, die Gegenstand des Auftrages ist oder die Modalitäten ihrer Ausführung betreffen[852]. Die Zuschlagskriterien müssen mit dem Auftragsgegenstand oder seinen Ausführungsbedingungen zusammenhängen[853], Art. 30 Abs. 1 lit. b) BKR, damit es dem Auftraggeber objektiv möglich ist, die Angebote zu vergleichen und festzustellen, welches am ehesten seinem Bedarf entspricht. Weil die Zielsetzung der Richtlinien darauf gerichtet ist, die Qualität einer Leistung zu bewerten, ist die Berücksichtigung eines Kriteriums, welches nicht zur Berücksichtigung des wirtschaftlich günstigsten Angebotes führt, unzulässig[854]. Das Kriterium „wirtschaftlichstes Angebot" ist übergeordnet und abschließend, während die einzelnen Kriterien zur Festlegung des wirtschaftlichsten Angebotes frei wählbar sind, aber stets der Feststellung des wirtschaftlich günstigsten Angebotes dienen müssen. Wenn der Auftraggeber nach dem Kriterium des wirtschaftlich günstigsten Angebotes zuschlägt, so muss er nach den Richtlinien die Kriterien, die er dabei anzuwenden beabsichtigt, in der Reihenfolge ihrer Bedeutung in der Vergabebekanntmachung nennen[855]. An die dort gemachten Kriterien ist der Auftraggeber dann gebunden.

3. Zusatzkriterien bei der Beurteilung des wirtschaftlichsten Angebotes

Dieser strenge Rahmen des Vergaberechts im Rahmen der Zuschlagsentscheidung ist jedoch mittlerweile etwas gelockert worden. So wird hier doch partiell die Möglichkeit eröffnet, in diesem Rahmen Sekundärzwecke zu verfolgen. Art. 30 Abs. 1 lit. b BKR sei nicht so auszulegen, dass jedes verwendete Kriterium rein wirtschaftlicher Natur sein muss[856]. Die Kommission hat zwar bisher den Begriff eng ausgelegt. So könne bei einer Wirtschaftlichkeitsanalyse die Umweltfreundlichkeit nur dann Berücksichtigung finden, wenn sich aus ihr

---

851 EuGH v. 17.09.02, Slg. 2002, I-7213 Rn. 81; v. 03.10.00, Slg. 2000, I-8035 Rn. 17; v. 15.01.98, Slg. 1998, I-73 Rn. 33; v. 10.11.98, Slg. 1998, I-6821 Rn. 42, 43.

852 GA *Darmon*, Schlussanträge v. 04.05.88, Slg. 1988, 4635 Rn. 35.

853 GA *Colomer*, Schlussanträge v. 5.06.01, Slg. 2001, I-9233, Fußnote 23.

854 EuGH v. 20.09.88, Slg, 1988, 4635 Rn. 27; v. 28.03.95, Slg, 1995, I-563 Rn. 42; Mitteilung der Kommission über die Auslegung des gemeinschaftlichen Vergaberechts und die Möglichkeiten zur Berücksichtigung sozialer Belange bei der Vergabe öffentlicher Aufträge, vom 15.10.01, KOM(2001) 566 endg., S. 15.

855 Art. 30 Abs. 2 BKR; Art. 34 Abs. 2 SKR.

856 EuGH v. 17.09.02, Slg. 2002, I-7213 Rn. 55.

auch ein ökonomischer Vorteil ergebe. So, wenn sich wegen geringeren Energieaufwandes, Wiederverwendbarkeit oder günstigeren Entsorgungskosten nach der Nutzung eine Kosteneinsparung ergebe[857]. Insoweit hatte die Kommission eindeutig klargestellt, dass jedes in die Bewertung eingeführte Kriterium auch zu einem wirtschaftlichen Vorteil bei dem Produkt oder der Leistung zum Nutzen des Auftraggebers führen muss[858]. Entferntere Vorteile, die nur mittelbar dem Auftraggeber zu Gute kommen, wie etwa volkswirtschaftliche, kämen hier nicht in Betracht[859]. Von dieser sehr scharfen Auffassung hatte sich die Kommission jedoch bereits distanziert, indem sie in einer folgenden Mitteilung formulierte, dass der wirtschaftliche Vorteil nur mit dem Auftragsgegenstand zusammenhängen müsse[860]. Abgeleitet wird diese Auslegung aus Art. 30 Abs. 1 lit. a BKR und Art. 26 Abs. 1 lit. b DKR, die verlangen, dass die Zuschlagskriterien bei der Feststellung des wirtschaftlich günstigsten Angebots auf den Auftrag bezogen sein müssen. Ob dies mittelbar oder unmittelbar zu erfolgen hat, bleibt so weit noch offen, das Kriterium muss überhaupt auftragsbezogen sein, und es bleibt offen, bei wem sich der Vorteil auswirken muss[861]. Eine volkswirtschaftliche Gesamtbetrachtung des Vorteils sei demnach möglich[862].

Dieser Auslegung hat sich nunmehr auch der EuGH angeschlossen. Es können auch Faktoren, die nicht rein wirtschaftlicher Natur sind, einen Wert für den Auftraggeber darstellen, was dadurch deutlich wird, dass in der Richtlinie auch der ästhetische Charakter der Leistung ausdrücklich erwähnt wird.[863] So können etwa auch Umweltschutzkriterien angewendet werden, um das wirtschaftlich

---

857 Interpretierende Mitteilung der Kommission über das auf Öffentliche Auftragswesen anwendbare Gemeinschaftsrecht und die Möglichkeiten zur Berücksichtigung von Umweltbelangen bei der Vergabe öffentlicher Aufträge, KOM (2001) 274 endg., S. 20.

858 Interpretierende Mitteilung der Kommission über das auf Öffentliche Auftragswesen anwendbare Gemeinschaftsrecht und die Möglichkeiten zur Berücksichtigung von Umweltbelangen bei der Vergabe öffentlicher Aufträge, KOM (2001) 274 endg., S. 21.

859 Interpretierende Mitteilung der Kommission über das auf Öffentliche Auftragswesen anwendbare Gemeinschaftsrecht und die Möglichkeiten zur Berücksichtigung von Umweltbelangen bei der Vergabe öffentlicher Aufträge, KOM (2001) 274 endg., S. 23.

860 Mitteilung der Kommission über die Auslegung des gemeinschaftlichen Vergaberechts und die Möglichkeiten zur Berücksichtigung sozialer Belange bei der Vergabe öffentlicher Aufträge, vom 15.10.01, KOM(2001) 566 endg., S. 16.

861 *Fischer/Barth*, NVwZ 2002,1184, 1188; a.A. *Kling*, Zur Zulässigkeit vergabefremder Kriterien im Recht der öffentlichen Auftragsvergabe, S. 179.

862 So auch *Schulz*, in: Jarass/Ruchay/Weidemann, KrW-/AbfG, § 37 Rn. 48f.

863 EuGH v. 17.09.02, Slg. 2002, I-7213 Rn. 55.

günstigste Angebot auszuwählen[864]. Dabei unterliegt der Auftraggeber allerdings bestimmten Grenzen. So müssen sich die Kriterien auf den konkreten Auftrag beziehen[865]. Der Auftraggeber muss die Angebote in qualitativer und quantitativer Hinsicht gewichten, wobei die Kriterien von Auftrag zu Auftrag wechseln können, er jedoch kein Entscheidungskriterium wählen darf, welches ihm eine uneingeschränkte Entscheidungsfreiheit eröffnet[866]. Es muss jedoch in den Verdingungsunterlagen der vergabefremde Zweck angegeben werden und auch sein Stellenwert bei der Vergabe unter dem Aspekt des wirtschaftlich günstigsten Angebots dargelegt werden[867]. Auf den unmittelbaren wirtschaftlichen Vorteil des umweltschützenden Kriteriums ist der EuGH bei seiner Entscheidung nicht mehr eingegangen, so dass sich in dem gewählten Kriterium des Auftraggebers kein unmittelbarer oder mittelbarer wirtschaftlicher Vorteil für den Auftraggeber ergeben muss[868].

4. Nachgeordnete Zusatzkriterien

Im Rahmen der Zuschlagsentscheidung können auch sogenannte Zusatzkriterien Berücksichtigung finden. Wenn den Auftraggebern zwei oder mehr wirtschaftlich gleichwertige Angebote vorliegen, so darf ein vergabefremdes Zusatzkriterium angewendet werden[869]. Ein solches setzt jedoch voraus, dass es alle Grundsätze des Gemeinschaftsrechts, insbesondere die Grundfreiheiten beachtet[870]. Bei dem niedrigsten Preis ist ein solches Zusatzkriterium faktisch fast immer ausgeschlossen, weil Preise – auch ähnlicher Angebote – sich in der Regel, zumindest minimal, unterscheiden. Nur bei der Bewertung nach dem Kriterium des wirtschaftlichsten Angebotes kann es faktisch zu solch einer Gleichbewertung der Angebote kommen. Jedoch sollte in diesem Zusammenhang ein solches Zusatzkriterium auch in der Vergabebekanntmachung oder den Verdingungsunterlagen rechtswirksam vorgesehen sein, sonst muss dennoch der niedrigste Preis entscheiden.

---

864 EuGH v. 17.09.02, Slg. 2002, I-7213 Rn. 57; v. 20.09.88, Slg. 1988, 4635 Rn. 19; v. 28.03.95, Slg, 1995, I-563 Rn. 42; v. 18.10.01, Slg. 2001, I-7725 Rn. 36.

865 EuGH v. 17.09.02, Slg. 2002, I-7213 Rn. 59.

866 EuGH v. 17.09.02, Slg. 2002, I-7213 Rn. 60f.; v. 28.03.85, Slg. 1985 Rn. 25; v. 18.10.01, Slg. 2001, I-7725 Rn. 36; v. 20.09.88, Slg. 1988, 4635 Rn. 26.

867 EuGH v. 17.09.02, Slg. 2002, I-7213 Rn. 62; v. 26.09.00, Slg. 2000, I-7445 Rn. 51; v. 20.09.88, Slg. 1988, 4635 Rn. 31, 36, 43.

868 EuGH v. 17.09.02, Slg. 2002, I-7213 Rn. 69; *Steinberg*, EuZW 2002, 634.

869 EuGH v. 29.09.00, Slg. 2000, I-7445 Rn. 47ff.

870 EuGH v. 20.09.88, Slg. 1988, 4635 Rn. 28f.; v. 29.09.00, Slg. 2000, I-7445 Rn. 50.

5. Tariftreue nach den Ländervergabegesetzen

Die Tariftreueregelungen in den Ländervergabegesetzen sind gerade keine Kriterien, die der Bewertung der Angebote im Hinblick auf die Zuschlagserteilung dienen. Zwar könnte die Tariftreue für den Auftraggeber einen weitergehenden wirtschaftlichen Vorteil darstellen, der im Rahmen des Zuschlages Berücksichtigung finden könnte. Gebunden sind an die Tariftreue nach den Ländervergabegesetzen ausschließlich staatliche Stellen im weiteren Sinne und keine privaten Rechtsträger. Für diese staatlichen Stellen kann es einen wirtschaftlichen Vorteil darstellen, wenn bei der Vergabe Unternehmen bevorzugt werden, die nach deutschem Tariflohn entlohnen. Es werden dann in erster Linie Unternehmen bevorzugt, die in Deutschland ansässig sind und deutsche Arbeitnehmer beschäftigen. Bei diesen wird nach deutschem Recht entlohnt. Die Unternehmen zahlen in Deutschland Steuern und zahlen in die deutschen Sozialversicherungssysteme ein. Ebenso verbleiben die gezahlten Löhne im deutschen Wirtschaftskreislauf und fließen nicht ins Ausland ab[871]. Hierdurch ergibt sich für den Auftraggeber ein indirekter wirtschaftlicher Vorteil. Aber die Tariftreue ist als Vertragsgegenstand ausgestaltet, den der Unternehmer zwingend anbieten muss. Der Unternehmer hat nicht die Möglichkeit, mit dem Angebot eine Tariftreueerklärung abzugeben oder nicht. Ebenso ist auf der Seite des Auftraggebers nicht die Möglichkeit vorgesehen, das Vorhandensein oder Fehlen einer Tariftreueerklärung einer Bewertung zuzuführen, die die Zuschlagsentscheidung beeinflusst. Sondern er ist vielmehr gezwungen, ein Angebot ohne Tariftreueerklärung auszuschließen. Wenn kein Anbieter eine solche Erklärung abgibt, muss er den Auftrag in einem neuen Verfahren vergeben[872]. Soweit es ihm nach dem nationalen Recht möglich ist, kann er dann auf eine Tariftreueerklärung verzichten. Ein neues Verfahren ist hier deshalb notwendig, weil andere Unternehmer sich im ersten Verfahren vielleicht gerade wegen der geforderten Tariftreueerklärung nicht beteiligt haben und ansonsten ein Verstoß gegen den Grundsatz der Gleichbehandlung vorläge.

6. Ergebnis

Im Rahmen der Zuschlagsentscheidung ist bei der Bewertung des Angebotes nach dem Kriterium der Wirtschaftlichkeit ein kleiner Raum für Sekundärzwecke gegeben. Dabei müssen diese Kriterien jedoch der Bewertung des Angebo-

---

[871] Hierzu *Puhl*, VVDStRL Band 60, 456, 488.

[872] Der Auftraggeber ist nicht verpflichtet, einen Auftrag zu erteilen, wenn nur ein einziges Unternehmen, die hierfür erforderliche Eignung besitzt, EuGH v. 16.09.99, Slg. 1999, I-5697 Rn. 33.

tes unter wirtschaftlichen Gesichtspunkten im weiteren Sinne dienen. Tariftreue könnte hier Berücksichtigung finden, weil sie für den Auftraggeber einen wirtschaftlichen Wert im weiteren Sinne darstellt. Jedoch müssen dabei die Diskriminierungsverbote des EGV Berücksichtigung finden, sowie die anderen Grundsätze des Gemeinschaftsrechts, woran es regelmäßig fehlen wird. Zudem ist die Berücksichtigung nachgeordneter Zusatzkriterien möglich, wenn Angebote gleichwertig sind. Die Ausgestaltung der deutschen Tariftreueerklärungen macht es jedoch nicht möglich, sie bei diesen Vorgaben der Koordinierungsrichtlinie einzuordnen.

V. Klauseln oder Bedingungen der Auftragsausführung

Die Tariftreueerklärungen in den Ländervergabegesetzen sind Bedingung der Auftragsausführung und somit als Vertragsgegenstand ausgestaltet[873]. Sie dienen nicht als Eignungskriterium und nicht als Zuschlagskriterium, sondern gehören zum Leistungsgegenstand. Klauseln oder Bedingungen der Auftragsausführung sind durch die Vergaberichtlinien nicht geregelt[874]. Daher ist es in diesem Bereich möglich, Vertragsklauseln über die Auftragsausführung festzulegen, soweit sie das übrige Gemeinschaftsrecht – insbesondere die Grundfreiheiten – einhalten[875]. Der Auftraggeber muss alle einschlägigen Vorschriften des Gemeinschaftsrechts einhalten und zwar insbesondere die Verbote, die aus den für das Gebiet des Niederlassungsrechts und des freien Dienstleistungsverkehrs vom Vertrag aufgestellten Grundsätzen folgen[876]. Diese Bedingungen können insbesondere dann gegen das Diskriminierungsverbot verstoßen, wenn sie nur von einheimischen Bietern erfüllt werden können oder von Bietern aus anderen Mitgliedstaaten nur mit größeren Schwierigkeiten erfüllt werden können[877]. Bei den Ausführungsbedingungen kann verlangt werden, Langzeitarbeitslose einzustellen oder Schulungsmaßnahmen für Arbeitslose oder Jugendliche durchzuführen, oder Maßnahmen zur Förderung der Chancengleichheit zwischen Mann und Frau oder der ethnischen und rassischen Vielfalt oder die Verpflichtung, Be-

---

873 *Meyer,* Die Einbeziehung politischer Zielsetzungen bei der öffentlichen Beschaffung, S. 278.

874 *Meyer,* Die Einbeziehung politischer Zielsetzungen bei der öffentlichen Beschaffung, S. 278.

875 EuGH v. 17.09.02, Slg. 2002, I-7213 Rn. 69; Mitteilung der Kommission über die Auslegung des gemeinschaftlichen Vergaberechts und die Möglichkeiten zur Berücksichtigung sozialer Belange bei der Vergabe öffentlicher Aufträge, vom 15.10.01, KOM(2001) 566 endg. S. 18.

876 EuGH v. 20.09.88, Slg. 1988, 4635 Rn. 28.

877 EuGH v. 20.09.88, Slg. 1988, 4635 Rn. 29.

stimmungen der grundlegenden Übereinkommen der Internationalen Arbeitsorganisation bei der Ausführung des Auftrages einzuhalten, falls diese nicht bereits im nationalen Recht verankert sind oder die Verpflichtung, bei Auftragsausführung eine größere Zahl von Behinderten einzustellen[878].

Eine derartige Auslegung der Koordinierungsrichtlinien wird gerade auch ihrem Zweck gerecht, weil sie gerade kein einheitliches und erschöpfendes Gemeinschaftsrecht schaffen[879]. Sie machen zum einen Vorgaben für die Eignungskriterien. Hier geht es primär um die Anerkennung und Gleichstellung bestimmter Nachweise von eu-ausländischen Unternehmern, die bei der Vergabe nicht dadurch benachteiligt werden sollen, dass sie ihre Eignung wegen abweichender Regelungen in ihrem Heimatstaat nicht erbringen können. In Bezug auf die Zuschlagskriterien sollen die Koordinierungsrichtlinien sicherstellen, dass die Bewertungskriterien objektiven und klaren Vorgaben folgen. Die Ausrichtung am Kriterium der Wirtschaftlichkeit soll den Zuschlag verobjektivieren, um den Bewertungsspielraum, den der Auftraggeber hat, besser einzugrenzen. Weiterhin dienen die Koordinierungsrichtlinien der Sicherstellung der Kenntnisnahme von Aufträgen durch die interessierten Unternehmen. Indes haben die interessierten Unternehmen keine Vorgaben für die Leistungsvereinbarung einzuhalten. Hier gelten das Regime der Grundfreiheiten und die Diskriminierungsverbote, die den interessierten Unternehmen bereits hinreichenden Schutz vor Benachteiligungen bieten. Die Koordinierungsrichtlinien gewähren Unternehmen aus den anderen EU-Mitgliedstaaten gerade nur im Zusammenspiel mit dem primärrechtlichen Schutz einen hinreichend gesicherten Zugang zu den Beschaffungsmärkten der anderen Mitgliedstaaten.

Wichtig ist, dass die Bedingungen, die Vertragsbestandteil werden sollen, in der Auftragsbekanntmachung und den Verdingungsunterlagen aufgeführt sind, damit alle Unternehmen sie auch zur Kenntnis nehmen können. Die Ausführungsbedingung muss sich auf die Auftragsausführung beziehen und der Bieter muss sich bei Angebotsabgabe verpflichten, dieser Anforderung nachzukommen[880]. Andernfalls läge eine Verletzung des Grundsatzes der Gleichbehandlung

878 Mitteilung der Kommission über die Auslegung des gemeinschaftlichen Vergaberechts und die Möglichkeiten zur Berücksichtigung sozialer Belange bei der Vergabe öffentlicher Aufträge, vom 15.10.01, KOM(2001) 566 endg. S. 19.

879 EuGH v. 20.09.88, Slg. 1988, 4635 Rn. 20.

880 Mitteilung der Kommission über die Auslegung des gemeinschaftlichen Vergaberechts und die Möglichkeiten zur Berücksichtigung sozialer Belange bei der Vergabe öffentlicher Aufträge, vom 15.10.01, KOM(2001) 566 endg. S. 18.

aller Bieter und dem Transparenzgrundsatz vor, der den gesamten Vergaberichtlinien zugrunde liegt[881].

[881] Mitteilung der Kommission über die Auslegung des gemeinschaftlichen Vergaberechts und die Möglichkeiten zur Berücksichtigung sozialer Belange bei der Vergabe öffentlicher Aufträge, vom 15.10.01, KOM(2001) 566 endg. S. 18.

E. Ergebnis

Die Koordinierungsrichtlinien machen nur begrenzte Vorgaben, für die europarechtliche Zulässigkeit der Vergabeverfahren in den Mitgliedstaaten. Die Koordinierungsrichtlinien stehen der Zulässigkeit der Tariftreueerklärungen in den Ländervergabegesetzen im Grundsatz nicht entgegen. Das Verlangen der Abgabe einer Tariftreueerklärung durch den Unternehmer und die spätere Einbeziehung in den Vergabevertrag ist nach den sekundärrechtlich gemachten Vorgaben zulässig. Dementsprechend ist es nach den Koordinierungsrichtlinien auch möglich, Unternehmen von dem Auftrag auszuschließen, die diesem Verlangen gerade nicht nachkommen und eine Tariftreueerklärung nicht abgeben, weil ansonsten ein Verstoß gegen den Gleichbehandlungsgrundsatz vorläge. Es dürfen nach den Koordinierungsrichtlinien weitergehende Vertragsbedingungen gefordert werden. Hierbei sind aber die Grundfreiheiten und die allgemeinen Rechtsgrundsätze des Europarechts zu beachten. Speziell schlägt bei den Tariftreueerklärungen der Verstoß gegen die Dienstleistungsfreiheit durch. Weil die Tariftreueerklärungen grundfreiheitswidrig sind, sind sie als Klausel oder Bedingung der Auftragsausführung unzulässig. Ebenso ist sie auch dann unzulässig, wenn sie im Einzelfall zur Vergabe einer europarechtswidrigen Beihilfe führt.

Indes begegnet die Verhängung einer zeitlich befristeten Auftragssperre für Unternehmen, die gegen eine abgegebene Tariftreueerklärung verstoßen haben, sekundärrechtlich im Rahmen der BKR bereits europarechtlichen Bedenken. Im Rahmen der SKR ist eine solche Sperre hingegen zulässig. Knackpunkt bleibt jedoch stets der Verstoß gegen die Dienstleistungsfreiheit und die beihilferechtliche Unzulässigkeit der Tariftreueerklärungen in den Ländervergabegesetzen.

§ 6 Zusammenfassung und Endergebnis

Die Ländervergabegesetze, die konstitutive Tariftreueerklärungen als Voraussetzung der Bauauftragsvergabe vorschreiben, verstoßen gegen europarechtliche Vorgaben. Dabei erfordern die gesetzlichen Regelungen bei der Untersuchung der europarechtlichen Zulässigkeit eine Differenzierung, weil die Ländervergabegesetze nicht alle Vergaben im Bereich der Landesverwaltung erfassen und weil auf der Ebene der rechtlichen Vorgaben des Europarechts, ein zweistufiges System gilt, nach dem alle staatlichen Vergabeentscheidungen dem Primärrecht unterliegen, hingegen die Koordinierungsrichtlinien nur auf Vergaben oberhalb der Schwellenwerte Anwendung finden. Der deutsche Gesetzgeber hat – diesem Zweistufenmodell folgend – sein Vergaberecht nur oberhalb der Schwellenwerte den Richtlinien angepasst. So sind die Ländervergabegesetze, die die Tariftreueerklärungen in den Ländern eingeführt haben, zum einen in das wettbewerbsrechtliche Vergaberecht nach den §§ 97ff. GWB eingebunden, welches oberhalb der Schwellenwerte gilt, und zum anderen in das althergebrachte, haushaltsrechtliche Innenrecht, welches unterhalb der Schwellenwerte gilt.

Die Ländervergabegesetze von Bayern, Berlin, dem Saarland und Sachsen-Anhalt binden als Auftraggeber die Länder und Gemeinden. Die Privaten als Auftraggeber sind nur soweit erfasst, als sie unter den funktionalen Auftraggeberbegriff des GWB fallen und sich ihre Anteile mittelbar oder unmittelbar ganz oder überwiegend in öffentlicher Hand befinden. Die finanziellen Lasten der Tariftreue treffen damit stets direkt oder indirekt nur die öffentliche Hand. Die Ländervergabegesetze gelten jedoch oberhalb und auch unterhalb der Schwellenwerte, die das bundesrechtliche Vergaberecht für die Anwendbarkeit der wettbewerbsrechtlichen Vorschriften statuiert.

Zudem schreiben die Ländervergabegesetze nicht für jeden Auftrag die Vergabe mit Tariftreueerfordernis vor. Die Ländervergabegesetze differenzieren hier vielmals. In Bayern, dem Saarland und in Sachsen-Anhalt sind nur die Länder selbst verpflichtet, zwingend mit Tariftreuenachweis zu vergeben. Die anderen Auftraggeber sind in der Regel nur dazu berechtigt, und für den Bereich des Tiefbaus sind Tariftreueerklärungen weitgehend gar nicht vorgesehen. Die Länder haben so versucht, den kartellrechtlichen Bedenken im Straßen- und Wegebau wegen der besonderen Nachfragemacht der öffentlichen Hand Rechnung zu tragen. Die Regelung in Berlin differenziert selbst nicht, sondern ist als Ermessensvorschrift ausgestaltet, damit kartellrechtliche Probleme bei der konkreten Vergabe durch die Vergabestelle berücksichtigt werden können.

Die Tariftreue in den Ländervergabegesetzen ist als eine privatrechtliche Pflicht ausgestaltet, die ausschließlich Rechtswirkungen zwischen dem Auftraggeber und dem Auftragnehmer entfaltet. Die Einbeziehung in den Vertrag erfolgt entweder durch vorherige Erklärung des Auftragnehmers oder davon abweichend in Berlin durch Bekanntgabe in der Ausschreibung, dass Tariftreue vereinbart wird. Die Durchsetzung der Tariftreue muss – wie die anderen Pflichten aus dem Vertrag – auf dem Zivilrechtsweg erfolgen.

Die Tariftreuepflicht wird durch die Entlohnung nach einem örtlich geltenden Tarifvertrag erfüllt. Erfasst werden alle bei der Erfüllung tätigen Arbeitnehmer, auch diejenigen von Nachunternehmern. Dazu reicht es aus, wenn sich der betreffende Arbeitgeber einen Tarifvertrag aussucht, der die Entlohnung von Bauarbeitnehmern in dem betreffenden Land regelt. Hierbei kann es sich auch um einen Firmentarifvertrag handeln. Voraussetzung ist jedoch, dass die Tarifvertragsparteien in dem betreffenden Land ansässig sind.

Ausländischen Unternehmen ist es ebenfalls möglich, an einen Tarifvertrag nach dem TVG gebunden zu sein. So können ausländische Arbeitgeber, Arbeitgebervereinigungen und Gewerkschaften Tarifverträge nach dem TVG schließen, wenn Arbeitsverhältnisse geregelt werden, die in Deutschland erfüllt werden. Das kann insbesondere Arbeitsverhältnisse für eine bestimmte Entsendezeit betreffen. Unschädlich ist, dass das Arbeitsverhältnis einem anderen Arbeitsvertragsstatut unterliegt. Derartige Tarifverträge werden jedoch in der Praxis regelmäßig an der Tarifzuständigkeit der betreffenden Koalition scheitern. Zudem reicht die Entlohnung nach einem derartigen Tarifvertrag nicht aus, weil er nicht zwischen ansässigen Tarifpartnern gilt.

Hält ein Unternehmen die Tariftreue nicht ein, so sehen die meisten Ländervergabegesetze Auftragssperren von bis zu drei Jahren vor. In Sachsen-Anhalt ist das Sanktionssystem etwas differenzierter, indem zunächst Vertragsstrafen vorgesehen sind, die sich nach dem Ausmaß der Verstöße staffeln und ebenfalls in einer Auftragssperre münden können. Diese Sanktionen sind notwendige Folge des Umstandes, dass es sich bei der Tariftreuepflicht um eine privatrechtliche Pflicht handelt, die auch der öffentliche Auftraggeber auf dem mühsamen Zivilrechtsweg einklagen muss, um sie durchzusetzen. Er ist jedoch verpflichtet, die Tariftreue effektiv durchzusetzen, weil es sonst zu einer ungerechten Wettbewerbsverzerrung gegenüber denjenigen Unternehmen käme, die den Auftrag nicht erhalten haben oder sich aufgrund der Tariftreuepflicht nicht beworben haben. Zur Kontrolle der Einhaltung der Tariftreuepflicht, haben die Auftraggeber vertraglich vorgesehene Kontrollrechte – wie etwa die Einsichtnahme in Lohnlisten und Nachweispflichten.

Im Rahmen der primärrechtlichen Zulässigkeit der Ländervergabegesetze steht die Dienstleistungsfreiheit im Vordergrund. Unternehmen, die sich aus dem EU-Ausland in Deutschland um Bauaufträge bewerben und diese mit Hilfe von eigenen Arbeitnehmern in Deutschland erfüllen, unterfallen der Grundfreiheit des freien Dienstleistungsverkehrs. Auch wenn es unterschiedliche Formen der Dienstleistungserbringung gibt, so liegt dennoch dem EGV ein einheitlicher Begriff der Dienstleistung zu Grunde, den es dogmatisch parallel zum freien

Warenverkehr auszulegen gilt. Verboten sind offene und versteckte Diskriminierungen, sowie allgemeine Beschränkungen.

Diskriminierungen können nach Art. 55 i.V.m. Art. 46 EGV gerechtfertigt werden. Eine solche Rechtfertigung kommt jedoch bei den Tariftreueklauseln nicht in Betracht. Allgemeine Beschränkungen können jedoch gerechtfertigt sein, wenn sie in nicht diskriminierender Weise anzuwenden sind, aus zwingenden Gründen des Allgemeinwohles gerechtfertigt sind und zur Zielerreichung geeignet und erforderlich sind.

Die Tariftreueklauseln in den Ländervergabegesetzen erzeugen mittelbar diskriminierende Wirkungen und wirken als allgemeine Beschränkung des freien Dienstleistungsverkehrs. Diskriminierende Wirkung wird dabei insoweit ausgelöst, als Unternehmen aus dem EU-Ausland stets ihre Löhne anpassen müssen. Insofern sind sie stets benachteiligt. Hinsichtlich der Lohnhöhe lässt sich eine Diskriminierung – auch unter wertenden Gesichtspunkten – nicht begründen, weil die bei der Auftragsausführung vorgeschriebene Lohnhöhe gleich ist, und die auswärtigen Unternehmen damit nicht schlechter behandelt werden als die deutschen, die ortsansässig sind. Dennoch handelt es sich um eine Beschränkung des freien Dienstleistungsverkehrs, weil die grenzüberschreitende Erbringung einer Leistung gegenüber der heimischen Erbringung schlechter gestellt wird. Es müssen höhere Tariflöhne bei der Erbringung der Leistung in Deutschland gezahlt werden.

Eine Rechtfertigung der allgemeinen Beschränkung ist höchstens unter dem Aspekt des Schutzes der Arbeitnehmer denkbar. Diesen Gesichtspunkt hat der EuGH als überragend wichtigen Belang des Allgemeinwohls anerkannt. Andere Belange kommen hier nicht in Betracht. Insbesondere ist der Schutz von deutschen Arbeitnehmern vor Arbeitsplatzverlust kein relevanter Belang des Gemeinwohls. Die Belange, die die Ländergesetzgeber bei dem Erlass der Vergabegesetze angeführt haben, können ebensowenig als Rechtfertigung herangezogen werden, weil sie allesamt auf die Förderung der heimischen Wirtschaft zum Nachteil von europäischen Anbietern bezogen waren. Für die Bestimmung des Allgemeinwohlbelangs kommt es maßgeblich nicht auf die Absichten des Gesetzgebers an, sondern auf eine objektive Bestimmung des Gesetzeszwecks durch die Auslegung der fraglichen Normen durch die Gerichte.

Der Schutz der Arbeitnehmer erfasst jedoch lediglich die Gewährleistung eines Mindestschutzes der Arbeitnehmer in einem bestehenden Arbeitsverhältnis. Die Bezahlung nach Tariflöhnen schützt zwar den Arbeitnehmer, der bei der Erfüllung des vergebenen Auftrages tätig wird, jedoch geht die Bezahlung nach Tariflöhnen über einen angemessenen Mindestschutz hinaus. Mindestschutz wird grundsätzlich durch die Tarifvertragsparteien als separater Mindestschutz neben den Tariflöhnen definiert. Ein Schutz der über diese Mindestlöhne hinausgeht, ist nicht erforderlich. Zudem handelt es sich bei der Tariftreuepflicht um eine erhebliche Beschränkung des freien Dienstleistungsverkehrs. Die Tariftreueerklärungen sind daher eine Verletzung des freien Dienstleistungsverkehrs.

Die Arbeitnehmerfreizügigkeit findet keine Anwendung. Es handelt sich bei der Erbringung von den hier fraglichen Bauleistungen um die Tätigkeit von entsandten Arbeitnehmern. Die Entsendung von Arbeitnehmern, ihre Beschäftigung und die Bestimmung der einschlägigen arbeitsrechtlichen Vorgaben unterfällt ausschließlich der Freiheit des Dienstleistungsverkehrs, auf die sich der Arbeitgeber berufen muss.

Partiell findet jedoch die Niederlassungsfreiheit Anwendung. So liegt dann eine Niederlassung vor, die den Anwendungsbereich des freien Dienstleistungsverkehrs ausschließt, wenn ein Unternehmen von einem deutschen Büro aus die Verträge schließt und dort auch feste Angestellte hat. Wird von dieser Stelle auch die Ausführung des Vertrages initiiert und koordiniert, dann ist das Unternehmen derart in die deutsche Volkswirtschaft integriert, dass es sich um eine Niederlassung handelt. Indes wird ein niedergelassenes Unternehmen durch die Tariftreuepflicht in den Ländervergabegesetzen nicht anders belastet als deutsche Unternehmen, die keinen grenzüberschreitenden Bezug aufweisen. Soweit diese Unternehmen auf verbundene Unternehmen bei ihrer Auftragsausführung zurückgreifen, handelt es sich nicht mehr um einen Fall der Niederlassung, sondern des freien Dienstleistungsverkehrs.

Das allgemeine Beschränkungsverbot im Rahmen der Niederlassungsfreiheit wird vom EuGH eng ausgelegt. Das Beschränkungsverbot erfasst nur solche Maßnahmen, die nicht lediglich die Ausübung der Tätigkeit betreffen, sondern die sich auf den Niederlassungsvorgang als solchen beziehen – also die Zulassung zur Niederlassung. Die Tariftreueregelungen in den Ländervergabegesetzen betreffen jedoch lediglich die Ausübung der Tätigkeit des Bauunternehmers in der Bundesrepublik Deutschland. Daher liegt auch unter dem Merkmal des allgemeinen Beschränkungsbegriffs kein Verstoß gegen die Niederlassungsfreiheit durch die Ländervergabegesetze vor.

Auch die Vergabe eines öffentlichen Auftrages kann eine Beihilfe nach Art. 87 EGV darstellen. Beihilfeelement ist dabei derjenige Betrag, den die Gegenleistung mehr kostet als die reine Beschaffung der Hauptleistung durch den Auftraggeber auf dem freien Markt ohne Tariftreuepflicht.

Das Verhältnis von Beihilferegelungen und den Grundfreiheiten ist bislang nicht abschließend geklärt. Begrifflich stellt jede Beihilfe auch eine Beschränkung der Grundfreiheiten der anderen Marktteilnehmer dar. Es überzeugt bei diesem Problem das Konzept des EuGH. Danach gehen die Beihilfevorschriften insoweit vor, als die Grundfreiheiten lediglich durch die Gewährung eines wirtschaftlichen Vorteils beschränkt werden. Erst wenn die Grundfreiheiten über diesen Vorteil hinaus beschränkende Wirkungen auslösen, werden diese Modalitäten anhand der Grundfreiheiten gemessen. Daher sind für das Begünstigungselement, welches in einer Auftragsverteuerung liegen kann, die Beihilfenvorschriften anwendbar, wohingegen die Benachteiligung der anderen, nichttarifgebundenen Unternehmen, die Anwendbarkeit der Grundfreiheiten begründet. Dementsprechend unterliegt auch nur das Beihilfenelement der Genehmigungsfähigkeit durch die Kommission im Notifizierungsverfahren.

Die Einordnung einer Maßnahme als Beihilfe wird nach drei maßgeblichen Kriterien vorgenommen. Es handelt sich um das Kriterium der öffentlichen Mittelbelastung, dem Wirkungskriterium und dem Freiwilligkeitskriterium. Dabei sind die öffentliche Mittelbelastung und das Freiwilligkeitskriterium durch die Tariftreuepflicht unproblematisch erfüllt. Problematisch erweist sich das Wirkungskriterium, nach dem sich bei dem Empfänger der Maßnahme eine begünstigende Wirkung einstellen muss.

Es kommt nur dann zu einer staatlichen Mehrbelastung, die auf der Seite des Auftragnehmers zu einer beihilferechtlichen Vergünstigung führt, wenn sich maßgeblich tarifgebundene und tariflich nicht gebundene Unternehmen um den Auftrag bewerben und beide entweder ohne Lohnkosten die gleiche Kostenstruktur haben oder der nicht tariflich gebundene eine niedrigere Kostenstruktur hat als der tariflich gebundene Unternehmer. Nur in diesen Konstellationen kommt es zu einer Verteuerung der nachgefragten Leistung für den Auftraggeber und eine beihilferelevante Vergünstigung liegt vor.

Die staatliche Mehrbelastung beim Staat, welche die Vergünstigung bei dem Unternehmen darstellt, wird jedoch bei den Unternehmen an die Beschäftigten durch die Bezahlung nach Tariflohn ausgekehrt. Daher muss neben die Mehrbelastung auch die Begünstigung bei bestimmten Unternehmen oder Produktionszweigen treten. Diese Vergünstigung liegt hier in der Auftragserteilung als solcher. Wird dadurch nicht nur die Leistung teurer, sondern werden tariftreue Unternehmen dadurch auch noch bei der Vergabe bevorzugt, so handelt es sich um eine Beihilfe. Das ist dann der Fall, wenn es durch die Tariftreue nicht nur zu einer Auftragsverteuerung kommt, sondern das Angebot des örtlich tarifgebundenen Unternehmens durch die Tariftreue wieder wettbewerbsfähig wird.

Soweit die Vergabe nach dem Tariftreueerfordernis eine staatliche Beihilfe darstellt, besteht stets die Möglichkeit der Genehmigung durch die Kommission oder der Ausnahme durch die Verordnung über „De-minimis-Beihilfen", sowie andere Rechtsakte der Kommission. Bei diesen Maßstäben kommt es jedoch stets auf eine Prüfung im Einzelfall an. Insgesamt führen die beihilferechtlichen Ergebnisse zu einer erheblichen Verkomplizierung des Vergabeverfahrens. Praktisch werden die beihilferechtlichen Vorschriften einer Vergabe nach dem Tariftreueerfordernis nur selten im Wege stehen, weil das Beihilfeelement – sofern man eine Auftragsverteuerung um 5% zugrunde legt – relativ gering ist.

Die Bedeutung der Vergaberichtlinien für die europarechtliche Zulässigkeit der deutschen Tariftreueregelungen ist weit geringer als zu erwarten. Hier werden nur bestimmte Ausschnitte des Vergabeverfahrens reguliert und auch nur insoweit Vorgaben für Vergabeverfahren in Deutschland gemacht. Zum einen liegt das daran, dass die Vergaberichtlinien nur oberhalb der sogenannten Schwellenwerte Anwendung finden. Zum anderen liegt es aber auch daran, dass der EuGH bei ihrer Auslegung die Vereinheitlichung der Verfahren, Nachweise und des Rechtsschutzes in den Vordergrund gestellt hat. Immer dann, wenn es um die Verhinderung von Beschränkungen im Rahmen der Grundfreiheiten im Zusammenhang mit dem Vergabeverfahren ging, hat der EuGH auf die direkt anwendbaren Grundfreiheiten verwiesen und diese Prüfung den nationalen Gerichten überlassen.

Für die Tariftreueerklärungen im Baubereich sind die Bauvergaberichtlinie und die Sektorenkoordinierungsrichtlinie sowie die dazugehörigen Rechtsmittelrichtlinien anwendbar. Soweit diese Richtlinien mit der Erreichung der Schwellenwerte anwendbar sind, machen sie Vorgaben für die verschiedenen Vergabeverfahren und geben Kriterien für die Anwendung der verschiedenen Verfahren vor. Auf diese Verfahren nehmen die Ländervergabegesetze keinen Einfluss.

Erst beim Ausschluss und der Auswahl von Unternehmen am Verfahren machen die Koordinierungsrichtlinien in diesem Kontext relevante Vorgaben. So ist nach der Baukoordinierungsrichtlinie ein Ausschluss von Unternehmen, die gegen eine vertragliche Pflicht in einem vorherigen Auftrag verstoßen haben, unzulässig. Hierzu bedarf es einer schweren beruflichen Verfehlung, die dem Verstoß gegen eine Verbotsnorm gleichkommt. Hiervon ist bei der Nichteinhaltung der Tariftreuepflicht in einem vorherigen Auftrag nicht auszugehen. Insofern weichen die Tariftreuegesetze der Länder von den Baukoordinierungsrichtlinien ab. Im Rahmen der Sektorenkoordinierungsrichtlinie ist ein solcher Ausschluss vom Verfahren wegen vorheriger Nichteinhaltung eines Vertrages indes zulässig.

Der Ausschluss von Unternehmen, die keine Tariftreueerklärung abgeben, ist nicht ausdrücklich in den Richtlinien vorgesehen. Jedoch entspringt es dem Gleichbehandlungsgebot im Vergabeverfahren, welches den Koordinierungsrichtlinien zugrunde liegt, dass Unternehmen, die eine Leistung anbieten, die nicht der Ausschreibung entspricht, von dem Vergabeverfahren auszuschließen sind. Unter den Aspekten der Eignung der Bieter oder der technischen und wirtschaftlichen Leistungsfähigkeit können indes Bieter nicht ausgeschlossen werden, die keine in den Verdingungsunterlagen geforderte Tariftreueerklärung abgeben.

Die Tariftreuepflicht spielt auch keine Rolle im Rahmen der Zuschlagskriterien im Vergabeverfahren. Tariftreue setzt den Auftraggeber nicht in die Position, den Auftrag anders zu bewerten, sondern sie liegt entweder vor, dann kann der Auftrag berücksichtigt werden, oder sie liegt eben nicht vor, dann ist das Angebot nicht berücksichtigungsfähig. Bewirbt sich kein Unternehmen mit Tariftreueerklärung, so ist der Auftrag neu auszuschreiben.

Die Tariftreue ist eine Klausel oder Bedingung der Auftragsausführung. Solche Klauseln gehören nicht zum Regelungsgegenstand der Vergaberichtlinien. Was der Auftraggeber auf dem Markt verlangt oder nachfragt, ist grundsätzlich ihm selbst überlassen. Daher kann er grundsätzlich auch verlangen, dass der Unternehmer bei der Auftragsausführung seine Arbeitnehmer nach bestimmten Tariflöhnen bezahlt. Die Richtlinien verlangen nur, dass diese Bedingungen bei der Ausschreibung oder Bekanntgabe im Vergabeverfahren auch bekannt gegeben werden. Welche Inhalte die Klauseln oder Bedingungen der Auftragsausführung jedoch gefordert werden dürfen, regeln die Vergaberichtlinien nicht. Trotzdem entstehen dadurch keine Rechtslücken. Es gelten neben den Vergaberichtlinien immer noch die Grundfreiheiten. Der Verstoß der Ländervergabegesetze gegen den freien Dienstleistungsverkehr schlägt hier durch. Daher sind die Tariftreueklauseln als Bedingungen oder Klauseln der Auftragsausführung unzulässig.

Schrifttumsverzeichnis

Annuß, Georg, Die einzelvertragliche Bezugnahme auf Tarifverträge, BB 1999, 2558-2562;

Bach, Albrecht, Wettbewerbsrechtliche Schranken für staatliche Maßnahmen nach europäischem Gemeinschaftsrecht, Tübingen 1992;

Bartl, Harald, Handbuch Öffentliche Aufträge, 2. Auflage Baden-Baden 2000;

Bartosch, Andreas, Die neuen Gruppenfreistellungsverordnungen im EG-Beihilfenrecht, NJW 2001, 921-927;

Bartosch, Andreas, Im Vergaberecht droht ein Konflikt mit den Beihilferegeln, FAZ vom 17.10.2001;

Bartosch, Andreas, Sitzt das öffentliche Beschaffungswesen in Europa auf einem beihilferechtlichen Pulverfass?, EuZW 2001, 229-232;

Basedow, Jürgen, Billigflaggen, Zweitregister und Kollisionsrecht in der Deutschen Schiffahrtspolitik, in: Berichte der Deutschen Gesellschaft für Völkerrecht Heft 31, Recht der Flagge und "Billige Flaggen" – Neuere Entwicklungen im Internationalen Privatrecht und Völkerrecht, Heidelberg 1990;

Bauschke, H.-J., Zur Problematik tariflicher Bezugnahmeklauseln, ZTR 1993, 416-418;

Bayreuther, Frank, Anmerkung zu EuGH, Slg. 2001, I-7831, in: EuZW 2001, 764-766;

Bechtold, Rainer, GWB, Kartellgesetz, Gesetz gegen Wettbewerbsbeschränkungen, 2. Auflage München 1999;

Becker, Ulrich, Voraussetzungen und Grenzen der Dienstleistungsfreiheit, NJW 1996, 179-181;

Benedict, Christoph, Sekundärzwecke im Vergabeverfahren, Berlin, Heidelberg, New York 2000;

Bettermann, Karl August/ Nipperdey, Hans Carl/ Scheuner, Ulrich, Die Grundrechte, Handbuch der Theorie und Praxis der Grundrechte, 2. unveränderte Auflage Berlin 1972;

Biagosch, Patrick, Europäische Dienstleistungsfreiheit und deutsches Versicherungsvertragsrecht, 1. Auflage Karlsruhe 1991;

Birk, Rolf, Das internationale Arbeitsrecht der Bundesrepublik Deutschland, RabelsZ 46 (1982), 384-420;

Birk, Rolf, Internationales Tarifvertragsrecht – Eine kollisionsrechtliche Skizze – in: Sandrock, Otto (Hrsg.), Festschrift für Günther Beitzke, Berlin, New York 1979;

Bleckmann, Albert, Die Ausnahmen der Dienstleistungsfreiheit nach dem EWG-Vertrag, EuR 1987, 28-50;

Bleckmann, Albert, Europarecht, Das Recht der Europäischen Union und der Europäischen Gemeinschaften, 6. Auflage Köln, Berlin, Bonn, München 1997;

Bleckmann, Albert, Handlungspflichten und Zustandssicherung im Europäischen Gemeinschaftsrecht, in: Börner, Bodo (Hrsg.), Einigkeit und Recht und Freiheit, Festschrift für Karl Carstens zum 70. Geburtstag am 14. Dezember 1984, Band I, Europarecht, Völkerrecht, Köln 1984;

Bleckmann, Albert, Zur Dogmatik des Niederlassungsrechts im EWG-Vertrag, WiVerw 1987, 119-136;

Blickpunkt Bundestag, Vergabe öffentlicher Aufträge an die Tariftreue der Unternehmen knüpfen, Heft 12, 2001, S. 57;

Bode, Ingolf, Die Diskriminierungsverbote im EWG-Vertrag, Göttingen 1968;

Boesen, Arnold, Das neue Vergaberecht, Köln 1999;

Bonkamp, Josef, Die Bedeutung des gemeinschaftsrechtlichen Beihilfeverbotes für die Beteiligung der öffentlichen Hand an einer Kapitalgesellschaft, Berlin 2001;

Börner, Bodo, Zur Vereinbarkeit des Claes-Planes mit dem EWG-Vertrag, in: Börner, Bodo/ Neundörfer, Konrad (Hrsg.), Recht und Praxis der Beihilfen im Gemeinsamen Markt, Bd. 32 der Kölner Schriften zum Europarecht, Köln, Berlin, Bonn, München 1984, S. 137-154;

Brenner, Michael, Die Einwirkungen der EG-Vergaberichtlinien auf die Struktur der Auftragsvergabe in Deutschland, in: Ziemske, Burkhardt, u.a. (Hrsg.), Staatsphilosophie und Rechtspolitik, Festschrift für Martin Kriele, München 1997;

Brenner, Michael, Neuere Entwicklungen im Vergaberecht der Europäischen Union, Graz 1997;

Bruhn, Claus-Jürgen, Tariffähigkeit von Gewerkschaften und Autonomie, Eine Kritik der Mächtigkeitslehre des Bundesarbeitsgerichts, Berlin 1993;

Buchner, Herbert, Mitgliedschaft in Arbeitgeberverbänden ohne Tarifbindung, NZA 1994, 2-12;

Bühnemann, Bernt, Die Niederlassungsfreiheit von Versicherungsunternehmen im Gemeinsamen Markt, Karlsruhe 1967;

Bungert, Hartwig, Sicherheitsleistung durch Ausländer und europäische Dienstleistungsfreiheit – zum Urteil des EuGH vom 1.7.1993, IstR 1993, 481-486;

Burgi, Martin, Vergaberechtliche Fragen bei Privatisierungsvorgängen: Das Beispiel Zusammenarbeit mit dem Sicherheitsgewerbe, GewA 2001, 217-223;

Burmeister, Joachim, Verträge und Absprachen zwischen der Verwaltung und Privaten, in: VVdStRL 52 (1993), 190-247;

Byok, Jan, Das neue Vergaberecht, NJW 1998, 2774-2779;

Byok, Jan, Die Entwicklungen des Vergaberechts seit 1999, NJW 2001, 2295-2303;

Byok, Jan/ Jaeger, Wolfgang (Hrsg.), Kommentar zum Vergaberecht, 1. Auflage Heidelberg 2000

Calliess, Christian/ Ruffert, Matthias (Hrsg.), Kommentar zu EU-Vertrag und EG-Vertrag, 2. Auflage Neuwied, Kriftel 2002;

Cecchini, Paolo, Europa '92, Der Vorteil des Binnenmarkts, Baden-Baden 1988;

Classen, Claus Dieter, Auf dem Weg zu einer einheitlichen Dogmatik der EG-Grundfreiheiten, EWS 1995, 97-106;

Cremer, Wolfram, Das Verhältnis der Beihilferegeln gemäß Art. 92f. EGV zur Warenverkehrsfreiheit, EuR 31 (1996), 225-237;

Cremer, Wolfram, Forschungssubventionen im Lichte des EGV, Baden-Baden 1995;

Danwitz, Thomas von, Die Rechtsprechung des EuGH zum Entsenderecht, Bausteine für eine Wirtschafts- und Sozialverfassung der EU, in: EuZW 2002, 237-244;

Daub, Walter/ Meierrose, Rudolf/ Eberstein, Hans Hermann (Hrsg.), Kommentar zur VOL/ A, 5. Auflage Düsseldorf 2000;

Däubler, Wolfgang, Arbeitsrecht und Auslandsbeziehungen, AuR 1990, 1-12;

Däubler, Wolfgang, Tarifflucht – eine aussichtsreiche Strategie zur Reduzierung von Lohnkosten?, ZTR 1994, 448-455;

Däubler, Wolfgang, Tariftreue statt Sozialkostenwettbewerb? Zur Verfolgung sozialpolitischer Ziele durch die Vergabe öffentlicher Aufträge, Rechtsgutachten;

Däubler, Wolfgang, Tarifvertragsrecht, 3. Auflage Baden-Baden 1993;

Dauses, Manfred A., Handbuch des EU-Wirtschaftsrechts, Loseblattsammlung München 1993, Stand: März 2002;

Dieterich, Thomas, Die betrieblichen Normen nach dem Tarifvertragsgesetz vom 9.4.1949, Heidelberg 1964;

Dreher, Meinrad, Anmerkung zu BGH Beschluss v. 18.01.2000, KVR 23/98, JZ 2000, 514;

Dreher, Meinrad, Der Anwendungsbereich des Kartellvergaberechts, DB 1998, 2579-2589;

Dreier, Horst (Hrsg.), Grundgesetz Kommentar, Band 1, Art. 1-19, Tübingen 1996;

Eberhartinger, Michael, Konvergenz und Neustrukturierung der Grundfreiheiten, EWS 1997, 43-52;

Elbel, Thomas, Das Recht der öffentlichen Aufträge auf dem Prüfstein des europäischen Rechts, DÖV 1999, 235-242;

Evans, Andrew/ Martin, Stephen, Socially Acceptable Distortion of Competition: Community Policy on State Aid, E.L.Rev. 1991, 79-111;

Everling, Ulrich, Das Niederlassungsrecht in der EG als Beschränkungsverbot, Tragweite und Grenzen, in: Schön, Wolfgang (Hrsg.), Gedächtnisschrift für Brigitte Knobbe-Keuk, Köln 1997;

Everling, Ulrich, Das Niederlassungsrecht in der Europäischen Gemeinschaft, DB 1990, 1853-1859;

Faber, Angela, Drittschutz bei der Vergabe öffentlicher Aufträge, DÖV 1995, 403-413;

Feger, Dieter, Die Grundrechte im Recht der Europäischen Gemeinschaften – Bestand und Entwicklung, Frankfurt a.M., Bern, New York, Nancy 1984;

Feld, Lars P./ Kirchgässner, Gebhard/ Savioz, Marcel R., Institutioneller Wettbewerb in der Europäischen Union: Das Ende des Sozialstaates?, Diskussionspapier Nr. 9705, St. Gallen 1997;

Fischer, Almut/ Barth, Regine, Europäisches Vergaberecht und Umweltschutz, Zur Berücksichtigung von Umweltbelangen bei der Vergabe öffentlicher Aufträge, NVwZ 2002, 1184-1192;

Fischer, Peter/ Köck, Heribert Franz, Europarecht einschließlich supranationaler Organisationen, 3. Auflage Wien 1997;

Fitting, Karl/ Kaiser, Heinrich/ Heither, Friedrich/ Engels, Gerd/ Schmidt, Ingrid, Betriebsverfassungsgesetz, 20. Auflage München 2000;

Flach, Stefan, Rechtsbindung einer industriepolitischen Instrumentalisierung öffentlicher Aufträge, Frankfurt a. M., Berlin, Bern, New York, Paris, Wien 1996;

Flamme, Philippe/ Flamme, Maurice-André, La panoplie des directives «marché publics» se complète: les secteurs hier exclus (eau, énergie, transports et télécommunications) ne le seront plus demain (analyse de la directive 90/531 du 17 septembre 1990), Revue du marché commun 1991, S. 346-382;

Flynn, James, State Aids, Recent case law of the European Court, E.L.Rev. 1987, 124-137;

Franzen, Martin, "Gleicher Lohn für gleiche Arbeit am gleichen Ort"? – Die Entsendung von Arbeitnehmern aus EU-Staaten nach Deutschland, DZWiR, 1996, 89-101;

Früh, Gudrun, Verstößt die Pflicht zur Eintragung in die Handwerksrolle gegen die europäische Dienstleistungsfreiheit?, GewArch 1998, 402-406;

Gamillscheg, Franz, Buchbesprechung der Festschrift für Günther Beitzke, ZVR 79 (1980), S. 83-88;

Gamillscheg, Franz, Ein Gesetz über das internationale Arbeitsrecht, ZFA 14 (1983), 307-373;

Gamillscheg, Franz, Internationales Arbeitsrecht (Arbeitsverweisungsrecht), Berlin 1959;

Gamillscheg, Franz, Kollektives Arbeitsrecht, Band I, München 1997;

Gaul, Dieter, Erstreckungsinhalt und Umfang einer tariflichen Bezugnahmeklausel auf den BAT, ZTR 1991, 188-197;

Geiger, Rudolf, EUV/EGV, Vertrag über die Europäische Union und Vertrag zur Gründung der Europäischen Gemeinschaft, 3. Auflage München 2000;

Gerken, Lüder, Der Wettbewerb der Staaten, Tübingen 1999;

Gilsdorf, Peter, Vertrauensschutz, Bestandsschutz und Rückwirkungsbegrenzung im Gemeinschaftsrecht, RIW 1983, 22-29;

Götz, Walter, Öffentliche Beschaffungsmärkte und Europarecht, Die Transparenz- und Teilnahmenbestimmungen der Vergaberichtlinien im Lichte der Rechtsprechung des Europäischen Gerichtshofes, Frankfurt, Berlin, Bern, New York, Paris, Wien 1999;

Grabitz, Eberhard/ Hilf, Meinhard (Hrsg.), Das Recht der Europäischen Union, Band I, Stand: 18. Ergänzungslieferung Mai 2001;

Groeben, Hans von der/ Boeckh, Hans von/ Thiesing, Jochen/ Ehlermann, Claus-Dieter (Hrsg.), Kommentar zum EWG-Vertrag, Art. 1-136, 3. Auflage Baden-Baden 1983;

Groeben, Hans von der/ Thiesing, Jochen/ Ehlermann, Claus-Dieter (Hrsg.), Kommentar zum EU-/EG-Vertrag, Band I, 5. Auflage Baden-Baden 1997;

Groeben, Hans von der/ Thiesing, Jochen/ Ehlermann, Claus-Dieter (Hrsg.), Kommentar zum EWG-Vertrag, Band 2 Art. 85-109, 4. Auflage, Baden-Baden 1991;

Groeben, Hans von der/ Thiesing, Jochen/ Ehlermann, Claus-Dieter (Hrsg.), Kommentar zum EU-/EG-Vertrag, Band 2/II, 5. Auflage Baden-Baden 1999;

Gumpert, Jobst, Tarifaußenseiter und Tarifausschlußklauseln, BB 1960, 100-103;

Gündisch, Jürgen, Allgemeine Rechtsgrundsätze in der Rechtsprechung des Europäischen Gerichtshofs, in: Schwarze, Jürgen (Hrsg.), Das Wirtschaftsrecht des Gemeinsamen Marktes in der aktuellen Rechtsentwicklung, Baden-Baden 1983, S. 97-119;

Gündisch, Jürgen, Der Rechtsschutz bei öffentlichen Aufträgen, in: Schwarze, Jürgen/ Müller-Graff, Peter-Christian (Hrsg.), Das öffentliche Auftragswesen in der EG, EuR Beiheft 1/1996, Baden-Baden 1996;

Gusy, Christoph, Staatsaufträge an die Wirtschaft, JA 1989, 26-34;

Hailbronner, Kay, Die Kontrolle der Entsendung ausländischer Arbeitnehmer und die Dienstleistungsfreiheit, EWS 1997, 401-410;

Hailbronner, Kay, Die Vergabe öffentlicher Aufträge nach europäischem Gemeinschaftsrecht, WiVerw 1994, 173-240;

Hailbronner, Kay/ Klein, Eckart/ Magiera, Siegfried/ Müller, Peter-Christian, Handkommentar zum Vertrag über die Europäische Union (EUV/EGV), Köln, Berlin, München, Stand: 7. Ergänzungslieferung 1998;

Hailbronner, Kay/ Weber, Claus, Die Neugestaltung des Vergabewesens durch die Europäische Gemeinschaft, EWS 1997, 73-83;

Haller, Jochen, Das Aufenthaltsrecht der Unionsbürger in Deutschland, Konstanz 2000;

Hanau, Peter, Das Arbeitnehmer-Entsendegesetz, NJW 1996, 1369-1373;

Hanau, Peter, Was bedeutet paritätische Mitbestimmung für das kollektive Arbeitsrecht, BB 1969, 760-764;

Hauptverband der deutschen Bauindustrie e.V. (Hrsg.), Die Bauwirtschaft im Zahlenbild, 2001;

Hauschka, Christoph/ Henssler, Martin, Ein "Billigarbeitsrecht" für die deutsche Seeschiffahrt?, Die arbeitsrechtlichen Folgen des Gesetzentwurfs zur Einführung eines Internationalen Seeschiffahrtsregisters, NZA 1988, 597-601;

Hermes, Georg, Gleichheit durch Verfahren bei der staatlichen Auftragsvergabe, JZ 1997, 909-915;

Herschel, Wilhelm, Zur Entstehung des Tarifvertragsgesetzes, ZFA 1973, 183-200;

Hochbaum, M., Das Diskriminierungs- und Subventionsverbot in der EGKS und EWG, Baden-Baden, Bonn 1962;

Hoischen, Stefan, Die Beihilfenregelung in Artikel 92 EWGV, Köln, Berlin, Bonn, München 1989;

Hromadka, Wolfgang/ Maschmann, Frank, Arbeitsrecht Band 1, Individualarbeitsrecht, 2. Auflage Berlin, Heidelberg, New York 2002;

Hromadka, Wolfgang/ Maschmann, Frank, Arbeitsrecht Band 2, Kollektivarbeitsrecht + Arbeitsstreitigkeiten, 2. Auflage Berlin, Heidelberg, New York 2001;

Hromadka, Wolfgang/ Maschmann, Frank/ Wallner, Franz, Der Tarifwechsel: Tarifvertrag und Arbeitsvertrag bei Änderung von Verbandsmitgliedschaft, Betriebszweck und Betriebsinhaber, München 1996;

Hübner, Ulrich, Die Dienstleistungsfreiheit in der Europäischen Gemeinschaft und ihre Grenzen, JZ 1987, 330-335;

Huelmann, Sonja, Öffentliche Beschaffungen nach EG-Recht, WTO und dem Deutsch-Amerikanischen Freundschaftsvertrag, Unter besonderer Berücksichtigung der Diskriminierung von Drittlandswaren nach der EG-Sektorenrichtlinie, Heidelberg 2000;

Ingenstau, Heinz/ Korbion, Hermann, VOB Teile A und B, Kommentar, Locher, Horst/ Vygen, Klaus (Hrsg.), 14. Auflage Düsseldorf 2000;

Ipsen, Hans Peter, Als Bundesstaat in der Gemeinschaft, in: Caemmerer, Ernst von (Hrsg.), Probleme des Europäischen Rechts, Festschrift für Walter Hallstein, 1966, S. 248-265;

Ipsen, Hans Peter, Europäisches Gemeinschaftsrecht, Tübingen 1972;

Ipsen, Hans Peter, Grenzen der Dienstleistungsfreiheit, Das Niederlassungserfordernis des deutschen Versicherungsaufsichtsrechts und die Dienstleistungsfreiheit des Gemeinschaftsrechts, EuR 1978, 199-241;

Jaensch, Michael, Die unmittelbare Drittwirkung der Grundfreiheiten, 1. Auflage Baden-Baden 1997;

Jank, Volkmar/ Zdzieblo, Wolfgang, Einführung in das Öffentliche Auftragswesen, Heft 1 der Schriften zum Öffentlichen Auftragswesen, Tangstedt bei Hamburg 1987;

Jarass, Hans D., EG-Recht und nationales Rundfunkrecht, Zugleich ein Beitrag zur Reichweite der Dienstleistungsfreiheit, EuR 1986, 75-94;

Jarass, Hans D., Elemente einer Dogmatik der Grundfreiheiten II, EuR 2000, 705-723;

Jarass, Hans D., Elemente einer Dogmatik der Grundfreiheiten, EuR 1995, 202-226;

Jarass, Hans D., Richtlinienkonforme bzw. EG-rechtskonforme Auslegung nationalen Rechts, EuR 1991, 211-223;

Jarass, Hans D./ Ruchay, Dietrich/ Weidemann, Clemens (Hrsg.), Kreislaufwirtschafts- und Abfallgesetz, Kommentar, Band II, Loseblatt, München, Stand: Mai 2002;

Jasper, Ute/ Marx, Fridhelm, Einführung, in: Beck-Texte, Vergaberecht, 4. Auflage München 2001, S. IX-XLI;

Jaspers, Ute, Das Vergaberechtsänderungsgesetz, DB 1998, 2151-2157;

Jerrentrup, Hans-Heinrich, Die Niederlassungsfreiheit im Gemeinsamen Markt unter besonderer Berücksichtigung der Rechtsprechung des Gerichtshofs der Europäischen Gemeinschaften, Köln 1976;

Jestaedt, Thomas/ Häsemeyer, Ulrike, Die Bindungswirkung von Gemeinschaftsrahmen und Leitlinien im EG-Beihilfenrecht, EuZW 1995, 787-792;

Junker, Abbo, Zwingendes ausländisches Recht und deutscher Tarifvertrag, IPrax 1994, 21-27;

Kayser, Elke, Nationale Regelungsspielräume im öffentlichen Auftragswesen und gemeinschaftsrechtliche Grenzen, diss. Marburg 1999;

Kempen, Otto Ernst, "Tariftreue-Erklärungen" – Ein Verstoß gegen Wettbewerbs- und Vergaberecht?, in: Kempen, Otto Ernst, u.a. (Hrsg.), Recht und soziale Arbeitswelt: Festschrift für Wolfgang Däubler zum 60. Geburtstag, Frankfurt a. M. 1999, 503-518;

Kempen, Otto Ernst/ Zachert, Ulrich, Tarifvertragsgesetz, Kommentar für die Praxis, 3. Auflage Köln, 1997;

Kingreen, Thorsten, Die Struktur der Grundfreiheiten des Europäischen Gemeinschaftsrechts, Berlin 1999;

Kling, Michael, Tariftreue und Dienstleistungsfreiheit, Zur primärrechtlichen Beurteilung des § 3 Tariftreuegesetz des Bundes i.d.F. des Gesetzentwurfes der Bundesregierung v. 12.12.2001, EuZW 2002, 229-237;

Kling, Michael, Zur Zulässigkeit vergabefremder Regelungen im Recht der öffentlichen Auftragsvergabe, Berlin 2000;

Knipper, Michael, Tariftreueerklärungen im öffentlichen Auftragswesen, WuW 1999, 677-684;

Knobbe-Keuk, Brigitte, Niederlassungsfreiheit: Diskriminierungs- oder Beschränkungsverbot?, DB 1990, 2573-2584;

Knobl, Peter, Ein Meilenstein im Europarecht der Bank- und Wertpapierleistungen sowie im Anwendungsbereich der Dienstleistungsfreiheit, WBl. 1995, 309-314;

Knopf, Peter, Europarecht und kommunale Selbstverwaltung, DVBl. 1980, 106-110;

Koberski, Wolfgang/ Asshoff, Gregor/ Hold, Dieter, Arbeitnehmerentsendegesetz, Kommentar, 2. Auflage München 2002;

Koenig, Christian/ Haratsch, Andreas, Europarecht, 4. Auflage Tübingen 2003;

Koenig, Christian/ Kühling, Jürgen, Beihilfen an kleinere und mittlere Unternehmen (KMU) unter Berücksichtigung der geplanten EG-Verordnung für KMU, DVBl. 2000, 1025-1035;

Koenig, Christian/ Kuehling, Jürgen, Grundfragen des EG-Beihilfenrechts, NJW 2000, 1065-1074;

Konzen, Horst, Gleichbehandlungsgrundsatz und personelle Grenzen der Kollektivautonomie, in: Mayer-Maly, Theo (Hrsg.), Arbeitsleben und Rechtspflege: Festschrift für Gerhard Mueller, Berlin 1981;

Kopp, Ferdinand, Die Entscheidung über die Vergabe öffentlicher Aufträge und über den Abschluss öffentlichrechtlicher Verträge als Verwaltungsakte?, BayVBl. 1980, 609-612;

Korbion, Hermann/ Ingenstau, Heinz, VOB Verdingungsordnung für Bauleistungen Teile A und B, Zusatzband Vergaberechtsänderungsgesetz, Düsseldorf 1999;

Kort, Michael, Schranken der Dienstleistungsfreiheit im europäischen Recht, JZ 1996, 132-140;

Kraft, Alfons/ Wiese, Günther/ Kreutz, Peter/ Oetker, Hartmut/ Raab, Thomas/ Weber, Christoph, Betriebsverfassungsgesetz, Band II, 7. Auflage Neuwied, Kriftel 2002;

Kreiling, Simone, Tariflohn kraft staatlicher Anordnung?, NZA 2001, 1118-1125;

Lackhoff, Klaus, Die Niederlassungsfreiheit des EGV – nur ein Gleichheits- oder auch ein Freiheitsrecht?, Berlin 2000;

Lagrange, Maurice, Gutachtliche Stellungnahme zu dem neuen Kurs der Kommission auf dem Gebiet der Dienstleistungsfreiheit in der Schadensversicherung, in: Steindorff, Ernst (Hrsg.) Dienstleistungsfreiheit und Versicherungsaufsicht im Gemeinsamen Markt, Stuttgart 1971;

Lampe-Helbig, Gudrun, Praxis der Bauvergabe – VOB/A und EG-Recht, München 1991;

Lefèvre, Dieter, Staatliche Ausfuhrförderung und das Verbot wettbewerbsverfälschender Beilhilfen im EWG-Vertrag, Baden-Baden 1977;

Löwisch, Manfred, Die Voraussetzungen der Tariffähigkeit, ZFA 1970, 295-318;

Löwisch, Manfred, Tariftreue-Verpflichtung im Vergaberecht und Koalitionsfreiheit, DB 2002, 1090-1094;

Löwisch, Manfred/ Rieble, Volker, Tarifvertragsgesetz Kommentar, München 1992;

Mangoldt, Hermann von/ Klein, Friedrich/ Starck, Christian (Hrsg.), Das Bonner Grundgesetz, Band 1, 4. Auflage München 1999;

Martin, José Maria Fernández/ Stehmann, Oliver, Product Market Integration versus Regional Cohesion in the Community, E.L.Rev. 1991, 216-243;

Martin-Ehlers, Andrés, Die Unzulässigkeit vergabefremder Kriterien, in: WuW 1999, 685-694;

Marwede, Bernd, Die integrationspolitische Bedeutung der Dienstleistungsfreiheit für den gemeinsamen Markt, dargestellt am Beispiel der Versicherungswirtschaft, München 1974;

Maunz, Theodor/ Dürig, Günter, Grundgesetz Kommentar, Band IV, 39. Ergänzungslieferung München 2001;

Mc Donald, Kevin M., Die Auslegung der Dienstleistungsfreiheit im postindustriellen Europa, Baden-Baden 1999;

Mestmäcker, Ernst-Joachim/ Bremer, Eckhard, Die koordinierte Sperre im deutschen und europäischen Recht der öffentlichen Aufträge, BB 1995, Beilage Nr. 19 zu Heft 50/1995;

Meyer, Nina, Die Einbeziehung politischer Zielsetzungen bei der öffentlichen Beschaffung, Berlin 2002;

Modlich, Joachim Johannes, Nationale Infrastrukturmaßnahmen und Artikel 92 Abs. 1 EGV, Köln, Berlin, Bonn, München 1996;

Müller, Gerhard, Die rechtliche Behandlung abhängig fremdbestimmter Arbeit bei Berührungen mit Deutschland und Italien, RdA 1973, 137-147;

Müller-Graff, Peter-Christian, Die Erscheinungsformen der Leistungssubventionstatbestände aus wirtschaftsrechtlicher Sicht, ZHR 152 (1988), 403-438;

Müller-Heidelberg, Till, Schutzklauseln im Europäischen Gemeinschaftsrecht, Hamburg 1970;

Münch, Ingo von/ Kunig, Philip, Grundgesetz-Kommentar, Band 1 (Präambel bis Art. 19), 5. Auflage München 2000;

Münch, Ingo von/ Kunig, Philip, Grundgesetz-Kommentar, Band 1, 4. Auflage München 1992;

Münchener Kommentar, Bürgerliches Gesetzbuch, Internationales Privatrecht, Band 10, 3. Auflage München 1998;

Nieder-Eichholz, Markus, Die Subventionsordnung, Berlin 1994;

Niemeyer, Hans-Jörg, Recent Developments in EC State Aid Law, EuZW 1993, 273-279;

Noch, Rainer, Die Vergabe von Staatsaufträgen und der Rechtsschutz nach europäischem und deutschem Recht, diss. Bielefeld 1997;

Noch, Rainer, Vergaberecht kompakt, Verfahrensablauf und Entscheidungspraxis, 2. Auflage Düsseldorf 2002;

Obernolte, Wolfgang, Das EWG-Beihilfenverbot in der Praxis, Europäische Wirtschaft 1961, 388-393;

Oliver, Peter, Free Movement of Goods in the European Community, 3. Auflage London 1996;

Oliver, Peter, Some further reflections on the scope of Articles 28-30 (ex 30-36) EC, CMLRev. 1999, 783-806;

Ose, Ludwig, Beihilfen und Maßnahmen gleicher Wirkung wie mengenmäßige Beschränkungen im Recht der EWG, diss. Saarbrücken 1976;

Pache, Eckhard/ Rüger, Christina, Klarheit über soziale Aspekte im Vergaberecht? Zur Auslegung der Kommissionsmitteilung vom 15.10.2001, EuZW 2002, 169-171;

Palandt, Bürgerliches Gesetzbuch, 62. Auflage München 2003;

Pernice, Ingolf, Grundrechtsgehalte im Europäischen Gemeinschaftsrecht, Baden-Baden 1979;

Pietzcker, Jost, Die neue Gestalt des Vergaberechts, ZHR 162 (1998), 427-473;

Platz, Klaus-Wilhelm, EWG-Niederlassungsrecht und individuelle Rechtspositionen, Köln, Berlin 1966;

Prieß, Hans-Joachim, Das öffentliche Auftragswesen in den Jahren 1992 und 1993, EuZW 1994, 487-494;

Prieß, Hans-Joachim, Das öffentliche Auftragswesen in den Jahren 1999 und 2000, EuZW 2001, 365-375;

Prieß, Hans-Joachim, Das öffentliche Auftragswesen in der Europäischen Union, Köln, Berlin, Bonn, München 1994;

Puhl, Thomas, Der Staat als Wirtschaftssubjekt und Auftraggeber, in: VVDStRL Band 60, Tübingen 2001;

Püttner, Günter/ Spannowsky, Willy, Das Verhältnis der euopäischen Regionalpolitik zur deutschen Regionalpolitik, Bonn 1986;

Quardt, Gabriele, Die Auftragssperre im Vergaberecht, BB 1997, 477-486;

Reichel, Michael E., Die arbeitsvertragliche Bezugnahme auf den Tarifvertrag, Köln 2001;

Reithmann, Christoph/ Martiny, Dieter, Internationales Vertragsrecht, Das internationale Privatrecht der Schuldverträge, 5. Auflage Köln 1996;

Rengeling, Hans-Werner, Das Beihilfenrecht der Europäischen Gemeinschaften, in: Börner, Bodo/ Neundörfer, Konrad (Hrsg.), Recht und Praxis der Beihilfen im Gemeinsamen Markt, Bd. 32 der Kölner Schriften zum Europarecht, Köln, Berlin, Bonn, München 1984, S. 23-54;

Ress, Georg, Die Auswirkungen des Europäischen Gemeinschaftsrechts auf die deutsche Rechtsordnung, in: Rüther, Günther/ Pawlik, Armin D. (Hrsg.), Der Beitrag des Rechts zum Europäischen Einigungsprozeß, Melle 1984, S. 43-72;

Reuß, Wilhelm, Arbeitskampfbereitschaft als Voraussetzung der Tarifhoheit, RdA 1964, 362-368;

Reuter, Dieter, Die problematische Tarifeinheit – BAG, NZA 1991, 736, JuS 1992, 105-110;

Richardi, Reinhard/ Wlotzke, Otfried, Münchener Handbuch zum Arbeitsrecht, Band 1, Individualarbeitsrecht I, 2. Auflage München 2000;

Rittner, Fritz, Öffentliches Auftragswesen und Privatrecht, ZHR 152 (1988), 318-332;

Rittner, Fritz, Rechtsgrundlagen und Rechtsgrundsätze des öffentlichen Auftragswesens, in: Schriften zum Öffentlichen Auftragswesen, Heft 5, Tengstedt/ Hamburg 1988;

Röckl, Johannes, Zulässigkeit einer Mitgliedschaft in Arbeitgeberverbänden ohne Tarifbindung?, DB 1993, 2382-2385;

Rolfes, Karl-Heinrich, Regionale Wirtschaftsförderung und EWG-Vertrag, Köln, Berlin, Bonn, München 1991;

Rolshoven, Michael, "Beschränkungen" des freien Dienstleistungsverkehrs, Berlin 2002;

Roth, Wulf-Henning, Drittwirkung der Grundfreiheiten?, in: Due, Ole/ Lutter, Marcus/ Schwarze, Jürgen (Hrsg.), Festschrift für Ulrich Everling, Band II, Baden-Baden 1995, S. 1231-1247;

Roth, Wulf-Henning, Internationales Versicherungsvertragsrecht, Tübingen 1985;

Sachs, Michael (Hrsg.), Grundgesetz, 2. Auflage München 1999;

Schaub, Günter, Arbeitsrechts-Handbuch, 9. Auflage München 2000;

Schernthanner, Martina, Das materielle Beihilfenaufsichtsrecht nach dem EWG-Vertrag, Wien, New York 1993;

Scheuing, Dieter Helmut, Les aides financières publiques aux entreprises privées en droit français et européen, Paris 1974;

Schlachter, Monika, Grenzüberschreitende Arbeitsverhältnisse, NZA 2000, 57-64;

Schlappa, Wolfgang, Die Kontrolle von Allgemeinen Versicherungsbedingungen im deutschen Versicherungsaufsichtsrecht und der freie Dienstleistungsverkehr im EG-Recht, Karlsruhe 1987;

Schmidt, Walther Wieland, Grundrechte und Nationalität juristischer Personen, Heidelberg 1966;

Scholz, Rupert, Vergabe öffentlicher Aufträge nur bei Tarifvertragstreue, RdA 2001, 193-199;

Schöne, Franz-Josef, Dienstleistungsfreiheit in der EG und deutsche Wirtschaftsaufsicht, Köln, Berlin, Bonn, München 1989;

Schwappach, Jürgen (Hrsg.), EG-Rechtshandbuch für die Wirtschaft, München 1991;

Schwarze, Jürgen (Hrsg.), EU-Kommentar, 1. Auflage Baden-Baden 2001,

Schwerdtfeger, Gunther, Unternehmerische Mitbestimmung der Arbeitnehmer und Grundgesetz, Frankfurt 1972;

Schwintowski, Hans Peter, Europäisierung der Versicherungsmärkte im Lichte der Rechtsprechung des EuGH, NJW 1987, 521-526;

Seidel, Martin, Das Beihilfenrecht der Europäischen Gemeinschaft, in: Ress, Georg/ Will, Michael R. (Hrsg.), Vorträge, Reden und Berichte aus dem Europa-Institut, Nr. 26;

Seidel, Martin, Die Dienstleistungsfreiheit in der neuesten Rechtsentwicklung, in: Schwarze, Jürgen (Hrsg.), Der Gemeinsame Markt, Bestand und Zukunft in wirtschaftlicher Perspektive, Baden-Baden 1987;

Seidel, Martin, Grundfragen des Beihilfenaufsichtsrechts der Europäischen Gemeinschaften, in: Börner, Bodo/ Neundörfer, Konrad (Hrsg.), Recht und Praxis der Beihilfen im Gemeinsamen Markt, Bd. 32 der Kölner Schriften zum Europarecht, Köln, Berlin, Bonn, München 1984, S. 55-82;

Seidel, Martin, Theoretische und praktische Fragen der Dienstleistungsfreiheit auf dem Gebiet der Versicherungswirtschaft, ZVersWiss Band 76, 1987, 175-196;

Seifert, Achim, Rechtliche Probleme von Tariftreueerklärungen, ZFA 2001, 1-30;

Selmayr, Martin, Die gemeinschaftsrechtliche Entsendungsfreiheit und das deutsche Entsendegesetz, ZFA 1996, 615-658;

Sieveking, Klaus, Das EG-Aufenthaltsrecht für Niederlassungsberechtigte und ihre Familienangehörigen, WiVerw 1987, 179-193;

Sinzheimer, Hugo, Der korporative Arbeitsnormenvertrag, Eine privatrechtliche Untersuchung, Zweiter Teil, Leipzig 1908;

Sinzheimer, Hugo, Ein Arbeitstarifgesetz, Die Idee der sozialen Selbstbestimmung im Recht, München, Leipzig 1916;

Steinberg, Philipp, Anmerkung zu EuGH v. 17.09.02, Slg. 2002, I-7213, in: EuZW 2002, 634f.;

Steindorff, Ernst, Dienstleistungsfreiheit im EG-Recht, RIW 1983, 831-839;

Steindorff, Ernst, Sonderlasten und Subventionen im Gemeinsamen Markt der Europäischen Gemeinschaft für Kohle und Stahl, WuW 1957, 633-641;

Steindorff, Ernst, Unvollkommener Binnenmarkt, ZHR 158 (1994), 149;

Sterner, Frank, Rechtsbindungen und Rechtsschutz bei der Vergabe öffentlicher Aufträge, Stuttgart, München, Berlin, Weimar, Dresden 1996;

Streinz, Rudolf, Europarecht, 5. Auflage Heidelberg 2001;

Thüsing, Gregor, Der Anspruch der Nichtorganisierten auf Tariflohn, ZTR 1997, 433-438;

Triantafyllou, Dimitris, Europäisierungsprobleme des Verwaltungsprivatrechts am Beispiel des öffentlichen Auftragsrechts, NVwZ 1994, 943-947;

Ulber, Jürgen, Arbeitnehmerüberlassungsgesetz und Arbeitnehmer-Entsendegesetz, Kommentar für die Praxis, 2. Auflage Frankfurt am Main 2002;

Ullrich, Hanns, Einzelstaatliche Förderung industrieller Forschung und Entwicklung zwischen Binnenmarkt und Technologiegemeinschaft, EWS 1991, 1-10;

Vignes, Daniels, Le droit d'établissement et les services dans la communauté économiques européenne, in : Annuaire Française de droit Internationale, 1961, 668-725;

Voigt, Eckhard von, Die Berücksichtigung vergabefremder Kriterien nach dem Berliner Vergabegesetz, ZVgR 1999, 291-292;

Völker, Stefan, Passive Dienstleistungsfreiheit im Europäischen Gemeinschaftsrecht, Berlin 1990;

Walz, Stefan, Multinationale Unternehmen und internationaler Tarifvertrag, Eine arbeitsrechtliche Untersuchung, 1. Auflage Baden-Baden 1981;

Weber, Claus, Die Dienstleistungsfreiheit nach den Art. 59ff. EG-Vertrag – einheitliche Schranken für alle Formen der Dienstleistung?, EWS 1995, 292-296;

Weiss, Friedl, Public Procurement in European Community Law, London, Atlantic Highlands, NJ, 1993;

Wetzel, Uwe, Die Dienstleistungsfreiheit nach den Artikeln 59-66 des EWG-Vertrages: Ein Beitrag zu Inhalt und Wirkungen des Primärrechts, diss. Münster, 1992;

Wiedemann, Herbert, Tarifvertragsgesetz mit Durchführungs- und Nebenvorschriften, 6. Auflage München 1999;

Wimmer, Norbert, Die Gestaltung internationaler Arbeitsverhältnisse durch kollektive Normenverträge, Baden-Baden 1991;

Wimmer, Norbert, Neuere Entwicklungen im internationalen Arbeitsrecht – Überlegungen zur Politik des Arbeitskollisionsrechts, IPrax 1995, 207-214;

Wohlfahrt, Ernst/ Everling, Ulrich/ Glaesner, Hans Joachim/ Sprung, Rudolf, Die Europäische Wirtschaftsgemeinschaft: Kommentar zum Vertrag, Berlin, Frankfurt 1960;

Wonneberger, Wolfgang, Die Funktionen der Allgemeinverbindlicherklärung von Tarifverträgen, diss. Heidelberg 1992;

Zachert, Ulrich, Deregulierung des Tarifvertrages – ein taugliches Mittel zur Lösung der Arbeitsmarktprobleme?, DB 1991, 1221-1226;

Zachert, Ulrich, Tarifvertrag, Eine problemorientierte Einführung, Arbeitsgruppe Arbeitsrecht (AGAR), Köln 1979;

Zezschwitz, Friedrich von, Rechtsstaatliche und prozessuale Probleme des Verwaltungsprivatrechts, NJW 1983, 1873-1882;

Ziekow, Jan, Vergabefremde Zwecke und Europarecht, NZBau 2001, 72-78;

Zöllner, Wolfgang/ Seiter, Hugo, Paritätische Mitbestimmung und und Art. 9 Abs. 3 Grundgesetz, Köln, Berlin, Bonn, München 1970;

Zuleeg, Manfred, Die Anwendungsbereiche des öffentlichen Rechts und des Privatrechts, VerwArch 73 (1982), 384-404;

Zuleeg, Manfred, Rechtsschutz und Grundrechtsbindung bei der Vergabe öffentlicher Aufträge, WuV 1984, 112-126.

Hinsichtlich der gebrauchten Abkürzungen wird verwiesen auf *Kirchner*, Abkürzungsverzeichnis der Rechtssprache, 4. Auflage, Berlin, New York 1993.

Gesetz über die Vergabe von Bauaufträgen im Freistaat Bayern (Bayerisches Bauaufträge-Vergabegesetz– BayBauVG)

Vom 28. Juni 2000[1]

Art. 1. Anwendungsbereich

[1]Dieses Gesetz gilt für öffentliche Bauaufträge im Sinn von § 99 des Gesetzes gegen Wettbewerbsbeschränkungen (GWB) des Freistaates Bayern. [2]Es gilt ferner für öffentliche Bauaufträge

1. der Gemeinden, Gemeindeverbände und sonstigen der Aufsicht des Freistaates Bayern unterstehenden juristischen Personen des öffentlichen Rechts,
2. der Vereinigungen, Einrichtungen und Unternehmen, deren Anteile sich unmittelbar oder mittelbar ganz oder überwiegend in der Hand des Freistaates Bayern oder juristischer Personen nach Nummer 1 befinden, soweit diese öffentliche Auftraggeber im Sinn von § 98 GWB sind.

Art. 2. Vergabegrundsätze

(1) [1]Öffentliche Bauaufträge dürfen nur an fachkundige, leistungsfähige und zuverlässige Unternehmen vergeben werden. [2]Andere oder weitergehende Anforderungen dürfen nur gestellt werden, soweit dies durch Bundesgesetz oder in diesem Gesetz vorgegeben ist.

(2) Für öffentliche Bauaufträge nach § 1 Satz 2 Nr. 2 gilt Absatz 1 nur insoweit, als es sich um Aufträge handelt, welche die Auftragswerte erreichen oder überschreiten, die durch Rechtsverordnung nach § 127 GWB festgelegt sind (Schwellenwerte).

Art. 3. Weitergehende Anforderungen

(1) Öffentliche Bauaufträge des Freistaates Bayern Art. 1 Satz 1 dürfen nur an Unternehmen vergeben werden, die sich bei Angebotsabgabe verpflichten, ihre Arbeitnehmer bei der Ausführung dieser Leistungen nach den jeweils in Bayern für Tarifvertragsparteien geltenden Lohntarifen zu entlohnen und dies auch bei ihren Nachunternehmern sicherzustellen.

(2) Die Auftraggeber für sonstige öffentliche Bauaufträge nach Art. 1 Satz 2 werden ermächtigt, Aufträge über Bauleistungen für Hochbauten und Tiefbauten nur an Unternehmen zu vergeben, die sich bei Angebotsabgabe verpflichten, ihre Arbeitnehmer bei der Ausführung dieser Leistungen nach den jeweils in Bayern für Tarifvertragsparteien geltenden Lohntarifen zu entlohnen und dies auch bei ihren Nachunternehmern sicherzustellen.

---

[1] BayGVBl. 15/2000, S. 364.

Art. 4. Nachweise

(1) Hat die Staatsregierung ein Muster zur Verpflichtung nach Art. 3 öffentlich bekannt gemacht, kann der Auftraggeber verlangen, dass der Unternehmer die Übernahme der Verpflichtung nach diesem Muster erklärt.

(2) [1]Der Unternehmer ist verpflichtet, dem Auftraggeber die Einhaltung der Verpflichtung nach Art. 3 auf dessen Verlangen jederzeit nachzuweisen. [2]Der Unternehmer ist ferner verpflichtet, dem Auftraggeber zur Prüfung, ob die Verpflichtung nach Art. 3 eingehalten wird, im erforderlichen Umfang Einsicht in seine Unterlagen zu gewähren.

(3) Unternehmen, die den nach Art. 3 übernommenen Verpflichtungen oder ihren Pflichten nach Absatz 2 nicht nachkommen, kann der Auftraggeber bis zu drei Jahren von weiteren Aufträgen ausschließen.

Art. 5.

Dieses Gesetz tritt am 1. Juli 2000 in Kraft.

Gesetz Nr. 1450 über die Vergabe von Bauaufträgen im Saarland (Saarländisches Bauaufträge-Vergabegesetz – SaarBauVG)

Vom 23. August 2000[2]

§ 1. Anwendungsbereich

Dieses Gesetz gilt für öffentliche Bauaufträge des Saarlandes im Sinne von § 99 des Gesetzes gegen Wettbewerbsbeschränkungen (GWB). Es gilt ferner für öffentliche Bauaufträge

1. der Gemeinden, Gemeindeverbände und sonstigen der Aufsicht des Saarlandes unterstehenden juristischen Personen des öffentlichen Rechts,
2. der Vereinigungen, Einrichtungen und Unternehmen, deren Anteile sich unmittelbar oder mittelbar ganz oder überwiegend in öffentlicher Hand befinden, soweit diese öffentliche Auftraggeber im Sinne von § 98 GWB sind.

§ 2. Vergabegrundsätze

(1) Öffentliche Bauaufträge dürfen nur an fachkundige, leistungsfähige und zuverlässige Unternehmen vergeben werden. Andere oder weitergehende Anforderungen dürfen nur gestellt werden, soweit dies durch Bundesgesetz oder in diesem Gesetz vorgegeben ist.

(2) Für öffentliche Bauaufträge nach § 1 Satz 2 Nr. 2 gilt Absatz 1 nur insoweit, als es sich um Aufträge handelt, welche die Auftragswerte erreichen oder überschreiten, die durch Rechtsverordnung nach § 127 GWB festgelegt sind (Schwellenwerte).

§ 3. Weitergehende Anforderungen

(1) Aufträge und Bauleistungen nach § 1 Satz 1 dürfen nur an Unternehmen vergeben werden, die sich bei Angebotsabgabe verpflichten, ihre Arbeitnehmerinnen und Arbeitnehmer bei der Ausführung dieser Leistungen nach den jeweils im Saarland für Tarifvertragsparteien geltenden Lohntarifen zu entlohnen und dies auch bei ihren Nachunternehmern sicherzustellen.

(2) Die Auftraggeber für öffentliche Bauaufträge nach § 1 Satz 2 werden ermächtigt, Aufträge über Bauleistungen für Hochbauten und Tiefbauten nur an Unternehmen zu vergeben, die sich bei Angebotsabgabe verpflichten, ihre Arbeitnehmerinnen und Arbeitnehmer bei der Ausführung dieser Leistungen nach den jeweils im Saarland für Tarifvertragsparteien geltenden Lohntarifen zu entlohnen und dies auch bei ihren Nachunternehmern sicherzustellen.

---

2 Amtsblatt des Saarlandes vom 3.11.2000, S. 1846.

§ 4. Nachweise

(1) Hat die Landesregierung ein Muster zur Verpflichtung nach § 3 öffentlich bekannt gemacht, kann der Auftraggeber verlangen, dass der Unternehmer die Übernahme der Verpflichtung nach diesem Muster erklärt.

(2) Das Unternehmen ist verpflichtet, dem Auftraggeber die Einhaltung der Verpflichtung nach § 3 auf dessen Verlangen jederzeit nachzuweisen. Das Unternehmen ist ferner verpflichtet, dem Auftraggeber zur Prüfung, ob die Verpflichtung nach § 3 eingehalten wird, im erforderlichen Umfang Einsicht in seine Unterlagen zu gewähren.

(3) Unternehmen, die den nach § 3 übernommenen Verpflichtungen oder ihren Pflichten nach Absatz 2 nicht nachkommen, kann der Auftraggeber bis zu 3 Jahren von weiteren Aufträgen ausschließen.

§ 5. In-Kraft-Treten

Dieses Gesetz tritt am 1. September 2000 in Kraft.

Berliner Vergabegesetz (VgG Bln)

Vom 9. Juli 1999[3]

§ 1.

(1) Aufträge von Berliner Vergabestellen im Sinne des § 98 des Gesetzes gegen Wettbewerbsbeschränkungen in der Fassung der Bekanntmachung vom 26. August 1998 (BGBl. I S. 2546) über Bauleistungen sowie über Dienstleistungen bei Gebäuden und Immobilien werden an fachkundige, leistungsfähige und zuverlässige Unternehmen vergeben. Die Vergabe von Bauleistungen sowie von Dienstleistungen bei Gebäuden und Immobilien soll mit der Auflage erfolgen, dass die Unternehmen ihre Arbeitnehmer bei der Ausführung dieser Leistungen nach den jeweils in Berlin geltenden Entgelttarifen entlohnen und dies auch von ihren Nachunternehmern verlangen.

(2) Von der Teilnahme an einem Wettbewerb um einen Bauauftrag oder Dienstleistungsauftrag im Sinne des Absatzes 1 sollen Bewerber bis zu einer Dauer von zwei Jahren ausgeschlossen werden, die ihre Arbeitnehmer entgegen einer Auflage nach Absatz 1 Satz 2 nicht nach den jeweils in Berlin geltenden Entgelttarifen entlohnen.

---

3 GVBl. Berlin v. 16.07.1999, S. 369.

Gesetz über die Vergabe öffentlicher Bauaufträgeim Land Sachsen-Anhalt (Vergabegesetz Sachsen-Anhalt – VergabeG LSA)

Vom 29. Juni 2001[4]

§ 1. Anwendungsbereich

(1) Dieses Gesetz gilt für öffentliche Bauaufträge und Dienstleistungsaufträge im Sinne des § 99 des Gesetzes gegen Wettbewerbsbeschränkungen, die durch das Land Sachsen-Anhalt vergeben werden und von Betrieben im Sinne der Baubetriebe-Verordnung vom 28. Oktober 1980 (BGBl. I S. 2033), zuletzt geändert durch Artikel 3 des Gesetzes vom 23. November 1999 (BGBl. I S. 2230, 2231), ausgeführt werden. Das Gesetz findet auch Anwendung auf Werklieferungsverträge über Nebenleistungen im Sinne des § 99 des Gesetzes gegen Wettbewerbsbeschränkungen, die von Betrieben nach der Baubetriebe-Verordnung im Zusammenhang mit den Aufträgen nach Satz 1 erbracht werden.

(2) Das Gesetz gilt auch für Aufträge, die vergeben werden von

1. Gemeinden, Gemeindeverbänden und sonstigen der Aufsicht des Landes Sachsen-Anhalt unterstehenden juristischen Personen des öffentlichen Rechts und
2. Vereinigungen, Einrichtungen und Unternehmen, deren Anteile sich unmittelbar oder mittelbar ganz oder überwiegend in öffentlicher Hand befinden, soweit diese öffentliche Auftraggeber im Sinne des § 98 des Gesetzes gegen Wettbewerbsbeschränkungen sind.

§ 2. Vergabegrundsätze

(1) Auf das Vergabeverfahren für Aufträge im Sinne dieses Gesetzes sind die Regeln der Verdingungsordnung für Bauleistungen (VOB) anzuwenden.

(2) Aufträge im Sinne dieses Gesetzes dürfen nur an fachkundige, leistungsfähige und zuverlässige Unternehmen vergeben werden. Dies sind Unternehmen, die

1. die Gewähr für eine sorgfältige Angebotserarbeitung und vertragsgemäße Ausführung des Auftrages bieten,
2. über die notwendigen technischen und personellen Mittel zur fach- und fristgerechten Auftragsausführung verfügen und
3. die entsprechende Fachkenntnis für die Vorbereitung und Ausführung der jeweiligen Leistungen aufweisen.

Andere oder weitergehende Anforderungen dürfen nur gestellt werden, soweit dies durch Gesetz vorgesehen ist.

(3) Eine erhebliche Abweichung zum nächsthöheren Angebot verpflichtet die Vergabestelle, die Kalkulation des billigeren Angebotes zu überprüfen. Im Rahmen dieser Überprüfung sind die Bieter verpflichtet, die ordnungsgemäße

---

[4] GVBl. LSA Nr. 28/2001, ausgegeben am 4.7.2001.

Kalkulation nachzuweisen. Kommen die Bieter dieser Verpflichtung nicht nach, kann die Vergabestelle sie vom weiteren Vergabeverfahren ausschließen.

§ 3. Weitergehende Anforderungen

(1) Aufträge nach § 1 Abs. 1 dürfen nur an solche Unternehmen vergeben werden, die sich bei der Angebotsabgabe verpflichten, ihre Beschäftigten bei der Ausführung dieser Leistungen mindestens nach den am Ort der Ausführung für Tarifvertragsparteien geltenden Entgelttarifen zu bezahlen und dies auch von ihren Nachunternehmen zu verlangen.

(2) Für Aufträge nach § 1 Abs. 2 gilt Abs. 1 außer für den Bereich des Tiefbaus entsprechend.

(3) Bei Aufträgen nach § 1 Abs. 2 werden die Auftraggeber ermächtigt, Aufträge im Bereich des Tiefbaus nur an solche Unternehmen zu vergeben, die sich bei der Angebotsabgabe verpflichten, ihre Beschäftigten bei der Ausführung dieser Leistungen mindestens nach den am Ort der Ausführung für Tarifvertragsparteien geltenden Entgelttarifen zu bezahlen und dies auch von ihren Nachunternehmen zu verlangen.

(4) Öffentliche Aufträge im Sinne dieses Gesetzes sind grundsätzlich durch den Auftragnehmer im eigenen Betrieb auszuführen. Die Übertragung an Nachunternehmen bedarf der vorherigen Zustimmung des öffentlichen Auftraggebers. Bei einer Übertragung auf Nachunternehmen ist der Auftragnehmer für die Einhaltung der Regelungen dieses Gesetzes verantwortlich.

§ 4. Nachweise

(1) Ein Angebot ist von der Wertung auszuschließen, wenn der Bieter folgende Unterlagen nicht beibringt:

1. aktuelle Nachweise der zuständigen in- oder ausländischen Finanzbehörde, des zuständigen in- oder ausländischen Sozialversicherungsträgers und der zuständigen in- oder ausländischen Sozialkasse des Baugewerbes über die vollständige Entrichtung von Steuern und Beiträgen,
2. einen Auszug aus dem Gewerbezentralregister, der nicht älter als sechs Monate sein darf, oder eine gleichwertige Bescheinigung des ausländischen Staates sowie
3. eine Tariftreueerklärung nach § 3.

Bei fremdsprachigen Bescheinigungen ist eine Übersetzung in die deutsche Sprache beizufügen.

(2) Soll die Ausführung eines Teils des Auftrags einem Nachunternehmen übertragen werden, so sind bei der Abgabe des Angebots auf das Nachunternehmen lautende Nachweise gemäß Absatz 1 vorzulegen.

§ 5. Kontrollen

(1) Der öffentliche Auftraggeber ist berechtigt, Kontrollen durchzuführen, um die Einhaltung der geforderten Vergabevoraussetzungen zu überprüfen. Er darf zu diesem Zweck Einblick in die Entgeltabrechnungen des Auftragnehmers und des Nachunternehmens und die Unterlagen über die Abführung von Steuern und Beiträgen gemäß § 34 Abs. 1 sowie die zwischen Auftragnehmer und Nachunternehmen abgeschlossenen Werkverträge nehmen. Der Auftragnehmer ist verpflichtet, seine Beschäftigten auf die Möglichkeit der Vornahme solcher Kontrollen hinzuweisen.

(2) Der Auftragnehmer ist verpflichtet, spätestens zu Beginn der Ausführung des Bauauftrages dem öffentlichen Auftraggeber eine Aufstellung über die bei der Auftragsausführung eingesetzten Beschäftigten unter Angabe der Namen und Geburtsdaten vorzulegen; die Aufstellung ist während der Auftragsausführung zu aktualisieren.

(3) Der Auftragnehmer und seine Nachunternehmen sind verpflichtet, vollständige und prüffähige Unterlagen gemäß Absatz 1 und über die nach Absatz 2 eingesetzten Beschäftigten bereitzuhalten. Auf Verlangen des öffentlichen Auftraggebers sind diese Unterlagen unverzüglich in dessen Büroräumen vorzulegen.

§ 6. Sanktionen

(1) Zur Sicherung der Einhaltung der Verpflichtungen gemäß §§ 3, 4 sowie 5 Abs. 2 und 3 ist der Auftragnehmer zu verpflichten, für jeden schuldhaften Verstoß eine Vertragsstrafe in Höhe von 1 v.H., bei mehreren Verstößen bis zu 10 v. H. des Auftragswertes zu zahlen. Die Vertragsstrafe entfällt, wenn wegen des zugrunde liegenden Verstoßes gegen den Auftragnehmer rechtskräftig straf- oder ordnungswidrigkeitenrechtliche Maßnahmen ergriffen worden sind.

(2) Stellt sich nach der Erteilung eines öffentlichen Auftrages im Sinne dieses Gesetzes heraus, dass der Auftragnehmer oder seine Nachunternehmen die in § 3 genannten Anforderungen nicht erfüllen oder gegen die Verpflichtungen gemäß §§ 4 sowie 5 Abs. 2 und 3 grob fahrlässig oder mehrfach verstoßen, berechtigt dies den öffentlichen Auftraggeber zur fristlosen Kündigung des Vertrages aus wichtigem Grund.

(3) Verstößt ein Unternehmen nachweislich mindestens grob fahrlässig oder mehrfach gegen Verpflichtungen dieses Gesetzes, kann ein Ausschluss von der öffentlichen Auftragsvergabe für die Dauer von bis zu drei Jahren erfolgen.

§ 7. In-Kraft-Treten

Dieses Gesetz tritt am Tag nach seiner Verkündung in Kraft.

Skizze zum Beilfeverbot

TL = Tariflöhne
L = frei verhandelte Löhne, die jedoch stets niedriger sind als Tariflöhne
K1 = Kosten ohne Löhne Unternehmen 1 (=örtlich tarifgebundenes Unternehmen)
K2 = Kosten ohne Löhne Unternehmen 2 (=nicht-örtlich-tarifgebundenes Unternehmen)
* = Zuschlagserteilung wegen günstigstem Preis
† = Auftragspreisverteuerung durch Tariftreue

Konstellation 1.) Es interessieren sich ausschließlich im Vergabegebiet tarifgebundene Unternehmen (ohne Skizze).

Konstellation 2.) Die Kosten der Unternehmen mit Ausnahme der Löhne sind gleich (K1 = K2):

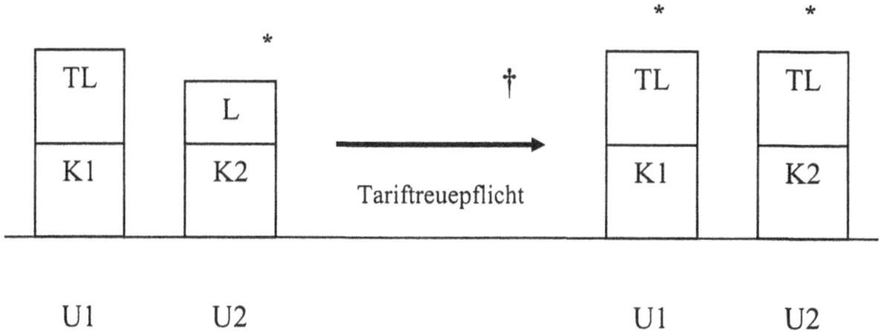

Konstellation 3.) Die Kosten des örtlich tarifgebundenen Unternehmens sind höher als die des nicht-tarifgebundenen Unternehmens (K1 > K2):

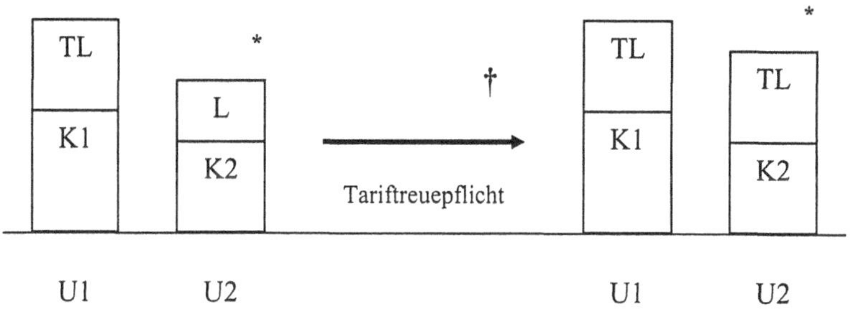

Konstellation 4.) Die Kosten ohne Löhne des örtlich tarifgebundenen Unternehmens liegen unter denen anderer Unternehmen (K1 < K2):

a.) Angebote ohne Tariftreuepflicht sind gleich hoch:

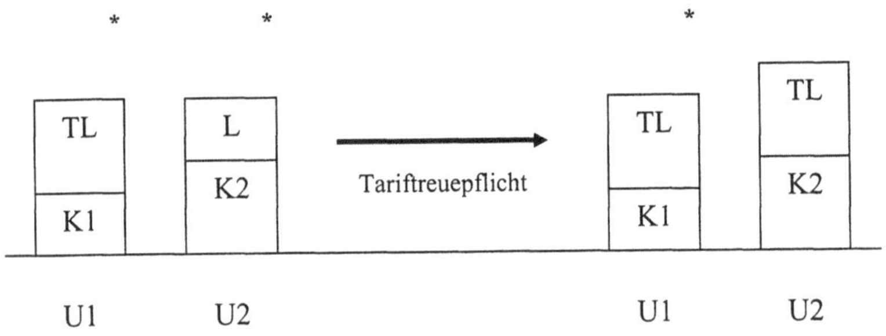

b.) Angebot von örtlich tarifgebundenem Bewerber liegen unter denen anderer Unternehmen:

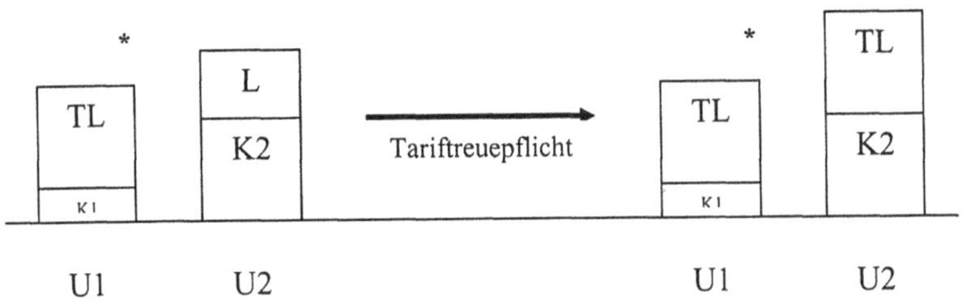

Konstellation 5.) Die Kosten ohne Löhne des örtlich tarifgebundenen Unternehmens liegen unter denen anderer Unternehmen (K1 < K2), jedoch ist das Unternehmen U1 wegen der Tariflöhne nicht günstiger als U2:

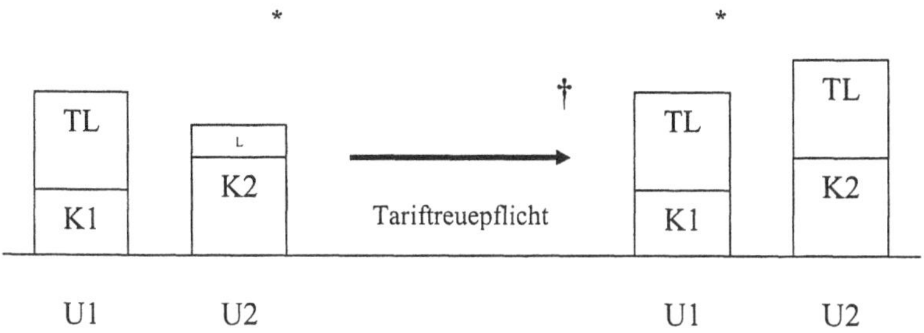

Peter Lang · Europäischer Verlag der Wissenschaften

Ulrich Steiner

Wertsicherungsklauseln

Zur Europarechtskonformität des neuen § 2 PaPkG

Frankfurt am Main, Berlin, Bern, Bruxelles, New York, Oxford, Wien, 2003. 220 S.
Kölner Schriften zu Recht und Staat.
Herausgegeben von Hartmut Schiedermair und Bernhard Kempen. Bd. 15
ISBN 3-631-50261-3 · br. € 35.30*

Den Untersuchungsgegenstand der Arbeit bildet das Verbot von Wertsicherungsklauseln. Die Vereinbarung derartiger Sicherungsmechanismen gegen inflationäre Tendenzen unterlag entgegen dem Prinzip der Vertragsfreiheit von jeher gesetzlicher Restriktion. Auch mit dem Eintritt in die Wirtschafts- und Währungsunion am 01.01.1999 gab der deutsche Gesetzgeber dieses als Teil des Währungsrechts anzusehende Verbot nicht auf, sondern hielt es in Gestalt des zu diesem Zeitpunkt erlassenen § 2 PaPkG aufrecht. Diese Darstellung fragt unter Entwurf eines umfassenden Modells der Kompetenzverteilung zwischen europäischer und deutscher Gesetzgebung nach der Zulässigkeit dieses Vorgehens. Daneben skizziert sie die Auswirkungen der neuen Rechtslage auf die Praxis der Wertsicherung.

Aus dem Inhalt: Der Begriff der Wertsicherungsklausel · Die Ursprünge der Wertsicherungsklausel · Wertsicherungsklauseln während der Geltung des § 3 S. 2 WährG · Die Einführung des § 2 PaPkG · Die Rechtslage unter dem neuen Wertsicherungsverbot des § 2 PaPkG · Die Europarechtskonformität des § 2 I PaPkG

Frankfurt am Main · Berlin · Bern · Bruxelles · New York · Oxford · Wien
Auslieferung: Verlag Peter Lang AG
Moosstr. 1, CH-2542 Pieterlen
Telefax 00 41 (0) 32 / 376 17 27

*inklusive der in Deutschland gültigen Mehrwertsteuer
Preisänderungen vorbehalten

Homepage http://www.peterlang.de

FSC
www.fsc.org
MIX
Papier | Fördert gute Waldnutzung
FSC® C083411

Kolibri 360 GmbH
Ferdinand-Jühlke-Straße 7
99095 Erfurt, Deutschland
produktsicherheit@kolibri360.de

Druck:
CPI Druckdienstleistungen GmbH
im Auftrag der
Kolibri 360 GmbH
Ferdinand-Jühlke-Str. 7
99095 Erfurt